资助致谢：
中国人民大学2021年度"中央高校建设世界一流大学（学科）和特色发展引导专项资金"
中国工程院重点咨询项目"草地生态系统的经济价值评估与发展战略研究"（2021-HZ-5）

中国草牧业可持续发展：
政策演变与实现路径

仇焕广　冯晓龙　苏柳方　唐建军 ◎ 著

中国财经出版传媒集团

经济科学出版社
Economic Science Press

图书在版编目（CIP）数据

中国草牧业可持续发展：政策演变与实现路径/仇
焕广等著．—北京：经济科学出版社，2021.8
（人大农经精品书系）
ISBN 978 – 7 – 5218 – 2774 – 3

Ⅰ.①中…　Ⅱ.①仇…　Ⅲ.①草原 – 畜牧业经济 – 农
业可持续发展 – 研究 – 中国　Ⅳ.①F326.3

中国版本图书馆 CIP 数据核字（2021）第 163081 号

责任编辑：刘　莎
责任校对：易　超
责任印制：王世伟

中国草牧业可持续发展：政策演变与实现路径
仇焕广　冯晓龙　苏柳方　唐建军　著
经济科学出版社出版、发行　新华书店经销
社址：北京市海淀区阜成路甲 28 号　邮编：100142
总编部电话：010 – 88191217　发行部电话：010 – 88191522
网址：www. esp. com. cn
电子邮箱：esp@ esp. com. cn
天猫网店：经济科学出版社旗舰店
网址：http：//jjkxcbs. tmall. com
北京季蜂印刷有限公司印装
787 × 1092　16 开　23.25 印张　350000 字
2021 年 8 月第 1 版　2021 年 8 月第 1 次印刷
ISBN 978 – 7 – 5218 – 2774 – 3　定价：120.00 元
（图书出现印装问题，本社负责调换。电话：010 – 88191510）
（版权所有　侵权必究　打击盗版　举报热线：010 – 88191661
QQ：2242791300　营销中心电话：010 – 88191537
电子邮箱：dbts@ esp. com. cn）

序

这是中国人民大学仇焕广教授率领团队完成的、关于草牧业发展政策与途径的著作。

"草牧业"一词在我国学术文献和媒体报道中，应用的历史尚不长久。其最早出现在2015年的中央一号文件："发展草牧业，支持青储玉米和苜蓿等饲草料种植，开展'粮改饲'以及种养结合模式试点，促进粮食、经济作物、饲草料三元种植结构协调发展。"草牧业包含饲草料生产、加工以及畜禽养殖（含加工）三个生产过程，是针对我国农业生产中草—畜相悖的现状而提出的现代农业生产体系。其精髓在于强调草畜互为依存、不可分割，推动草畜结合，实施草畜协同发展。

调整农业结构、实现可持续发展，一直是我国学者长期关注的领域之一。此前曾先后研究提出了"草地农业""三元种植结构"等。这些论点的核心内涵之一是优化种植结构，加强饲草生产，促进草食家畜养殖业的发展。其中，草地农业理论的提出与实践已有近40年的历史。其内容丰富、体系严整、产业链完整，是我国这一研究领域的代表性成果。草地农业（简称草业）是指以草地（包括天然草原、栽培草地和观赏草地）为主体，统筹规划利用草地、耕地和其他土地资源，生产饲草、畜产品和景观产品，提供其他生态服务产品的现代农业生产系统。其包括前植物生产层（草坪、国家公园等）、植物生产层（饲草料与其他植物生产）、动物生产层（草食家畜和野生动物生产）和后生物生产层（草畜产品加工与流通）等。核心是通过不同生产系统的耦合，如粮—草系统耦合、种—养系统耦合、生产—加工系统耦合等，合理配置各种自然、经济和人力资源，充分发挥草地的可持续生产潜势。

草地农业是一项古老而又新兴的产业。据考证，在我国汉代以前，以草地为主的畜牧业占主导地位，并逐步形成了种养结合的雏形。据素有中国古代农业百科全书之称的《齐民要术·养羊》记载，"羊一千口者，三四月中，种大豆一顷，杂谷并草留之，不须锄治，八九月中刈作青茭。"随后推行的"辟草殖谷曰农"政策，使得种植业独大，农耕文明发展为主体，草地逐渐被垦为农田。可以说，人类农耕文明史，也是草原逐渐被开垦和消失的历史。进入 21 世纪以来，人们认识到草地的重要性。国家大力推行农区种草养畜、牧区种养结合。但调整数千年形成的"以粮为纲"的农业结构，无疑是一场重大变革，不可能一蹴而就，必须久久为功。当前，存在的突出问题可以概括为三大不平衡。第一种是草—畜不平衡，草地饲草供给季节性突出，夏秋饲草量多质好，冬春饲草量少质差，而家畜对营养物质的需求却终年相对稳定，由此形成了季节性明显的草—畜不平衡。第二种是种植—养殖不平衡，种植养殖分离，农区牧区分割。牧区靠天养畜、超载过牧、草地退化。农区以种粮为主，优良饲草的作用没有得到应有的重视，大量的农副产品、土地和自然资源未能充分地利用，秸秆和精料（粮食）是家畜的主要营养物质来源，直接影响到国家食物安全。第三种是生产—生态不平衡，草地不仅是重要的生产资料，更是主要的生态屏障，具有多种生产、生态功能。以往片面强调其生产功能，只取不予，致使草地严重退化。当前，有些地区又片面强调草地的生态功能，只封不用，造成资源的浪费，同样引致草地退化。因此，实现草地在保护中利用，统筹生产和生态功能，是我们面临的挑战之一。另外，国家自 2011 年以来，斥巨资实施草原生态补奖政策，旨在保护草原生态环境、促进生产方式转变和促进牧民增收，简称"一保护、两促进"，亟须评估这一重大政策的实施效果。

面对上述挑战，仇焕广教授率领团队，急生产之所急、做国家之所需，开展了相关的研究，并取得了令人满意的结果。

作为一个从事草业工作超过半世纪的老翁，我由衷地感谢仇焕广教授投身草地农业经济与发展的研究。正是对草地农业经济与管理的共同兴趣，使我和焕广教授走到了一起。记得 2016 年，任继周先生积极推动设立国家草业高端智库。在时任中国工程院院长周济院士的大力支持下，中国工程院和兰州大学联合成立了中国草业发展战略研究中心。该中心定位为草业领域国家的高端智库，开展全局性、战略性、宏观性、前瞻性的研究，为国家草业发展提供咨询和建议，评估国家重大工程、重大项目的实施效果，培训相关人员，并接受有关部委和地方政府的委托任务。我有幸在一线承担组织、协调等工作。草业发展战略研究中心成立伊始，便确定了小团队、大联合，面向国内外一切有识之士，共同开展研究的方针。也正是从此时开始，我和焕广教授开始了合作。焕广教授待人友善、性格开朗、胸怀坦荡，是很好的合作伙伴。在共同的研究中，我和焕广结成了彼此了解、相互支持的忘年之交。焕广教授具有很好的学术背景，他分别在中国农业科学院和中国科学院获得硕士与博士学位。先后在荷兰、美国、英国等国家从事博士后工作并开展合作研究，具有扎实的理论功底和开阔的国际视野。在农业经济管理、应用计量经济研究、农业经济大数据分析等方面，取得了一系列创新性成果。他是国家自然科学基金优秀青年基金项目获得者、教育部"长江学者"特聘教授，是我国农业经济管理学领域优秀的青年学术带头人之一，现任中国人民大学农业与农村发展学院院长。我非常高兴看到像焕广教授这样的青年才俊，参与草业经济与管理方面的研究。国家草业的振兴与发展有赖于以焕广教授为代表的、大批农业经济管理学者的贡献。

呈现在读者面前的《中国草牧业可持续发展：政策演变与实现路

径》，便是焕广教授和他的团队2015年至今部分研究成果的总结。本书对中国草牧业可持续发展的政策演变和实现路径进行了系统全面的梳理和分析。全书共分为七章，（第一至五章）依次介绍了20世纪以来，我国草地畜牧业的生产变迁与现状；改革开放以来，国家草地政策的演变及面临的挑战；草原补奖、草地流转等政策的实施效果；农牧户对气候变化的响应；牧区生态服务型经济实践模式及政策建议。此后专门用一章（第六章）讨论了"粮改饲"政策的实施模式和效果；最后一章（第七章）聚焦农区草地农业发展现状，利用典型案例，总结了发展模式，分析了发展潜力，提出了对策建议。

本书的特点之一是以深入实际所获得的第一手资料为理论分析的依据和经验总结的基础。正如作者所说"在田间地头做研究，用脚步丈量学问"。2015~2020年，焕广教授率领团队，开展了大规模的田间调查和农牧户访谈。调查范围包括我国11个省（自治区），涵盖了典型的草原牧区、传统的农耕区和农牧交错区。他们在县、乡、村、户四个层级开展了广泛的实地调研。通过逐户的调查研究，以及与合作社、企业、政府部门等相关人员的访谈交流，获得了大量丰富的、翔实的资料。他们不仅领略了祖国山河的壮美，体验了民风的淳朴，切身感受到了国家政策为农牧户、农牧区带来的巨大发展，也进一步体会到了牧区环境的艰苦，农牧户生活的不易，更加增强了使命与担当。

创新性强是本书的另一个特点。尤其是关于农牧户对气候变化响应的研究。应对气候变化是全球共同面临的挑战，自IPCC提出2℃目标以来，现在所剩增温空间已不多，任务艰巨。学者们从各自的领域开展了研究，众说纷纭、见仁见智，为我们理解全球气候变化奠定了基础。但从农牧户的视角，了解和评估他们对全球气候变化的响应及自发采取的对策似乎尚不多见。焕广教授的研究成果丰富了我们对全球气候变化的认知，并为采取相应的对策提供了来自基层的见解，十分难能可贵。

当前，山水林田湖草是生命共同体，人与自然和谐发展等理念成为全社会的共识。本书的出版恰逢其时，其可以为草业科学、生态学、畜牧学、作物学、环境科学和农业经济管理学等学科的专家学者、研究生和本科生提供研究借鉴，也可以为相关的企业、合作社等经营主体和各级政府部门提供重要参考。

我十分高兴地看到《中国草牧业可持续发展：政策演变与实现路径》即将付梓，并先睹为快。这可能是继国务院发展研究中心韩俊研究员编著的《中国草原生态问题调查》之后，由我国从事农业经济管理研究的学者所完成的另一部以草业经济为主要内容的力作。我诚挚地祝贺本书的出版，并期待着更多农业经济管理的学者，开展草业经济与管理的研究，共同促进我国草地农业大发展！

谨以此为序。

兰州大学教授、中国工程院院士　南志标

目　录

第一章

中国草牧业发展现状分析

2015 年中央一号文件，出现一个新词——"草牧业"。结合文件和相关文献（任继周，2015），"草牧业"的定义是：基于可持续科学理论，集成现代科技成果与高新技术，通过科学规划、合理布局、精细管理，发展集约化、规模化、专业化的人工草地，保障现代化畜牧业生产出绿色、优质、安全的畜产品；同时，根据地区特点，发展特色种植、特色养殖，并对其他大面积的天然草地进行保护、恢复和适度利用，开展草原文化旅游，提升其生态屏障和文化服务功能，最终实现牧民收入提高，牧区生产、生活和生态全面协调发展。

发展草牧业是统筹农村牧区生态与生产的重要平台，是农牧业增效和农牧民增收的重要举措。草牧业大致可以分为草原生态保护、饲草料产业、牛羊等草食畜牧业几部分，为了准确把握近年来中国草牧业发展的脉络和农牧民生产生活的现状，本章基于宏观统计数据，从草地面积、饲草种植和畜产品生产三个方面分析了 20 世纪以来中国草业发展和畜牧业生产变迁历程，并利用微观调研数据，从劳动力特征、生产结构、就业结构、收支结构、政策实施和基础设施建设方面分析了主要牧区牧户生产和生活现状。

第一节 中国草业发展和畜牧业生产现状

一、草业发展情况

（一）草地基本情况

中国草原面积约占国土面积的 2/5，相当于耕地面积的 3.2 倍、森林面积的 2.3 倍，承担着防风固沙、保持水土、涵养水源、调节气候、维护生物多样性等重要生态功能，在保障国家食物安全、维护社会稳定等方面也具有十分重要的作用。总体上，中国草原主要集中在 108 个牧业县和 160 个半牧业县，分布在内蒙古、新疆、西藏、青海、甘肃、四川、宁夏、云南、黑龙江、吉林、辽宁、河北、山西等 13 个省（自治区）。如表 1-1 所示，2017 年，半牧区和牧区的草地面积分别是 77 308 万亩（约 5 153.87 万公顷）和 273 194 万亩（约 18 212.93 万公顷），占全国比重分别为 13.63% 和 48.14%，累计占比达到 61.76%，是中国牛羊肉和奶类产品的重要供给来源。其中半牧区和牧区草地可利用面积为 315 059 万亩（约 21 003.93 万公顷），占比达到 63.22%；草地承包面积占比为 249 456 万亩（约 16 630.4 万公顷），占比达到 58.95%；围栏面积为 111 534 万亩（约 7 435.6 万公顷），占比达到 85.34%；改良面积为 26 777 万亩（约 1 785.13 万公顷），占比达到 61.76%。

表 1 - 1　　　　　　　2017 年中国半牧区和牧区草地基本情况　　　单位：万亩

面积	全国	半牧区和牧区	半牧区	牧区
草地总面积	567 544	350 502	77 308	273 194
草地可利用面积	498 353	315 059	69 420	245 639
草地承包面积	423 179	249 456	58 768	190 688
围栏面积	130 697	111 534	25 688	85 846
改良面积	26 777	16 537	5 074	11 463

注：本表采用约定俗成的非法定计量单位——"万亩"表示，便于读者理解。后文同此情况之处，不再一一说明。1 万亩约等于 666.67 公顷。

资料来源：《中国草业统计 2017》。

（二）草地利用现状

21 世纪初，我国 90% 的天然草原出现了退化现象[1]。根据《第三次气候变化国家评估报告》，草原退化是人类不合理利用和气候变化共同作用的结果，其中草地开垦、过度放牧等人类不合理利用是造成草原退化的主要原因。长期以来由于频繁的草地开垦和无限制的放牧，草地无法休养生息，导致草地生物多样性降低，优质牧草逐渐减少，进而引起草地退化和荒漠化。

自 2000 年开始，我国按照"谁保护，谁获补偿"的原则陆续出台草原生态补偿政策。以"退牧还草""生态保护补助奖励制度"为代表的生态补偿政策的思路是通过政府财政资金转移，补偿牧户由于禁牧、减畜等造成的经济损失。退牧还草、禁牧、休牧等制度使得草原植被有了休养生息的时间，草原生态逐步恢复。中国重点天然草原平均超载率从 21 世纪初的 38% 下降到 2017 年的 11.3%[2]。林业和草原局数据显示，2017 年，全国草原综合植被盖度 55.3%，较上年提高 0.7 个百分

---

[1]　数据来自国家林业和草原局：http://www.forestry.gov.cn/main/62/20200427/150949147968678.html。

[2]　全国草原监测报告 2006 - 2017，2017 年度中国林业和草原发展报告。

点；全国天然草原鲜草总产量 10.6 亿吨，较上年增长 2.5%，折合干草约 32 842 万吨，载畜能力约为 25 814 万羊单位，均较上年增加 2.5%；其中 13 个省、自治区的鲜草产量 7.7 亿吨，占全国总产量的 77.7%。全国草原生态环境持续恶化势头得到有效遏制。

（三）牧草种植和生产现状

收入增长和城镇化导致我国畜产品需求快速增长，尤其是牛羊肉和奶类等食物的消费，牧草种植和生产能够为畜牧业提供饲料，从而促进畜牧生产，适应我国消费结构转变的需要；牧草生产还推动了粮食产值的转变，适应我国农业结构转型的需要；此外，牧草具有固土、涵养水分和培肥地力等功能，对维护生态系统健康、提升生态系统服务价值具有重要作用，能够适应我国生态安全的需要。

2011 年以来，我国实施草原生态保护补助奖励机制，实行牧草良种补贴，2012 年开始实施"振兴奶业发展行动"，牧草种植面积由 2011 年的 29 267 万亩（约 1 951.13 万公顷）增加到 2015 年的 34 629 万亩（约 2 308.6 万公顷），增幅达 18.3%，其中，多年生牧草和 1 年生牧草种植面积分别增长 21.9% 和 6.8%。2016 年以来，我国对种草政策进行了调整，主要有：一是调整了新一轮草原生态保护补助奖励政策内容，取消了牧草良种补贴；二是中央停止了对飞播种草项目的财政支持；三是在新一轮退牧还草工程中提高了补播改良种草标准，但总资金量没有增加，种草任务量相应减少。如表 1 - 2 所示，2016 年和 2017 年全国种草保留面积分别为 30 847 万亩（约 2 056.47 万公顷）和 29 557 万亩（约 1 970.47 万公顷），同比下降 10.9% 和 4.2%，其中，多年生牧草种植面积同比分别下降 10.5% 和 6.0%，1 年生牧草同比分别下降 12.5% 和 2.7%。牧草播种主要采取人工种草、改良种草、飞播种草三种方式，以人工种草为主。2017 年，半牧区县和牧区县人工种草保留面积分别为 4 414 万亩（约 294.27 万公顷）和 2 578 万亩（约 171.87 万公顷），占全国比重分别为 24.5% 和 14.3%。

表1-2　　　　2001~2017年中国牧草年末保留种植面积情况　　单位：万亩

年份	总面积	多年生牧草	1年生牧草
2001	25 366	21 959	3 407
2002	29 405	24 966	4 439
2003	33 089	27 730	5 359
2004	33 689	27 880	5 809
2005	32 247	26 230	6 017
2006	33 594	27 381	6 213
2007	35 244	28 382	6 862
2008	31 742	24 710	7 032
2009	29 751	23 088	6 663
2010	32 023	25 209	6 814
2011	29 267	22 286	6 981
2012	29 718	23 225	6 493
2013	31 302	24 415	6 887
2014	33 010	25 840	7 170
2015	34 629	27 172	7 457
2016	30 847	24 323	6 524
2017	29 557	22 858	6 699

资料来源：《中国草业统计》各年数据整理。

二、畜牧业生产情况

草食畜牧业是畜牧业的重要组成部分，由于饲养方式的不同，草食畜产品相比农区圈养的畜产品更为绿色健康。2018年，全国268个半牧区和牧区县牛肉、羊肉和奶类产量分别达到141.9万吨、144.8万吨和483.0万吨，分别占全国的22.0%、30.5%和15.2%，半牧区和牧区县是国内牛羊肉和奶类重要的生产基地。

（一）牛肉生产情况

牧区半牧区是我国重要的牛肉来源，占全国的比重维持在 25% 左右，产量整体呈现上涨趋势。如表 1-3 所示，半牧区县的牛肉产量从 2003 年的 45.7 万吨增长至 2017 年的 104.0 万吨，增幅达 127.6%；牧区县的牛肉产量从 2003 年的 34.3 万吨增长至 2017 年的 57.9 万吨，增幅达 68.8%。同时期全国牛肉产量仅增长了 17.0%，半牧区和牧区县的牛肉产量占全国的比重从 2003 年的 14.7% 增长至 2017 年的 25.5%。由于 2018 年半牧区县的牛肉产量减少 15.0%，半牧区和牧区县的牛肉产量占全国的比重下降至 22.0%（见图 1-1）。

表 1-3　　　　　　2001～2018 年分产区的牛肉产量情况　　　　　单位：万吨

年份	全国	半牧区和牧区	半牧区	牧区
2001	508.6	—	—	37.3
2002	521.9	—	—	—
2003	542.5	80.0	45.7	34.3
2004	560.4	88.6	49.7	38.8
2005	568.1	101.3	56.1	45.2
2006	590.3	115.6	64.1	51.5
2007	626.2	113.2	64.4	48.8
2008	617.7	117.2	62.2	55.0
2009	626.2	127.3	70.3	57.0
2010	629.1	142.6	81.7	60.9
2011	610.7	147.2	90.9	56.2
2012	614.8	152.2	85.9	60.2
2013	613.1	144.0	86.4	57.6
2014	615.7	151.0	99.0	52.0
2015	616.9	158.1	102.6	55.5
2016	616.9	158.0	101.7	56.3
2017	634.6	161.9	104.0	57.9
2018	644.1	141.9	88.4	53.5

资料来源：根据《中国统计年鉴》《中国畜牧业年鉴》《中国畜牧兽医年鉴》各年数据整理。

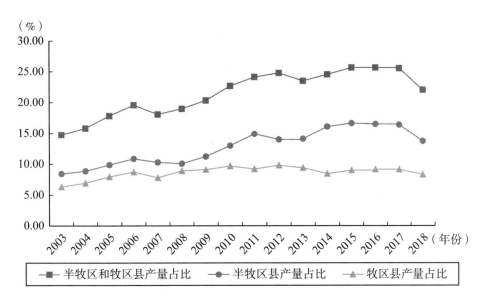

图 1 - 1　半牧区和牧区牛肉产量占全国总量的比例

资料来源：根据《中国统计年鉴》《中国畜牧业年鉴》《中国畜牧兽医年鉴》各年数据整理。

（二）羊肉生产情况

羊肉是半牧区和牧区县的主要畜产品，占全国的比重超过 30%。全国羊肉产量呈现不断上涨趋势，如表 1 - 4 所示，从 2003 年的 308.7 万吨增长至 2018 年的 475.1 万吨，增幅接近 53.9%；半牧区县的羊肉产量从 2003 年的 36.9 万吨增长至 2016 年的 97.3 万吨，增幅达 42.5%，之后连续两年出现下跌，2017 年和 2018 年同比分别减少为 5.2% 和 6.9%；近年来牧区县羊肉产量基本稳定在 60 万吨左右。半牧区县的羊肉产量占全国的比重从 2003 年的 12.0% 增加到 2018 年的 18.1%；牧区县的羊肉产量占全国的比重从 2003 年的 16.0% 下降到 2018 年的 12.4%；半牧区县和牧区县的羊肉产量占全国的比重从 2003 年的 28.0% 增加到 2016 年的 34.4%，之后连续两年出现下跌，2018 年占比仅为 30.48%（见图 1 - 2）。

表 1 - 4　　　　　2001～2018 年分产区的羊肉产量情况　　　　单位：万吨

年份	全国	半牧区和牧区	半牧区	牧区
2001	271.8	—	—	44.9
2002	283.5	—	—	—
2003	308.7	86.4	36.9	49.5
2004	332.9	97.3	41.6	55.7
2005	350.1	105.0	48.1	56.9
2006	367.7	131.0	67.4	63.5
2007	385.7	125.1	58.5	66.6
2008	393.2	117.9	53.2	64.7
2009	399.4	120.5	59.0	61.6
2010	406.0	132.6	65.4	67.1
2011	398.0	134.2	71.3	62.8
2012	404.5	135.9	69.6	66.3
2013	409.9	144.1	79.6	64.5
2014	427.6	142.2	84.6	57.6
2015	439.9	150.6	91.6	59.0
2016	460.3	158.4	97.3	61.1
2017	471.1	152.4	92.2	60.2
2018	475.1	144.8	85.8	59.0

资料来源：根据《中国统计年鉴》《中国畜牧业年鉴》《中国畜牧兽医年鉴》各年数据整理。

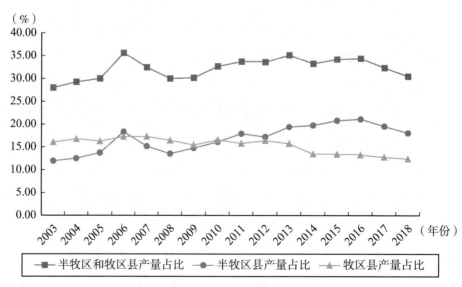

图 1 - 2　半牧区和牧区羊肉产量占全国总量的比例

资料来源：根据《中国统计年鉴》《中国畜牧业年鉴》《中国畜牧兽医年鉴》各年数据整理。

（三）奶类生产情况

国家在草原牧区先后实行退牧还草工程和草原生态保护奖励补助政策，奶类生产的重心逐渐向农区转移。加之近年来，国内鲜奶收购价格持续低迷，牧区半牧区奶类产量持续减少，占全国的比重呈现下降趋势。如表1-5所示，全国奶类产量从2003年的1 848.6万吨增加至2015年的3 870.3万吨，增幅达109.4%，之后开始减少，2018年产量仅为3 176.8万吨，较2015年下降17.9%。半牧区县和牧区县的奶类产量占全国的比重从2003年的17.8%增加到2013年的27.6%，之后基本保持下降态势，仅2016年比重有所回升，2018年牧区半牧区县奶类产量占全国的比重仅为15.2%。半牧区县的奶类产量从2003年的157.9万吨增加至2014年的734.5万吨，增幅达370.9%，之后不断减少，2018年仅为299.5万吨，减少59.7%；牧区县的奶类产量从2003年的171.7万吨增加至2010年的426.8万吨，增幅达148.6%，之后开始减少，2018年仅为183.5万吨，降幅达57.0%（见图1-3）。

表1-5	2001~2018年分产区的奶类产量情况		单位：万吨
年份	全国	半牧区和牧区	半牧区	牧区
2001	1 122.9	—	—	137.0
2002	1 400.4	—	—	—
2003	1 848.6	329.6	157.9	171.7
2004	2 368.4	461.9	232.1	229.8
2005	2 864.8	466.8	248.2	218.6
2006	3 302.5	681.1	396.2	284.9
2007	3 633.4	797.0	461.2	335.7
2008	3 731.5	741.6	372.4	369.2
2009	3 677.7	816.3	427.4	388.9
2010	3 748.0	896.5	469.6	426.8
2011	3 810.7	955.3	670.4	284.9

续表

年份	全国	半牧区和牧区	半牧区	牧区
2012	3 875.4	983.6	698.3	285.3
2013	3 649.5	1 007.1	722.5	284.6
2014	3 841.2	1 006.1	743.5	262.6
2015	3 870.3	897.8	653.4	244.4
2016	3 173.9	809.5	573.3	236.2
2017	3 148.6	662.3	461.0	201.3
2018	3 176.8	483.0	299.5	183.5

资料来源：根据《中国统计年鉴》《中国畜牧业年鉴》《中国畜牧兽医年鉴》各年数据整理。

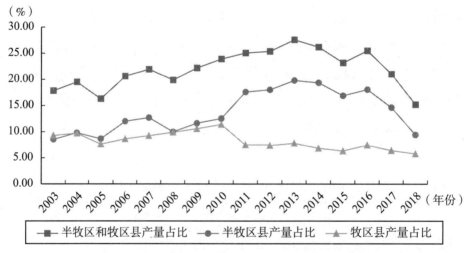

图 1-3 半牧区和牧区奶类产量占全国总量的比例

资料来源：根据《中国统计年鉴》《中国畜牧业年鉴》《中国畜牧兽医年鉴》各年数据整理。

第二节 主要牧区牧户生产和生活现状

一、数据来源

项目组于 2017～2020 年对我国内蒙古、甘肃、新疆、西藏和青海

10

五个主要牧区省（自治区）开展了入户问卷调研。我国的草原集中在新疆、西藏、青海、四川、甘肃和内蒙古等6个省（自治区），占草原总量的75%，放牧牲畜的数量占牲畜总量的70%。因此，本书使用的数据具有一定的代表性。数据收集了5个省30个县240个行政村1 348户牧户2013～2018年的畜牧业生产相关情况。

实地调研采用多阶段分层随机抽样的方法选取样本县（旗）、乡/镇（苏木）、村（嘎查）和牧户：首先，考虑草原特征与地区特征的差异，选取新疆、西藏、青海、四川、甘肃和内蒙古五个省区作为总体样本框；其次，在每个省按照县（旗）畜牧业生产规模高、低两层各随机抽取2～3个县（旗）；最后，在每个县（旗）按照畜牧业生产规模高、低两层各随机抽取1个乡镇（苏木），每个乡镇（苏木）随机抽取2～4个村（嘎查），每个村（嘎查）随机抽取5～8户牧户进行实地调查，采取一对一入户访谈形式开展调查。

调查问卷包括牧户和村庄两个层次，其中牧户的调查问卷主要内容包括：①牧户草场经营特征，包括经营方式（单户还是联户）、草场产权情况、草场转入/转出情况、草场流转契约选择特征、草场基本特征等；②牧户家庭特征，包括劳动力数量和结构、年龄、受教育程度、非农牧就业情况、社会资本等；③家庭牧业生产情况，包括牲畜养殖数量与结构、牲畜销售情况、饲草料购买情况及遭受极端气候事件的情况等；④家庭收入与财产情况，包括牧业和非牧业收入、家庭资产情况及信贷情况等；⑤政策实施情况，包括草原禁牧休牧政策、草畜平衡政策及草场确权颁证等。村庄调查问卷的主要内容包括：①村庄基本情况，包括人口数量和结构、非牧就业、草场面积、牲畜养殖数量和结构、牲畜销售情况、村规民约、基础设施情况等；②村庄政策落实情况，包括草原生态补奖政策实施情况、草场确权颁证情况等；③村庄合作经济组织发展和技术培训情况等。

根据调研结果，本节以 2018 年数据为主，分析了样本省份牧户人口劳动力特征、生产结构、就业结构、收支结构、政策实施和基础设施建设。

二、家庭劳动力特征

（一）劳动力比例

牧区家庭规模较大，劳动力比例较高。实际调研中发现，牧区许多超过 65 周岁的老年人仍然从事畜牧业生产，因此本部分将牧区劳动力年龄界定为 15～75 周岁。统计结果显示（见表 1－6），五个牧区家庭人口规模平均为 4.69 人，平均劳动力比例为 81.35%。其中，内蒙古劳动力比例最高（87.28%），家庭人口规模最小（3.67 人）；西藏劳动力比例最低（71.24%），家庭人口规模最大（5.91 人）。

表 1－6　　　　　　　　不同省区牧户劳动力情况

指标名称	内蒙古	新疆	西藏	甘肃	青海	合计
家庭人口规模（人）	3.67	4.67	5.91	4.18	4.97	4.69
劳动力比例（%）	87.28	81.93	71.24	89.87	83.24	81.35

（二）文化素质

牧区劳动力文化素质偏低，各省区受教育程度差距较大。整体来看，五个牧区平均受教育年限为 5.92 年，其中，文盲占比 29.01%，小学占比 25.55%，初中占比 21.51%，高中占比 11.72%，大学及以上占比 12.21%。分省来看，青海和西藏牧民的文化程度较低，平均受教育年限分别为 3.74 年和 3.83 年，文盲占比分别为 53.76% 和 48.69%；新疆和内蒙古牧民的文化程度较高，平均受教育年限分别为 8.30 年和

8.25年，文盲占比分别为3.51%和5.56%（见表1-7）。

表1-7 不同省区牧户劳动力文化程度

文化程度	内蒙古	新疆	西藏	甘肃	青海	合计
文盲（%）	5.56	3.51	48.69	26.88	53.76	29.01
小学（%）	31.99	33.81	26.37	23.32	12.95	25.55
初中（%）	30.60	33.94	13.60	19.76	11.40	21.51
高中（%）	14.60	14.82	6.21	11.86	11.92	11.72
大学及以上（%）	17.25	13.91	5.13	18.18	9.97	12.21
平均受教育年限（年）	8.25	8.30	3.83	6.16	3.74	5.92

（三）汉语水平

牧区劳动力汉语水平普遍较低，不同省区汉语水平差距较大。五个牧区主要以蒙古族、藏族、哈萨克族等少数民族为主，汉语水平较低，其中，36.23%的劳动力不会汉语，10.82%的劳动力只能听懂，10.93%和8.90%的劳动力分别可以简单交流和熟练交流，但不会书写汉字，仅有33.12%的劳动力能书写汉字。分省/区来看，西藏和青海牧民的汉语水平较低，分别有62.89%和49.22%的劳动力不会汉语，仅有15.53%和29.02%的劳动力会书写汉字；内蒙古和甘肃牧民的汉语水平相对较高，分别有10.15%和12.65%的劳动力不会汉语，有52.71%和49.80%的劳动力会书写汉字（见表1-8）。

表1-8 不同省区牧户劳动力汉语水平

汉语水平	内蒙古	新疆	西藏	甘肃	青海	合计
不会（%）	10.15	32.12	62.89	12.65	49.22	36.23
只能听懂（%）	9.60	14.95	10.68	3.36	12.69	10.82

汉语水平	内蒙古	新疆	西藏	甘肃	青海	合计
简单交流但不会书写（%）	14.19	18.73	7.71	8.50	5.68	10.93
熟练交流但不会书写（%）	13.35	6.11	3.19	25.69	3.39	8.90
熟练交流且会书写（%）	52.71	28.09	15.53	49.80	29.02	33.12

三、畜牧生产结构

（一）土地状况

牧区户均草地承包面积较大，草地流转较少。从天然草地来看，五个牧区户均草地承包面积 5 839.81 亩（约 389.32 公顷），转入 891.1 亩（约 59.41 公顷），转出 232.4 亩（约 15.49 公顷），其中，甘肃户均草地承包面积最大，为 14 448.35 亩（963.22 公顷）；青海户均草地承包面积最小，为 1 880.11 亩（125.34 公顷）；内蒙古户均转入面积最大，为 2 705.36 亩（180.36 公顷）；甘肃户均转出面积最大，为 1 077.44 亩（71.83 公顷）。从人工草地来看，五个牧区户均人工草地承包面积 256.56 亩（约 17.10 公顷），转入 0.47 亩（约 0.03 公顷），转出 0.05 亩（约 0.003 公顷），其中，青海户均人工草地承包面积最大，为 1 204.21 亩（80.28 公顷）；内蒙古户均人工草地承包面积最小，为 0.23 亩（0.02 公顷）；甘肃户均转入面积最大，为 2.86 亩（0.19 公顷）；新疆户均转出面积最大，为 0.25 亩（0.02 公顷）（见表 1-9）。

表 1-9 　　　　　　　不同省区牧户土地状况　　　　　　　单位：亩/户

指标名称		内蒙古	新疆	西藏	甘肃	青海	合计
天然草地	承包面积	6 061.40	4 204.99	5 460.78	14 448.35	1 880.11	5 839.81
	转入面积	2 705.36	175.41	0	425.17	829.13	891.01
	转出面积	101.85	29.59	181.52	1 077.44	66.31	232.40

续表

指标名称		内蒙古	新疆	西藏	甘肃	青海	合计
人工草地	承包面积	0.23	6.18	3.81	11.59	1 204.21	256.56
	转入面积	0	0.34	0	2.86	0	0.47
	转出面积	0	0.25	0	0	0	0.05

（二）饲草种植

牧区饲草种植比例较低，饲草产能不足。针对国产饲草良种供应不足、草种结构不合理、产业发展水平较低等现实问题，2015 年、2016 年和 2017 年中央一号文件提出要开展、推进和扩大"粮改饲"试点，重点发展青贮玉米、苜蓿等优质牧草，大力培育现代饲草料产业体系，推动种养结合、农牧循环发展。然而，从调研情况来看，种植比例方面，五个牧区中种植饲草的牧户占 45.03%，其中，新疆占比最大（67.28%），青海占比最小（6.48%）；种植面积方面，五个牧区牧户平均种植面积为 207.74 亩（约 13.85 公顷），其中，内蒙古户均种植面积最大，为 594.92 亩（39.66 公顷），甘肃户均种植面积最小，为 11.34 亩（0.76 公顷）；总产量方面，五个牧区牧户平均产量 17 037 斤（8 518.5 公斤），其中，内蒙古户均产量最大，为 43 229 斤（21 614.5 公斤），青海户均产量最小，为 121 斤（60.5 公斤）（见表 1 - 10）。

表 1 -10 　　　　　　　　不同省区牧户饲草种植状况

饲草种植	内蒙古	新疆	西藏	甘肃	青海	合计
比例（%）	36.02	65.44	60.19	60.42	6.48	45.03
面积（亩/户）	594.92	71.59	206.83	11.34	53.31	207.74
总产量（斤/户）	43 229	26 297	4 117	4 914	121	17 037

（三）养殖结构

五个牧区是以广大天然草原为基地、以放牧方式经营饲养草食性家畜为主的地区，是商品牲畜、役畜和种畜的生产基地，养殖结构以牛、羊和马为主，牧区之间养殖品种和规模存在差异。

五个牧区牛的养殖比例为 81.14%，其中，新疆的养殖比例最大（98.60%），甘肃的养殖比例最小（54.17%）；从年末存栏量来看，在养殖户中，甘肃户均养殖规模最大（成畜 50.26 只，仔畜 15.62 只），新疆户均养殖规模最小（成畜 9.87 只，仔畜 4.55 只）；从出栏量来看，在养殖户中，内蒙古户均出栏量最大（成畜 4.26 只，仔畜 55.98 只），西藏户均出栏量最小（成畜 1.42 只，仔畜 0.50 只）（见表 1-11）。

五个牧区羊的养殖比例最高，有 85.17% 的牧户饲养羊，其中，新疆（95.33%）和西藏（93.06%）的养殖比例最大，青海的养殖比例最小（21.76%）；从年末存栏量来看，在养殖户中，内蒙古户均养殖规模最大（成畜 242.80 只，仔畜 69.70 只），新疆户均养殖规模最小（成畜 57.64 只，仔畜 29.08 只）；从出栏量来看，在养殖户中，内蒙古户均出栏量最大（成畜 9.30 只，仔畜 155.30 只），西藏户均出栏量最小（成畜 13.00 只，仔畜 3.20 只）（见表 1-11）。

五个牧区马的养殖比例为 39.50%，其中，新疆的养殖比例最大（81.78%），甘肃的养殖比例最小（10.42%）；从年末存栏量来看，在养殖户中，内蒙古户均养殖规模最大（成畜 22.08 只，仔畜 8.06 只），西藏户均养殖规模最小（成畜 1.41 只，仔畜 0.15 只）；从出栏量来看，在养殖户中，甘肃户均出栏量最大（成畜 2.00 只，仔畜 0.90 只），西藏和青海出栏量为 0（见表 1-11）。

五个牧区骆驼的养殖比例最低（2.75%），其中，新疆的养殖比例最大（9.81%）西藏的养殖比例为 0；从年末存栏量来看，在养殖户中，甘肃户均养殖规模最大（成畜 19.00 只，仔畜 6.25 只）；从出栏量来看，在养殖户中，甘肃户均出栏量最大（成畜 3.50 只，仔畜 1.00 只），青海出栏量为 0（见表 1 - 11）。

表 1 - 11　　　　　　　五个牧区牧户养殖结构

	指标名称		内蒙古	新疆	西藏	甘肃	青海	合计
牛	养殖比例（%）		77.12	98.60	84.26	54.17	82.87	81.14
	成畜	年末存栏量（只/户）	36.38	9.87	32.35	50.26	34.01	31.39
		出栏量（只/户）	1.31	0.39	1.42	9.33	4.26	2.88
	仔畜	年末存栏量（只/户）	12.72	4.55	8.43	15.62	9.99	9.93
		出栏量（只/户）	11.46	2.52	0.50	3.92	55.98	15.56
羊	养殖比例（%）		85.17	95.33	93.06	66.67	21.76	85.17
	成畜	年末存栏量（只/户）	242.80	57.64	93.15	153.20	112.90	132.53
		出栏量（只/户）	9.30	4.62	13.00	24.14	12.07	11.75
	仔畜	年末存栏量（只/户）	69.70	29.08	28.46	36.74	39.28	41.48
		出栏量（只/户）	155.30	26.96	3.20	78.09	64.00	66.34
马	养殖比例（%）		40.25	81.78	43.98	10.42	11.11	39.50
	成畜	年末存栏量（只/户）	22.08	6.56	1.41	15.67	3.67	9.71
		出栏量（只/户）	0.72	0.21	0	2.00	0	0.49
	仔畜	年末存栏量（只/户）	8.06	2.33	0.15	2.87	0.17	2.81
		出栏量（只/户）	1.89	0.53	0	0.90	0	0.67
骆驼	养殖比例（%）		0.85	9.81	0	2.78	0.46	2.75
	成畜	年末存栏量（只/户）	12.50	4.52	0	19.00	3.00	7.11
		出栏量（只/户）	1.00	0.48	0	3.50	0	0.82
	仔畜	年末存栏量（只/户）	2.50	1.62	0	6.25	0	1.79
		出栏量（只/户）	0	0.14	0	1.00	0	0.17

四、就业结构

（一）时间分配

牧户时间主要用于自家畜牧业，非农牧就业时间较少。五个牧区中，牧户劳动力年平均从事自家畜牧业的时间为 4.29 个月，其中，内蒙古最多（5.78 月），甘肃最少（3.70 月）；牧户劳动力年平均从事自家种植业的时间为 0.27 个月，其中，西藏最多（0.61 月），内蒙古最少（0.01 月）；牧户劳动力年平均从事非农牧就业的时间为 1.27 个月，其中，青海最多（1.46 月），内蒙古最少（0.84 月）；牧户劳动力年平均从事家务的时间为 2 个月，其中，西藏最多（2.49 月），青海最少（1.58 月）；牧户劳动力年平均学习时间为 1.81 个月，其中，青海最多（2.8 月），内蒙古最少（1.12 月）；牧户劳动力一年平均 2.33 个月闲暇，其中，甘肃最多（3.22 月），青海最少（2.06 月）（见表 1 - 12）。

表 1 - 12　　　　　　　　五个牧区牧户劳动力的时间分配　　　　　　单位：月

就业类型	内蒙古	新疆	西藏	甘肃	青海	合计
自家畜牧业	5.78	3.97	4.03	3.70	3.96	4.29
自家种植业	0.01	0.32	0.61	0.24	0.11	0.27
非农牧就业	0.84	1.38	1.23	1.45	1.46	1.27
家务	1.82	2.27	2.49	1.71	1.58	2.00
学习	1.12	1.98	1.35	1.67	2.80	1.81
闲暇	2.37	2.07	2.29	3.22	2.06	2.33

（二）非农牧就业

牧区非农牧就业比例较低，非农牧收入较少。五个牧区中，牧户劳动力平均有 22.15% 的劳动力从事非农牧工作，其中西藏最多（29.81%），内蒙古最少（15.23%）。从工作地点来看，五个牧区非农就业的劳动力大多在本县工作（19.26%），2.49% 的劳动力在本省外县工作，0.4% 的劳动力在外省区工作。非农牧就业劳动力年均收入为 23 073 元，其中甘肃（33 724 元）和内蒙古（31 991 元）最多，青海（16 806 元）和西藏（18 358 元）最少（见表 1 - 13）。

表 1 - 13 五个牧区牧户非农牧就业情况

指标名称		内蒙古	新疆	西藏	甘肃	青海	合计
工作地点比例（%）	本县	8.74	13.86	28.05	11.83	20.47	19.26
	本省外县	6.23	2.17	1.76	2.96	1.34	2.49
	外省	0.26	0.72	0.00	1.66	0.22	0.40
	合计	15.23	16.75	29.81	16.45	22.04	22.15
非农牧工作收入（元）		31 991	26 951	18 358	33 724	16 806	23 073

五、收支结构

（一）收入结构

牧区收入结构比较单一，不同地区收入结构存在微弱差异，当前牧区以畜牧业收入为主（61.45%），转移性收入占18.97%，工资性收入占16.64%，财产性收入占2.94%。五个牧区人均畜牧业收入为15 636元，其中新疆最高（42 215 元），西藏最低（4 446元）；五个牧区人均转移性收入为4 825元，其中甘肃最高（9 102元），西藏最低（2 309元）；五个牧区人均工资性收入为4 235 元，其中西藏最高（5 265 元），青海最低（3 083元）；五个牧区人均财产性收入为747元，其中新疆最高（1 035元），青海最低（436元）（见表1-14、图1-4）。

表 1 - 14 五个牧区牧户收入结构 单位：元/人

收入结构	内蒙古	新疆	西藏	甘肃	青海	合计
畜牧业收入	8 635	42 215	4 446	19 727	7 205	15 636
工资性收入	4 253	3 699	5 265	4 986	3 083	4 235
财产性收入	663	1 035	936	540	436	747
转移性收入	8 839	3 984	2 309	9 102	2 979	4 825

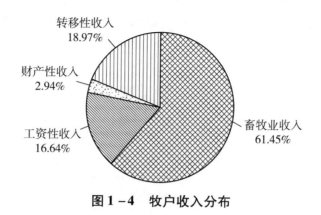

图 1 - 4　牧户收入分布

（二）支出结构

　　牧区以生活用品支出为主，不同地区支出结构存在微弱差异。当前牧区的主要支出为食品、服装和日用品等生活用品支出（37.86%），交通通信燃料支出、医疗和教育支出占比相对较大，分别为18.44%、16.20%和12.29%，人情往来支出和娱乐支出占比较少，分别为8.96%和3.03%。内蒙古各项支出（除娱乐支出和其他支出）均最高，人均生活用品支出高达7 030元；青海各项支出（除生活用品支出和其他支出）均最低，人均娱乐支出仅为60元；甘肃人均娱乐支出最高，为801元；新疆人均生活用品支出最低，为3 247元（见表1 - 15、图1 - 5）。

表1 - 15　　　　　　　　五个牧区牧户支出结构　　　　　　　　单位：元/人

支出结构	内蒙古	新疆	西藏	甘肃	青海	合计
生活用品支出	7 030	3 247	5 837	5 392	4 138	5 074
交通通信燃料支出	5 356	1 525	2 057	2 887	1 300	2 471
医疗支出	2 907	2 193	1 976	2 423	1 650	2 171
教育支出	3 236	1 350	1 098	2 120	1 035	1 647
人情往来支出	3 683	907	332	1 010	619	1 201
娱乐支出	316	319	642	801	60	406
其他支出	531	44	346	914	545	431

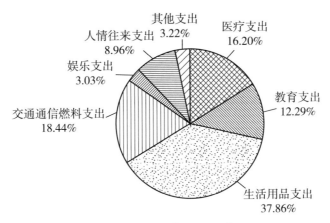

图 1 - 5　牧户支出分布

六、政 策 实 施

草原生态保护补助政策不断推进，各个地区政策落实情况存在差异。草原不仅是畜牧业发展的重要生产资料，而且具有调节气候、涵养水源、净化空气等生态服务价值。21 世纪初，我国 90% 的天然草原出现了退化现象，为实现草原和畜牧业的可持续发展，从 2011 年起，我国开始在各大牧区实施以禁牧和草畜平衡为核心内容的草原生态保护补助奖励政策，以五年为一个周期，当前已经进入第二个政策实施期。2018 年，五个牧区禁牧政策的实施比例为 40.96%，其中，西藏实施比例最高（45.24%），甘肃实施比例最低（31.25%）。五个牧区草畜平衡政策的实施比例为 65.35%，其中，内蒙古实施比例最高（88.14%），青海实施比例最低（39.81%）（见表 1 - 16）。

表 1 - 16　　　　　不同省区牧户政策实施状况

牧户比例	内蒙古	新疆	西藏	甘肃	青海	合计
禁牧政策（%）	43.22	39.53	45.24	31.25	42.13	40.96
草畜平衡政策（%）	88.14	66.98	59.33	72.92	39.81	65.35

七、基础设施建设情况

　　牧区基础设施建设水平较低，各个地区基础设施建设情况存在差异。五个牧区通国家电网的比例为 64.82%，其中，新疆通电比例最高（94.47%），内蒙古通电比例最低（38.98%）。五个牧区通有线电视/卫星电视的比例为 80.56%，其中，内蒙古比例最高（89.83%），青海比例最低（61.11%）。五个牧区通互联网的比例为 32.94%，其中，甘肃通网比例最高（56.94%），青海通网比例最低（6.48%）。五个牧区据最近公路距离平均为 49.13 公里，其中，青海牧户距公路最近（30.37 公里），西藏牧户距公路最远（79.67 公里）（见表 1-17）。

表 1-17　　　　　　　五个牧区牧户基础设施建设状况

指标名称	内蒙古	新疆	西藏	甘肃	青海	合计
通国家电网比例（%）	38.98	94.47	64.35	60.42	66.67	64.82
通有线电视/卫星电视比例（%）	89.83	89.40	84.26	75.69	61.11	80.56
通互联网比例（%）	34.32	43.32	31.48	56.94	6.48	32.94
据最近公路距离（公里）	62.66	31.53	79.67	35.82	30.37	49.13

第二章

中国草地管理制度演变历程*

为了进一步解决好草地集体所有制带来的"公地悲剧"问题，中国在20世纪90年代初借鉴农区"家庭联产承包责任制"的成功经验，在牧区实施了以"草地承包经营责任制"为主的草原管理体系，推行"双权一制"的产权制度①。为了进一步强化和保护牧民对草地的使用权，政府又通过补贴手段鼓励牧民建设草地围栏以明确其对承包草地的使用权（杨光梅，2011）。尽管这一制度安排在一定程度上解决了"公地悲剧"问题，也极大提高了牧民畜牧生产的积极性，但由于牧民增收压力等因素的影响，过度放牧和草地退化问题仍然存在。

面对日益严重的过度放牧及草场退化的现状，中国政府通过制定退牧还草工程、禁牧和草畜平衡制度等政策引导牧民对草原的合理化利用，实现草原的可持续发展。同时，为了真正把农民的土地权利确权固化到农户，给农民"确实权、颁铁证"，中国开始新一轮的土地（草地）确权颁证（钟文晶和罗必良，2020）；为了鼓励牧户的规模化经营，各级政府出相关支持政策，鼓励和规范草地承包经营权流转，扩大草地经营规模（刘利珍和张树军，2016），解决牧民因草地规模较小带

---

* 本章相关内容发表于《经济社会体制比较》。详见：我国草原管理制度演变及社区治理机制创新，经济社会体制比较，2020（3）.

① 即落实草牧场所有权、使用权，实施草牧场有偿使用的家庭联产承包责任制。

来的超载过牧问题。至此，中国形成了以退牧还草、草原生态补奖、草地确权颁证和鼓励草地流转为主的草地管理政策体系。

中国草地管理制度演变中经历了"双权一制"改革、草地确权、草原生态奖补以及生产经营方式改变等一系列改革，实现了草地管理制度从"集权"到"分权"又由"分权"到"集权"的转变，虽然在一定意义上解决了"公地悲剧"问题，也调动了广大牧民的生产积极性，但是政策实施中仍然面临挑战与问题。因此，本章致力于全面梳理中国草地管理制度演变历程，主要包括以下三节内容：第一节，梳理改革开放以来中国草地政策的演变过程；第二节，分析现行草地管理政策面临的挑战及政策失灵的原因；第三节，基于前两节的分析，提出促进草原可持续发展的政策建议。

第一节　改革开放以来中国草地政策的演变过程

产权改革是中国草地管理制度改革的核心。经历三十多年的政策实践，落实草地所有权、使用权，实施草地有偿使用的家庭联产承包责任制在中国牧区逐步建立。同时为了更加明晰草地权属，切实保障牧户对草地的有效权益，避免草地利用中的不必要纠纷，草地确权工作陆续展开，草地所有权、使用权从归集体所有转变为所有权为集体所有、承包经营权及使用权归牧民的草地管理制度，呈现由"集体"到"分权"的转变。在实施草地承包责任制的同时，面对生态退化和牧民生计的双重压力，"人—地—草"关系的再次失衡的风险，退牧还草、禁牧补助、草畜平衡等草地生态补助工程陆续开展；在草地经营规模化以及牧区非牧就业不断增加的趋势下，草地流转逐渐成为牧区主要的草场经营方式，在此过程中，政府成为草原生态保护的主体，既是政策的制定者，又是政策的执行者和监督者，草场管理制度再次呈现出由"分权"到"集权"的转变。

一、由集体到分权：中国草地承包责任制的确立

为了克服草地集体所有制带来的"公地悲剧"问题，中国自20世纪80年代开始在全国牧区逐步开展了以明晰产权为核心的草地承包责任制。从实施阶段来看，草地承包责任制经历了"草场公有、牛羊承包"到"草场承包到组、牛羊私有"和"草场承包到户、牛羊私有"三个阶段，伴随着家庭联产承包责任制在牧区的实施，"双权一制"制度在草原地区普遍落实，同时草地确权工作正式开展，草地围栏政策不断落实，为了解决农村土地在承包经营制度各项功能之间的矛盾，农地（草地）"三权分置"政策被提出，草地管理呈现出由"集权"到"分权"的明显改变。

（一）"草场公有，牲畜私有"的草畜双承包制

在20世纪80年代之前中国牧区实行的是草场公有，牲畜公有的传统游牧状态，这一时期，由于草场和牲畜公有，人民公社有步骤、分阶段地实施轮牧，所以虽然牲畜数量大幅度增加，但并未导致草原沙化、退化（杨理，2011）；1978年，中国农村地区开始了"去集体化"改革，随着人民公社化的解体，农区开展的家庭联产承包责任制得到官方认可（林毅夫等，1988），牧区开始效仿农区进行"草场家庭联产承包责任制"改革，然而与农区有所不同的是，牧区在承包初期只是将牲畜承包到户，牲畜的收益开始归私人所有，草场仍然维持公有，在这种情况下，动态性的"以草定畜"和游牧状态下的生态适应观，逐渐转换为"以需求定畜"和定居定牧状态下的市场适应观（周立和董小瑜，2013）。"草场公有，牲畜私有"草畜利用方式的改变，极大调动了牧

民的生产积极性，草地资源得到较好的利用，但在该制度安排下，草地在全村范围内共同利用，牧民缺乏保护草原的积极性，"草—畜—人"的关系开始断裂，不可避免地开始出现具有"公地悲剧"特征的过度放牧情形（周立和董小瑜，2013）。特别是伴随着改革开放中国逐渐推行市场经济体制，牲畜作价入市以后，激发了牧户饲养更多牲畜的积极性，草原地区的牲畜数量纷纷达到历史的顶峰，对草地的滥牧程度前所未有（杨理，2007）。

（二）草场有偿承包使用制度

20世纪80年代末，针对"畜草双承包"推行后部分牧区施行效果并不理想，开始推行以户、联户、浩特等多种形式的第2轮草牧场承包，并实行草地有偿使用办法，试图进一步完善草牧场承包责任制。此政策又称为"草牧场有偿使用联产承包"，使用者承担保护建设草原的责任，同时其权益也受法律保护（赵颖等，2017）。这种依靠私有化或国家权威"利维坦"解决外部性的方法，是中国和许多非洲国家管理草原的主要方法（王晓毅和张倩，2010）。在这一阶段中国逐渐试行将草地承包到组或联户承包，明确草场面积和承包期限，承包期大约为30～50年。草场的载畜量与草场质量相挂钩，以控制放牧强度。但在该制度安排下，草地使用权的界定在承包组内仍然不够明晰，缺乏有效的管理机制。该制度的核心在于草场使用权由村民小组或者几户共同所有具体到户，各地区根据草场质量、草场面积及牧民人口将草场平均分到户。不同牧区承包期限有所不同，新疆、青海、四川规定50年，内蒙古、甘肃、西藏30年。尽管有些地方在推进这一进程的具体时间和强度有所不同，如有些地方在牲畜承包之后很快就将草场也实施了承包，有些地区草场在最近几年才彻底实施承包，有些地区尚存在一些草场至今仍未承包，但这些并不影响承包制改革进程和整体发展趋势（曾贤刚，2014）。然而有研究指出进一步承包到户的政策实施后，确实对一些地区的草原生态产生了严重的负面效应，放弃游牧导致草原退化更加严重（敖仁其和林达太，2005；额尔敦扎布，2002），草原承包并没能遏止草原继续退化，反而牲畜保有量进一步增加，草原压力进一步增大（周立和董小瑜，2013）。

（三）"双权一制"的普遍实施和草地确权的开展

"双权一制"指的是草场的所有权、使用权和承包责任制。尽管随着草场家庭联产承包责任制在牧区的推行，各个地区开始探索草场有偿承包使用制度，但是各个地区实施进度并不一致，草场家庭承包责任制并没有在牧区完全推行起来，20 世纪 90 年代中期，草原承包责任制尚不完善，草原权属模糊、测量面积不准、边界不清、草原违法现象时有发生，草原管理与利用仍不合理，并没有解决"公地悲剧"问题（李金亚等，2013；王彦星等，2015）。基于上述存在的问题，20 世纪末中央和省（自治区）政府开始施行草原彻底承包到户（杨理，2008），但是不同牧区承包期限有所不同，新疆、青海、四川为 50 年，内蒙古、甘肃、西藏为 30 年。同时，为了更好地促进草原承包责任制的落实，明晰草地权属，2008 年后，中央政府开始提出"确权"，包括土地、草原、林地、宅基地等登记工作。每块地需要经过登记申请、地籍调查、权属审核、登记注册、颁发证书等登记程序，才能得到确认和确定（赵颖等，2017）。

当前关于"草地确权"的研究较少，并且，关于牧区"草场承包责任制"政策效果的研究争议较大，一些研究表明，草原承包也如农区土地承包所达到的目标，使牧区生产力要素得到充分发挥（韩杜，2014），提高了牧民生活水平（阿不满等，2012）；草原承包所起作用的地区，是那些早期分配匆忙并没有清晰边界的地区（Taylor，2012），但是有许多的研究表明，草原承包对草原生态、经济和社会产生了不利的影响，如草地平均地上生物量、植被盖度、草层高度和物种数下降（阿不满等，2012），动物迁徙、觅食困难（曾贤刚等，2014）；草地承包到户由于草地固定所带来的围栏费用、打井费用，棚圈建设费用的增加会加重牧民的经济负担（赵颖等，2017）；草原承包的固定边界增加了牧民应对自然灾害的风险（Li & Huntsinger，2011），破坏了牧民们相互之间的期待和信任，也减弱了牧民们通过一些传统活动建立的社会关系，如唱歌、跳舞、绘画、赛马等（Cao et al.，2011）。

（四）"草地围栏"政策的普遍落实

自1980年后中国通过对牧区执行草畜双承包改革对牲畜和将草地分配确权到户，围栏建设便成为草地划界所必须兴建的基础设施，在缓解和消除草地边界纠纷方面起到了重要的作用（李昂和雒文涛，2020）。随着20世纪90年代中后期，"双权一制"开始普遍实施，将草地使用权承包到户，为明确草地使用权，牧民通过设立围栏等屏障来划定自己的承包范围，将自己的牲畜限定在预定的范围之内，同时防止别人的牲畜争夺自家草原资源。中国现代草畜产权的确立，刺激了中国草地围栏的普及。在围栏建设之初，政府一般会提供补贴，各地的补贴方式有所不同，主要有现金补贴和实物补贴等，费用一般由牧民自己承担，尽管广大牧民认为建设围栏存在限制畜群移动等问题，但是他们仍然积极争取国家的围栏建设项目（王娜娜，2012）。

关于草地围栏的研究争议也比较大，部分研究指出围栏不仅有保障草原围封禁牧的生态功能，还有圈建打草场、执行轮牧等生产用途（贾幼陵，2011；南志标，2020）。草地围栏直接保障草地承包使用权的边界清晰，并使之具有可分割、可转移等现代产权的关键特征（周其仁，2004），同时，草地围栏实现了对困难人群的社会保障功能、扶贫和保险等功能（张倩，2011），但是有学者提出草原承包到户以后，采用围栏方式虽然能使排他性的成本大大降低（围栏并不能彻底防止牲畜进入，但是，其地标作用十分显著），可以有效防止他人非法放牧，基本解决了草地的排他性问题，但是仍存在其他问题尚无法解决：一是在许多情况下围栏到户是不可行的，例如，水源限制、牧道限制等使得围栏到户不能实现；二是现在草原地区的草原家庭承包方案多为没有经过科学论证的方案，不仅没有充分考虑水源、牧道等问题，而且在承包中为了划分方便，每户分到的草场都是长条状的草场，非常不合理，将会严重影响放牧利用；三是如果鼓励围栏建设，不但不切合实际，而且在草原上围栏到户会改变牧区的旅游景观，影响草原地区的社会和文化发展（杨理，2007），尽管关于草地围栏存在负面评价，但是在实际操作中，必须考虑到拆除围栏后，如何管理重新成为公共资源的草地，拆除围栏后是否能够实现草畜平衡管理等问题（李昂和雒文涛，2020）。

（五）草场"三权分置"的提出

关于"三权"的内涵，从经济上来看，"三权"就是指土地的所有权、承包权和经营权，是可以分属于不同经济主体的权属，其中集体所有权是农民集体的所有权，土地承包权是赋予集体成员的财产权，土地经营权是各类农业经营主体享有的耕作权（刘守英等，2017）。"三权分置"解决了土地流转中流入主体的资格限制，即流入主体与流出主体必须在同一集体的限制，是根据我国农村现实倒逼的理论创新（韦鸿和王琦玮，2016）。有学者指出，"三权分置"的核心是赋予土地经营权应有的法律地位和权能，从而放活土地经营权，推进土地流转，使土地形成规模经营，以提高农业生产效率（谭淑豪，2020），"三权分置"使得土地产权关系更具体化、清晰化和规范化，是符合农业规模经营和农业现代化的土地产权制度（顾钰民和汪艳，2017），实现了土地社会主义所有制与土地市场化改革的统一（熊金武，2018）。草原"三权分置"改革通过将草原承包经营权分为草原承包权和草原经营权，能化解草原"两权分离"制度下草原承包经营权各项功能之间的矛盾，解决草原承包经营权流转受限难题，为草场的适度规模经营创造条件；在草原"三权分置"情况下，牧民在转让草原承包权后，可以取得流转草原经营权的收益，也可以凭借承包人身份取得生态补偿款以及其他各项牧区补贴款；即便所承包的草场被征用，牧民也能获得草场的征用补偿款；稳定承包权后，牧民可以放心地离开所承包的草场，寻找非牧就业机会，缓解过度依赖草原的状况（代琴和杨红，2019）。虽然牧区草场"三权分置"制度安排虽比两权关系下家庭承包经营的草场制度更具理论上和宏观层面的整体性制度绩效，但当前改革阶段，生产关系与社会关系复杂多元，三权权利边界不清晰造成了各主体间的利益冲突增大，深化牧区草场"三权分置"改革，应以明晰集体所有权、牧民承包权、资本所有者经营权权利边界为改革重点有序推进，妥善处理各经济主体间的权能划分，以提升改革制度绩效，实现预期的改革目标（白雪秋和包云娜，2020）。

二、从分权到"再集中"：中国草原管理政策的发展

长期以来，受农畜产品短缺和优先发展生产的政策影响，中国忽略了草地的生态功能，造成草地长期超载过牧和"人—畜—草"关系失衡，这是导致草地生态难以走出恶性循环的根本原因。面对日益加剧的超载过牧及草地退化问题，我国政府于 2003 年开始实施退牧还草这一生态工程，此外，为了尽快抑制草地退化的程度，2011 年开始在内蒙古、甘肃、青海等 8 个草原地区全面实施草原生态保护补助奖励政策（田艳丽，2010），旨在通过政策干预牧户生产行为、以补助奖励措施抑制超载过牧（高博等，2021），主要包括禁牧补贴、草畜平衡补贴、生产资料综合补贴和牧草良种补贴这几种补贴项目。2016 年开始，我

国启动新一轮的草原生态奖补政策，将之前的生产资料综合补贴和牧草良种补贴并入禁牧补贴和草畜平衡补贴。

随着中国牧区劳动力大量转向城市和非农牧部门就业，草地流转在牧区呈现快速增长趋势。草地流转成为推进牧区规模经营，实现现代畜牧业的一种重要制度措施（杜富林等，2016）。中央和地方政府出台一系列政策措施，促进和规范草地承包经营权流转，我国草场管理政策呈现出由"分权"到"再集中"的趋势。

（一）"退牧还草"工程

2003年1月，中共中央、国务院《关于做好2003年农业和农村工作的意见》中提出，要实施退牧还草工程，以2003～2009年为项目实施期，通过禁牧、围栏和补播三种方式，计划先期治理西部地区6 700万公顷退化草原，治理面积约占西部地区严重退化草原的40%。实施范围包括宁夏、新疆、甘肃、内蒙古、青海、云南、西藏、四川8个省（区）和新疆生产建设兵团。国家退牧还草工程投资按这三项建设内容以补助的形式划拨到各工程省（区），补助标准在不同地区有所差异：（1）禁牧、休牧、划区轮牧围栏建设补助为每亩20～25元[①]；（2）禁牧、休牧饲料粮补助为每年每亩2.75～5.5公斤，补助年限暂按5～10年计算（王艳华和乔颖丽，2011）。为了保障退牧还草过程中禁牧制度的有效落实，同年10月农业部又下发通知，要求对退牧还草工程中禁牧制度的实施进行监督管理（孟庆瑜等，2020）。退牧还草工程在给予农牧户一定经济补偿的前提下，通过围栏封育、补播改良等工程技术与禁牧、季节性休牧等管理技术相结合的措施，改善草原生态环境，促进草原生态和畜牧业协调发展（张海燕等，2015；刘宁等，2013）。其主要目标在于使工程区内退化的草原得到基本恢复，天然

---

① 1亩≈0.067公顷。

草场得到休养生息，达到草畜平衡。2011 年开始，针对全国范围的草原生态奖补政策出台后，退牧还草工程做出了调整，主要转向人工草场建设、天然草场补播、圈舍建设补贴等，以与草原生态奖补政策相适应。

当前学界关于退牧还草工程的研究，主要集中在政策效益以及政策实施中存在的问题。其中赵春花和曹致中（2009）、田晓艳（2011）通过对退牧还草工程典型项目实施区研究分析得出该项政策的实施取得了显著的经济和生态效益，主要表现在促进了牧民生产方式和生产结构的改变，改善了牧户的收入结构，当地农牧民收入与地区经济较稳定增长，有效地改善了草原生态环境。但是，政策实施过程中仍然存在较多的问题（Li et al.，2016；宗锦耀，2005；Chen et al.，2017；李文卿等，2007；王艳华和乔颖丽，2011），例如，陈海滨等（Chen et al.，2017）认为在内蒙古荒漠化地区长期禁牧对于草地可持续利用具有不利影响。李文卿等（2017）通过对甘肃省草地荒漠化地区的定性分析得出，虽然退牧还草工程取得了较为显著的生态、社会、经济效益，但仍存在实施区域不平衡、配套资金落实难、后续产业开发滞后三大问题。王艳华和乔颖丽（2011）认为退牧还草工程实施中存在退牧还草工程区外草原退化趋势尚未得到有效遏制、治理力度与实际需求差距大、工程建设内容单一、补助标准偏低等问题。

（二）禁牧政策

2002 年 9 月《国务院关于加强草原保护与建设的若干意见》中明确指出在生态脆弱和草原退化严重的区域实行禁牧政策，春季牧草返青期和秋季牧草结实期实行季节性休牧。从严格意义上讲，所谓禁牧，一般是指在生态脆弱、水土流失严重或具有特殊利用方式（如割草场）的草场，对草地施行一年以上的禁止放牧利用的措施；休牧是指在一年中一定期间内对草地施行禁止放牧利用的措施；而轮牧是划区轮牧或分区轮牧的简称，是指按季节草场和放牧小区，依次轮回或循环放牧的一种经济有效利用草地的放牧方式，但在学术研究和制度实践的概念使用中，常常用"禁牧"一词指代禁牧、休牧和轮牧等相关内容的禁限措施（孟庆瑜等，2020）。其他学者如胡远宁等（Hu et al.，2019）、靳乐山和胡振通（2014）认为禁牧政策是指为恢复草原植被，在生态脆弱区和草原退化严重的地区实行围封禁牧。禁牧区一般生态脆弱、生存环境恶劣、草地严重退化，牧民因为不能放牧而承担一定的机会成本，政府向牧民提供禁牧补贴，2016年开始禁牧补贴的国家标准由6元/亩提高到7.5元/亩。

当前学界关于禁牧政策的认知也存在较大争议，其中王晓毅（2009）认为禁牧政策所导致的结果往往是禁牧区域的草原生态环境在短时间内得到恢复，但也给非禁牧区域带来更大的放牧压力；王一（2014）提出禁牧对草原生态的恢复作用是有限的，并不是禁牧时间越长越好；朱美玲和蒋志清（2012）认为禁牧政策作用的实现需要协调好国家与地方草地畜牧业、农牧民收入与其生产规模、生态保护与产业发展之间的关系，提高牧户对禁牧政策的满意度，从而使得禁牧政策得到有效落实；额尔登木图（2012）认为政府的补助资金无法缓解包括分割草地的围栏、种植牧草、草地管理和维护等草地生产成本提高而增加的农牧民经济负担，偷牧现象时有发生，这种制度的建立必然产生私人权利保护与公共生态维护两种利益冲突，需要在两者间寻求一种法律上的兼容机制，以协调国家、集体和农牧民三者之间的关系（孟庆瑜等，2020）。

（三）草畜平衡政策

草畜平衡是在一定区域和时间内通过草原和其他途径提供的饲草饲料量，与饲养牲畜所需的饲草饲料量达到的动态平衡（张福平等，2017），各地草原监测部门通过监测评估草地的产草量，再根据牲畜日食量折算成合理载畜量，据此规定牧民在草地上的放牧数量上限。总体来说，草畜平衡是一个理想状态，通过实施以草定畜、保持合理载畜量，调节草地牧草供给量和牲畜饲草需求量之间的平衡，优化放牧策略以快速应对草地变化（徐敏云，2014）。为补偿牧民减少放牧牲畜数量的损失，政府向牧民发放草畜平衡补贴，2016年开始草畜平衡补贴由原来的1.5元/亩提高到2.5元/亩。

从草畜平衡的实施情况来看，虽然各界较早就意识到超载过牧的危害，但是严格控制牲畜头数的措施却一直未真正落实。直到20世纪90年代末期草原退化事件发生以后，草畜平衡管理才真正引起重视。作为草原管理体系中唯一以法律保障约束牧户之间竞争的协调机制，草畜平衡制度是草原管理中不可或缺的核心制度。但是，有学者指出，从理论上讲，草畜平衡管理制度并不能抑制超载过牧（杨理，2013），其在实施中遇到较多阻碍，根源在于，一方面，干旱半干旱草场存在一定的非平衡生态系统特征，承载力管理不一定能实现草场的可持续利用；另一方面，牧民对载畜量的控制是一个多因素影响下的综合决策，并受到市场、畜牧业生产周期、生计需求的限制，而现行的草畜平衡制度在这两个基本环节的处理上采取了简单化、标准化的思路，导致该制度不能有效执行（李艳波和李文军，2012）。与禁牧不同，草畜平衡政策的实施效果与超载程度和牧户心理载畜量休戚相关，牧户会在衡量减畜造成的损失与草畜平衡补奖实际带来的经济收入后决定是否遵守契约（周洁等，2019），减畜要求与补偿标准不对等的现象会造成补奖激励不相容的问题（胡振通等，2015），牧户的文化程度和对政策生态效益评价等因素会对政策实施效果满意度带来正面影响（何晨曦等，2015），但由于草场资源的异质性和波动性，通过现有手段在牧户尺度准确测量产草量几乎不可能，这些因素都使得牧民难以接受草畜平衡制度，影响政策实施效果（李艳波和李文军，2012）。

（四）草地流转兴起及其相关管理政策

自 20 世纪 90 年代草地承包制度实施以来，牧区草地流转就开始在牧民中自发实施起来（谭淑豪，2020）。随着城镇化的不断发展，牧区劳动力逐渐向城镇转移，草地流转速度加快。但早期牧区草地流转多为小规模、自发性流转，主要表现为私下无偿或低偿流转，口头协议居多，容易引发牧民之间的纠纷和矛盾。为规范草地流转行为，国务院出台《国务院关于促进牧区又好又快发展的若干意见》提出要规范草原承包经营权流转，内蒙古、青海等地方政府分别出台相关政策文件，健全草地经营权流转登记制度，建立草地流转平台，推动牧区草地经营权流转的规范化、市场化、制度化。2015 年农业部出台《农业部关于开展草原确权承包登记试点的通知》提出规范草原承包经营权流转行为，建立健全草原承包经营权流转管理和纠纷仲裁体制机制，引导农牧民通过当事人协商、行政调解、仲裁制度和司法诉讼等途径，依法依规调处解决有关纠纷矛盾，着力解决草原承包经营权流转中的纠纷问题（农业部，2015）。新一轮土地确权工作开展以来，学界关于土地确权与土地流转的关系进行了较多研究，如钱忠好（2002）、许庆等（2017）提出通过土地确权颁证可以促进土地流转，其理论逻辑在于：农地确权一方面能够强化农户对土地的排他性预期；另一方面能够规范农地流转的交易行为并减少产权纠纷，降低契约风险和交易成本（黄季焜和冀县卿，2012；程令国等，2016；胡新艳等，2018）；但是由于新一轮土地确权强调"生不增，死不减"的产权固化（罗必良和张露，2020），因此罗必良（2017）认为产权界定未必能够激发产权交易行为，即新一轮土地确权与土地流转之间没有必然的关系，主要原因在于农地确权会增加交易费用以及强化禀赋效应（罗必良和张露，2020），然而，当前关于新一轮草地确权与草地流转的研究几乎没有。

第二节 现行草地管理政策面临的
挑战及政策失灵原因

一、草地承包责任制和草地围栏政策面临的挑战

中国实行草地承包责任制的根本目的是通过明晰产权，化解公地悲剧、治理草原退化和提高草地生产力。草地承包责任制和草地围栏政策在一定程度上提高了牧民畜牧生产的积极性，减少牧民因草地放牧导致的利益冲突和纠纷。但同时应当认识到，草地承包责任制和草地围栏、草场流转仍存在以下挑战：

（一）草地围栏割裂了草地生态系统之间的联系，加剧草地资源退化

草地承包到户后，通过建设草地围栏明确牧民对草地的使用权。这种方式人为割裂人居、草地和畜群放牧系统，打乱原有的草地生态系统（任继周等，2011），反而不利于草原生态环境保护。一方面，草地围栏拦截了野生动物的规律性季节迁徙、产子、育幼及寻找水源等，缩小了野生动物的生存空间，导致草原生物多样性下降；另一方面，草地围栏阻止了其他草食、肉食动物的进入，对草地生态系统的其他生物产生阻隔作用，在一定程度上破坏了围栏内生态系统的平衡。此外，草地承包到户割裂了牧民之间的生产关系，单个牧户难以采取合理的管理措施治理草地退化，特别是草地治理作为一种高成本且具有显著正外部性的行为，受规模和能力限制，单个牧户无法采取草地植被恢复措施，导致草地退化问题长期得不到有效解决。

（二）围栏到户强化了草地生产功能，但弱化了生态功能

草原生态系统不仅是畜牧业生产的重要基地，还是重要的天然生态屏障（曾贤刚等，2014）。通过围栏建设强化了草地生产功能，的确能提高牧民的生产积极性，但弱化了草原的生态功能。一方面，围栏到户后，牧民经营自负盈亏，在利润最大化目标的驱动下，其生产积极性得到有效提高。为增加家庭收入，大多数牧民不得不增加放牧数量，甚至超过当地草地最优载畜量，导致中国草地长期处于超载状态，难以实现可持续发展。另一方面，草地承包到户后，围栏将原有的游牧方式转变为在围栏之内圈养放牧，牧民无法根据季节变化做出合理地放牧安排，导致牲畜在同一片草地内连续放牧，使得草地资源无法得到休养生息和自然恢复，造成草地资源退化，甚至荒漠化。

（三）围栏到户给牧民生产的可持续性带来负面影响

围栏到户后，牧民仅能在围栏范围内从事放牧活动。由于草地的高低起伏变化和植被有所差异，不同地区草地生物量和营养分布也有差别，仅在围栏区域内放牧牲畜，会导致牛羊的营养摄取不均衡，不利于其生长发育和免疫功能的提高，给牲畜生产效率带来负面影响。同时，费尔南德斯等（Fernandez – Gimenez et al.，2012，2014）、杨理（2010）研究认为由于围栏带来的草地细碎化限制了牲畜的移动范围，牧民难以根据草地质量和季节变化实施轮牧，不利于牧民应对突发雪灾、旱灾等自然灾害。此外，牧民对承包草地上其他具有经济价值的附属物拥有收益权。调研发现，部分地区的草地上生长着有较高药用价值的虫草，随着市场对虫草需求旺盛，挖取虫草成为牧民另一个重要经济来源。虫草挖取时间一般集中在每年的 5 ~ 6 月，正是春季天气回暖牧草开始生长的时期，挖取虫草必然破坏牧草生长。还有一些牧民将自有承包草地出租给以挖虫草为业的农牧民。由于这些农牧民没有草地的长期使用权，更不会注重对草地的保护，给牧草生长和牧民生产

的可持续性产生负面影响。

（四）牧区流转草场存在过度放牧，草原退化严重

实施草地承包到户之后，牲畜养殖较多的牧民会向无畜户或少畜户流转草场以发展生产。但在实际中，牧民为保护自有草场，一般会选择在流转而来的草场放牧更多牲畜，且由于当前草原流转并不规范，合约大多为口头协议，且合约期限为一年，当流转而来的草场退化严重时，牧民便停止合约，转而租入其他草场，草场转入方对草场退化等生态问题关注不足，加剧了草原退化。此外，一般转出草场的牧民大多拥有草场但没有牛羊等牲畜，选择转出草场以获取经济收入，或在附近县城从事非农工作，无法对草场转入方的放牧行为进行有效监督，且草场保护意愿也明显不足。导致流入户在自家草场减少牲畜养殖数量，而在流转草场增加牲畜养殖数量，严重超出流转草场承载能力，导致流转草场退化严重，不利于草原可持续发展。

二、草原退化治理政策的失灵原因

面对草地退化问题，政府出台了相关政策措施，以解决"分草到户""草地围栏""流转草场"存在的问题，主要包括草原生态补奖、鼓励草地承包经营权流转等。但从实施效果来看，目前这两项管理政策并未达到预期目标，多种因素导致这些政策的失灵。

（一）草原生态补奖政策的监督成本过高，导致实际效果大打折扣

草原生态补奖政策在给牧民发放补贴的同时，需要监督牧民的放牧行为，以确保政策达到预期效果。但在具体执行过程中，由于监督成本过高，政府无法对牧民的禁牧和草畜平衡情况进行有效监督，导致现有补贴政策目标很难实现（冯晓龙等，2019）。首先，现有禁牧和草畜平衡监管由各级草原监理机构负责，每村配备1~2名草管员，向草原监

理部门上报该村放牧数量及超载情况。由于草管员人数较少，无法全面了解各户放牧数量，难以掌握偷牧和超载情况；同时草管员往往是本村村民或村干部，由于人情关系的存在，导致真实放牧数量和违规行为很少被上报。其次，对违反禁牧休牧的牧民的惩罚机制不完善。部分地区仅是口头劝告，无法达到有效的惩罚效果；虽然有些地区对违反政策规定的牧民进行罚款，但罚款数额较低，导致违规放牧成本较低。最后，生态补奖标准较低，牧民减畜积极性不高。尽管新一轮草原生态补奖政策提高了补贴标准，平均每亩草畜平衡补贴为2.5元，禁牧区每亩补贴7.5元，但补贴力度仍远低于增加1个羊单位所产生的收益（胡振通等，2017），减畜的边际成本远远高于边际收益，导致牧民减畜的积极性不高，超载放牧问题依然严重。

（二）保护转入草地动力不足，草地流转反而加剧草地退化

以租赁为主的草地流转被认为是牧区实施草地承包责任制后实现规模经营、通过市场手段配置草地资源的有效方式（余露和汪兰溪，2011），既有利于提高牧民收入，也能够改善因经营规模较小导致的草地生态退化问题。然而，草地流转在客观上造成自有草地和转入草地在地权属性上的差异，自有草地承包期更长，与牧民的经济利益关系更为紧密，而转入草地多为短期租用，牧民没有足够动机对转入草地进行投资和保护，反而出现为减少自有草地损失而过度利用转入草地的问题。洛沃（Lovo，2016）、俞海等（2003）对农区土地流转的研究结果认为不稳定的土地使用权弱化了增加长期投资的动力，该研究结论同样适用于牧区。同时由于增加放牧数量的短期收益显著，对转入草地的过度利用现象更为普遍。调研发现，当前草地流转合约基本是一年一租的口头约定，草地转入方能够较为自由地退出合约，为追求短期利润最大化，牧民在转入草地上的放牧时间、放牧数量远高于自有草地。正如班克斯等（Banks et al.，2003）、赖玉珮和李文军

（2012）认为草地流转虽然在一定程度上改善牧民生计，但却将放牧压力从自有草地转移到租入草地，导致转入草地的质量下降，成为牧区草地退化的重要因素。

（三）牧民收入来源单一，过度利用草原资源

牧区牧民收入来源较为单一，由于牧区离城镇距离较远，牧民受自身语言文化等限制，非牧就业机会较少，难度较大，其绝大部分收入来源主要是草原放牧、虫草等。牧民出于经济考虑，必须大规模放牧和挖虫草，过度依赖草原的生产功能。特别是随着市场对虫草需求旺盛，虫草经济价值较高，挖取虫草成为部分地区牧民的另一经济收入来源。而虫草挖取时间正是春季天气回暖之后，牧草开始生长，挖取虫草必然破坏牧草生长。此外，由于挖取虫草时间与放牧季节并不冲突，牧民往往在这段时间将自有承包草场出租给以挖取虫草为业的牧户，虫草挖过之后，再进行放牧，对草场进行重复利用，严重影响草地的自我恢复。

（四）牧区饲草料供应不足，严重制约牧民收入增加

牧区牲畜养殖对饲草料供给的数量、质量和及时性都有很高的要求。由于中国草原地区四季分明，生长季节短，加上近年来的干旱频发，导致天然草地的饲草供给存在着极大的波动性，很难满足牲畜对饲草料的需求，只能依靠购买饲草料来维持饲养。当前牧区饲草料供给市场发育较为缓慢且不够活跃，导致半农半牧区生产的饲草料销售难而牧区饲草料供给严重不足，造成牧区饲草料价格大幅度增加。为了避免因饲草料不足带来的牲畜死亡，牧民不得不通过借贷或减少牲畜数量的方式应对，严重制约牧民家庭收入的增加。因此，从饲草料资源的可供给性和可保证性来看，草原牧区的牲畜饲养明显存在短板。

第三节　促进草原可持续发展的政策建议

一、加强基层草原监理队伍建设，提高草原生态补奖政策实施效果

一是，草原管理部门应当以村为单位测定草原牧草生产能力，逐村逐户核定承包草原理论载畜量，并对每户的理论载畜量进行公开，便于村内牧民互相监督。二是，应当加强基层草原监理队伍建设，以村为单位设置草原监理员岗位，支付相应报酬并足额落实工作经费，激励其监督村内牧民的实际牲畜养殖数量超载情况与在禁牧区域私自放牧情况，并及时向乡镇草原管理站反馈信息。三是，草原生态补奖政策实施效果的关键在于牧民的自觉性与自发性，因此，应当通过多种途径向牧民宣传禁牧、草畜平衡对草原质量与牲畜养殖的关键影响，提高牧民对草原生态补奖政策的认知水平，促进其主动、自觉地遵守相关规定，促进政策目标的实现。

二、规范草场流转规则，明确权利义务

在社会流动加速的社会背景下，草场流转不可避免，但目前缺乏有效的流转条例和监督措施，使得绝大部分流转行为和权利义务关系的确立仅仅表现为口头约定，造成流转草场的生态破坏。对此，应当进一步完善草场流转规则或条例等制度建设，加强政府组织在草场流转过程中的监督与约束作用，务必使责任双方签订正规的流转合同，明确转出者

和转入者之间的权利义务关系。同时应当对草场转入户的草场利用情况进行跟踪、监督，在其过度放牧的情况下及时终止流转合同，保护草原生态系统。

三、鼓励联户经营和轮牧，减少围栏建设

草原围栏的建设既不利于牧民进行合理地放牧区域和季节性安排，还会增加因维护围栏带来的生产成本，导致牧民在利益的驱动下增加放牧数量，无法实现草场资源的自然恢复。为此，应当鼓励草场面积较小的地区开展联户经营，拆除围栏，提倡连片放牧。草场相邻的若干牧民家庭可以组成放牧小组，拆除各自的围栏，在较大的草原空间里共同放牧。一方面，使得牧民能够依据草场质量变化情况与季节变化合理地安排放牧区域与放牧数量，保障草地生态系统自我恢复；另一方面，通过节省围栏的建造和维修成本，降低牧民的生产成本。

四、加强教育培训，延伸畜牧业链条

针对牧区牧民收入来源单一，过度依赖草原生产功能的问题，通过以下措施解决：一是，通过强化对牧民的基础教育和技能培训，使牧区剩余劳动力可以"走出去"，从而缓解牧区人口压力；二是，通过提高草原畜牧业组织化水平，延伸畜牧业生产链条，实现草原畜牧业的转型。例如，依托草原畜牧业优势和特点，培育新型经营主体，发展肉制品和乳制品深加工、毛皮和工艺品制作等，延伸草原畜牧业的产业链条，提高畜牧业的附加值，促进草原畜牧业转型升级。这既有利于增加牧民收入，又能减少牧民对草原的过度依赖，以此逐步实现减少放牧数量，恢复草原生态功能的目标。

五、推进饲草料流通体系建设，解决牧户饲草料购买问题

为解决牧区饲草料供应不足问题，应当从两个方面着手：一是，在饲草料主要流通县建设批发市场，为饲草料供需之间搭建交易和合作的平台。建立饲草料交易平台和物流体系，通过平台、系统的建立完善市场运营机制，完善饲草料产业链条。特别是要加强粮改饲试点县与纯牧业县在饲草料流通领域的合作与交流，促进饲草料从生产地到销售地的流通，解决牧区饲草料购买难问题，降低牧户购买饲草料的成本。二是，应当建立应急饲草料储备库，应对牧区的自然灾害和突发事件。以冬季雪灾、风灾为主的自然灾害的突发严重影响牧区草地的生长，造成牧户饲草料储备短缺，无法满足牲畜养殖的需求。应当建立应急饲草料储备库，及时有效地向牧户提供应对突发事件的饲草料，减少突发事件对牧民带来的不利影响。

第三章

草地管理政策影响的微观分析*

    作为"自上而下"的政策，草地管理政策实施的微观对象是牧户。因此，研究草地管理政策对牧户行为的影响有助于考察政策目标的实现或偏离程度，为进一步优化政策提供科学的参考依据。本章在草地管理政策梳理的基础上，选取草原生态补奖政策和草场流转政策为例，开展草地管理政策影响的微观分析。主要内容包括以下四节：第一节，在已有相关研究的基础上，补充讨论草原生态补奖政策实施过程中放牧监管和社会资本对政策生态效果的优化作用；第二节，通过选择实验的方法分别测算禁牧区和草畜平衡区牧户参与草场治理的偏好与支付意愿；第三节，检验草场流转背景下是否会出现地块间放牧压力转移导致"转入地悲剧"的问题，并考察草场流转干预措施对草场流转的影响以及干预措施如何通过草场流转影响牧户超载过牧行为；第四节，基于前三节的研究结论，提出相关政策建议，为进一步优化草原生态补奖政策提供决

    * 本章相关内容发表在期刊《中国人口·资源与环境》2019 年第 7 期，"草原生态补奖政策能抑制牧户超载过牧行为吗？——基于社会资本调节效应的分析"；《中国环境科学》2020 年第 4 期，"牧民参与草场治理的偏好与支付意愿——来自禁牧区和草畜平衡区的实证对比"；《中国农村经济》2021 年第 3 期，"草场流转的转入地悲剧——来自 876 个草场地块的微观证据"；"Environmental Science and Policy" 2021 年第 114 卷，"Role of monitoring in environmental regulation：An empirical analysis of grazing restrictions in pastoral China"；"Journal of Environmental Management" 2021 年第 285 卷，"Intended and unintended environmental consequences of grassland rental in pastoral China"。

策依据和对策方案。

第一节　草原生态补奖政策的生态效应分析

一、问题提出

为了改善中国草原生态环境，促进草原可持续发展，中国先后实施了退牧还草、京津风沙源治理工程等草原生态建设和保护项目，虽然取得了一定成效，但没有从根本上改变草原生态环境持续恶化的趋势。2011 年 6 月国务院发布《关于促进牧区又好又快发展的若干意见》，确立了牧区发展实行"生产生态有机结合、生态优先"的基本方针，指出草原以生态保护为首要目标，要求建立草原生态保护补助奖励机制（以下简称"草原生态补奖政策"）。这是有史以来对草原保护投资力度最大、实施区域最广、收益人群最多的一项政策。从 2011 年开始，中央财政每年拿出 136 亿元（后增加到 150 亿元）在内蒙古、新疆、西藏、青海、甘肃、四川、宁夏、云南等 13 个省（区）全面建立草原生态补奖政策，五年为一个周期。2011～2015 年草原生态补奖政策的补奖标准是禁牧亩均补助 6 元，草畜平衡亩均奖励 1.5 元。2015 年 4 月25 日，国务院发布《关于加快推进生态文明建设的意见》，明确指出"要继续实行草原生态保护补助奖励政策"。2016 年中央一号文件《关于落实发展新理念加快农业现代化实现全面小康目标的若干意见》指出"实施新一轮草原生态保护补助奖励政策，适当提高补奖标准"。2016～2020 年新一轮草原生态补奖政策的禁牧补助由 6 元/亩提升到7.5 元/亩，草畜平衡奖励由 1.5 元/亩提高到 2.5 元/亩。政府与牧户签订草原生态补奖合同书，同时成立专门的监管队伍，以扣除补奖的方式对未履行合同任务的牧户进行惩罚，确保草原生态治理的有效开展。

现有研究就草原生态补奖政策的生态效应尚未形成统一的认识，主要分为草原生态补奖无效、草原生态补奖有效以及特定条件有效三种主张：

草原生态补奖无效论。现有研究大多数持有草原生态补奖无效的观点，认为自草原生态补奖政策实施以来，牧区半牧区超载过牧的现状仍没有得到根本的转变，草场生态环境恶化问题也没有得到根本遏制，草原生态环境依然脆弱（胡振通等，2016；谢先雄等，2018；Dai & Brown，2018；Yin et al.，2019）。吴渊（2019）根据草地遥感数据发现个别地区的绿度变化率（GRC）、综合植被盖度（CVC）、净初级生产力（NPP）三个指标测算结果并不理想，公共政策实施在"生态"维度上偏离既定目标。甚至部分研究认为草原生态补奖加剧了牧户的超载过牧和草原生态环境恶化（Yin et al.，2019；冯晓龙等，2019）。尹燕亭等（Yin et al.，2019）通过对内蒙古726户牧户的调查发现，放牧强度在草原生态补奖项目启动四年后显著增加。冯晓龙等（2019）基于内蒙古、甘肃两省474户牧户实地调查数据发现，草原生态补奖资金显著加剧了牧户超载过牧行为。关于草原生态补奖无效甚至有不利影响的原因，部分学者研究认为是当前"一刀切"式的草原生态补奖政策下，补偿标准仅与草地承包面积挂钩，导致减畜和补偿之间存在严重的不对等关系，难以调动牧户的减畜积极性（靳乐山等，2013；胡振通等，2015；韦惠兰等，2017）。加之当前"偷牧""夜牧"等现象普遍，草原生态补奖政策实际上并不能很好地促进牧户减畜。

一种观点认为，草原生态补奖政策失效主要归因于草畜平衡政策制定中过度注重牲畜数量、没有关注草原生产力动态特征、草畜平衡标准制定不符合地方畜牧业发展要求等（Waldron，2010；杨理等，2005；白可喻等，2005）。另外，草原生态补奖政策补偿标准偏低、政策简单且缺乏公平性、草原管护员工资偏低等问题都是草原生态补奖目标未能充分实现的主要原因（叶晗和朱立志，2014；李静，2015；胡振通等，2016）。

草原生态补奖有效论。现有研究中主张草原生态补奖有效的，主要有政府报告和部分研究学者。政府报告显示，草原生态补奖促进了草原生态恢复，减少了放牧牲畜的数量（农业部，2012~2016）。草原生态补奖对牧户减畜行为方面，部分学者通过牧户微观层面的实证研究认为，草原生态补奖政策对牲畜养殖规模具有极显著的制约作用（马梅等，2016），与牧户减畜行为之间存在正向的促进关系（王海春等，2017），即通过增加牧户的草原生态补奖收入能够显著促进农牧户减畜意愿与实际减畜率的提高（孙前路等，2018）。且草原补偿金额越高，牧户退出牲畜养殖业的概率越高（王丹等，2018）。刘敏等（Liu et al.，2019）的研究发现，草原生态补奖政策对降低羊的养殖规模有显著的影响，但是对牛的养殖规模没有显著的影响。草原生态补奖对草原生态环境改善方面，部分研究者认为该政策对恢复草原植被和改善生态环境有显著的积极影响（杨春等，2015；Yang et al.，2015；姜有威等，2016；Liu et al.，2018）。刘爱军（2014）和魏琦等（2015）通过遥感监测发现草原覆盖度、生物量、物种数量、地表枯落物等反映草原植被特征的指标在草原生态补奖政策实施后明显好转。王曙光等（2015）在藏北申扎县研究测定，草原生态补奖政策实施后，禁牧区草原植被盖度较草原补奖政策实施前提高15~25个百分点，草群高度均值增加3~8厘米，草地密度由40%提高到60%。刘等（2019）基于52个县15年时间跨度内的数据，发现草原生态补奖显著改善了草地条件，提高了草地植被覆盖指数。

视情况有效论。部分研究发现，草原生态补奖和牧户的放牧强度之间存在非线性关系，草原生态补奖只有在补偿金额达到一定值的情况下或者在某些特定的群体中才能有效发挥作用。胡远宁（2019）发现禁牧补助和草畜平衡奖励对牧户的放牧强度均没有显著的影响，但是草畜平衡奖励在一定程度上能激励草地经营规模较大的牧户降低放牧强度。周升强等（2019）发现草原生态补奖与牧户减畜行为和减畜率之间呈现显著的倒"U"型关系，即低补偿金额下，草原生态补奖对牧户减畜行为无效；高补偿金额下，草原生态补奖能有效提高牧户减畜概率和减畜率。

综上所述，已有研究关于草原生态补偿政策的生态效应评估尚未形成一致结论，这在一定程度上可以解释为研究区域和方法的不同导致研究结果出现偏差。而且在草原生态补奖政策的政策包中，已有研究普遍忽略了对放牧监管的实证分析，而有效的监管往往是影响政策实施效果的重要因素。另外，草原生态保护不仅需要政府的大力投入，更需要社会公众的主动参与和有力监督（叶晗和朱立志，2014）。牧户不仅是生产主体，还是补偿政策的接受者，其行为、态度直接决定着草原退化的状况和生态补奖政策的实施效果。在这个过程中，牧户的自我管理机制对草原生态补奖政策实施效果的作用不可忽视。人们通过长期交往形成的社会信任、互惠模式及行为规范等社会资本是建立牧户自我管理机制的关键，不仅可以有效解决草原生态保护中政策监督执行成本高等问题，还能形成减畜的集体行动从而确保草原生态补奖政策目标的实现（王晓毅，2009）。但是探讨社会资本与草原生态补奖政策对牧户超载过牧行为影响的研究较为缺乏。

因此，本节将基于中国甘肃和内蒙古 2 个牧区省份（区）的微观调查数据，在分析草原生态补奖政策对牧户超载过牧行为的影响的基础上，进一步关注放牧监管和社会资本的作用，以及分析放牧监管和社会资本对草原生态补奖政策生态效应的调节作用。

二、理论逻辑与研究假说

(一) 草原生态补奖政策对牧户超载过牧行为的影响机制

草原生态补奖政策作为重要的国家草原生态保护政策之一，其首要目标是通过禁牧和草畜平衡等具体政策措施有效引导牧户减畜行为，使其牲畜数量维持在合理载畜量的范围（王海春等，2017；侯向阳，2010），并通过监督管理的行政手段，实现草原生态环境可持续。综合来看，草原生态补奖政策对牧户超载过牧行为的影响路径主要包括：

一方面，通过以资金补偿的经济激励抑制牧户超载过牧达到减畜的目的。根据外部性和公共产品理论，草场具有消费的竞争性和受益的非排他性，因而产生价值和经济外部性，属于典型的公共产品（王海春等，2017；丁文强等，2019），需要通过一定的政策手段使其外部性内部化（Viaggi et al.，2011）。生态补偿理论认为，生态补偿是以保护和可持续利用生态系统服务为目的，以经济手段为主要方式，调节相关者利益关系的制度安排（魏琦和侯向阳，2015；刘兴元，2012）。作为草原生态补奖政策的主要利益相关者，牧户既是草原生态环境保护的微观主体，又是经济利益的追求者。为了激励其减少牲畜养殖规模达到草畜平衡管理标准，就必须对其进行经济补偿。中国政府制定的草原生态补奖政策的主要目的就是，通过禁牧、草畜平衡等资金补助、奖励的经济手段，调节牧户因减少牲畜养殖带来的经济利益损失，从而调动牧户保护草原生态的积极性，引导鼓励牧户减少牲畜养殖规模，实现草畜平衡并形成草原合理利用的长效机制。由此来看，理论上草原生态补奖政策能够通过资金补贴抑制牧户超载过牧，以此实现减畜目的。

H1：草原生态补奖资金对牧户超载过牧行为具有负向作用。

另一方面，通过对牧户放牧行为的监督管理，抑制牧户超载过牧行为，促使牧户真正减畜。生态补偿的条件性是其最重要的特性，生态补偿项目在实施中是否满足条件性，直接影响生态补偿项目的生态补偿效率（胡振通，2016）；生态补偿的条件性是指只有当环境服务的提供者提供了环境服务时才应当付给其费用（Wunder，2007）；而条件性的满足需要行之有效的监管体系（Wunder，2015；欧阳志云等，2013）。草原生态补奖政策作为生态补偿机制的一类，在实施时同样需要满足条件性。在政策实施过程中，政府与牧户之间往往存在信息不对称情形，要降低可能存在的牧户领取政策补贴而实际不减畜的道德风险，就需要有效的监管。如果缺乏有效的监管，或者没有监管，将会阻碍草原生态补奖工作的顺利实施（李静，2015；叶晗和朱立志，2014），为牧户发放补奖资金也仅仅成为一种善意的给予，对牧户超载过牧行为的约束力将大大降低，既会影响牧区减畜目标的实现，又会影响草原生态补奖政策的实施效率。

放牧监管是否能发挥有效作用与监管制度的具体执行方式紧密相关。县级草原监督管理办公室组建了由草原督察、草原管理员（草管员）和村干部组成的放牧监督小组，开展放牧监督工作。但是现实中大多数的草管员都是从村民或村干部中挑选出来的，并且是当地牧户的熟人，容易导致相互勾结，监管效果不佳。胡振通等（Hu et al.，2016）通过2014年在内蒙古进行的一项调查发现，在被调查的490户牧户中，只有35户因不遵守放牧限制而被罚款，比实际不遵守放牧规定的牧户数量要少得多。在被罚款的牧户中，平均罚款金额为1 437元，仅为平均禁牧补偿金的9%。监管无效的主要原因一般包括被发现的概率低和违规成本低两个方面，因此可以认为监管主体和监管方式不合理导致被发现的概率低的监管或者惩罚过低的监管都是不完全的监管，会导致监管无法发挥作用。只有通过完全监管，即设置合理的监管主体和监管方式提高牧户违规放牧被发现的概率和提高惩罚标准，才能有效降低牧户的超载过牧程度，实现草原生态补奖政策的目标。

H2：草原生态补奖政策的无监管或不完全监管难以对牧户的超载过牧行为起到约束作用，只有完全监管能够降低牧户超载过牧程度。放牧监管对禁牧政策和草畜平衡政策影响牧户超载过牧行为能起到调节作用。

（二）社会资本对草原生态补奖政策影响牧户超载过牧行为调节作用机制

与农地不同，承包到户的草场，只要在放牧的情况下，没有围栏的草场就具有排他性低和竞争性强的特征，因此，当前绝大多数牧户承包的草场仍然是典型的公共性资源（奥斯特罗姆，2000；杨理，2007），其治理过程需要公众的广泛参与，才能实现草原治理的集体行动（史雨星等，2018；周立和董小瑜，2013），而集体行动是牧户参与草原管理的基础（王晓毅，2009）。村庄内的人们通过长期社会交往形成的社会信任、互惠模式及行为规范等社会资本是决定公共性资源管理有效的主要因素（Baland & Platteau，1996；Bouma et al.，2008），对解决社区草原保护问题与集体行动中的"搭便车"问题具有重要作用（Banks，2010；奥斯特罗姆，2000）。关系网络与社会信任是社会资本的关键表征（蔡起华和朱玉春，2015），农户与村庄社会资本存量越大，社会组织动员能力越强，村内信任水平就越高，越容易产生集体行动，达成集体行动主体间的合作（Jafchamps，2006；Coleman，2000；谢先雄等，2018）。

因而，从理论上讲，在草原治理过程中，草原生态补奖政策的实施效果会因牧户与村庄社会资本的差异而不同。一方面，在以草原生态补奖资金为经济激励的实施过程中，社会资本水平越高的牧户，对草原生态保护的认知水平越高，也会引导牧户之间产生更多的互惠行为，获得可信任的社会声誉，带来更高的草原生态保护的合作水平，抑制牧户超载过牧行为的选择，进而促进草原生态补奖政策目标的实现。另一方面，在草原生态补奖政策实施的条件性方面，通过长期的社会交往形成的社会资本，可以在一定程度上降低集体行动中的"搭便车"心理（Uzzi，1997），在正式制度的监管体系下，有效发挥社会资本等非正式制度对牧户行为的约束作用，能够促使牧户形成减畜行为的集体行动，保证禁牧和草畜平衡的有效执行（Yang et al.，2013；胡振通，2016；路冠军等，2013；陈秋红，2011），进而提高草原生态补奖政策的实施效率。由此，本节提出以下假说：

H3：社会资本在草原生态补奖政策对牧户超载过牧行为的影响中具有调节作用。

基于上述理论分析，构建的理论分析框架如图3-1所示。

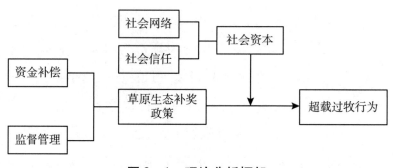

图3-1　理论分析框架

三、研究设计与数据描述

（一）数据来源

本节数据采用实地调研数据库中甘肃省和内蒙古自治区2017年的

调查数据进行分析。该数据通过一对一入户访谈形式收集了牧户 2015 年、2016 年和 2017 年的相关数据。在剔除变量缺失信息和无效数据后，最终的数据集是由 348 个牧户 1 025 个观测数据组成的不平衡面板数据集，其中 2015 年 341 个观测数据，2016 年 342 个观测数据，2017 年 342 个观测数据。

（二）变量选择

1. 被解释变量

本节从放牧强度和超载过牧程度两个角度分析牧户的放牧行为。一般用载畜量来衡量牧户的放牧强度（任继周，1998；胡振通等，2014，2017；杨帆等，2018；吕鑫等，2018）。根据载畜量的含义，可以由家畜头数、放牧时间和草原面积三要素构成载畜量，在这三要素中只要有两项不变，一项为变数，即可表示载畜量。因此，载畜量可由牲畜单位、时间单位或面积单位来表示（任继周，1998）。本节使用载畜量的牲畜单位来衡量牧户的放牧强度，计算公式为：载畜量＝牲畜养殖规模/草场经营面积。即以一年为时间单位，单位面积草场上放牧的牲畜数量，其中"牲畜养殖规模"需要折算成标准羊[①]。核算牲畜养殖规模时，通过加总完全放牧、完全放牧＋圈养、完全圈养的牲畜数量，进一步考虑补饲问题减去通过补饲养殖的牲畜规模[②]，即得到草场的牲畜养殖规模。载畜量越大，表示放牧强度越高。

另外，本节通过计算实际载畜量偏离合理载畜量的程度计算牧户的超载过牧程度，即超载过牧程度＝（实际载畜量－合理载畜量）/合理载畜量。该比值越大，表示牧户超载过牧程度越高。其中合理载畜量是根

[①] 将牧户饲养的牲畜按照一头牛折算 5 个羊单位，一匹马折算 4 个羊单位，一头驴（骡）折算 3 个羊单位，一个仔畜按照 0.5 个成畜的标准换算。

[②] 根据《天然草地合理载畜量的计算》（中华人民共和国农业行业标准 NY/T635—2002），按照一只标准羊全年消耗干草 657 公斤折算。

据当地实际情况，在某一利用时段内，在适度放牧（或割草）利用并维持草地可持续生产的前提下，满足家畜正常生长、繁殖、生产的需要，单位面积草场上可承载的标准羊数量（中华人民共和国农业行业标准，NY/T635－2015）。考虑到目前中国只是在县级层面统一规定了合理载畜量，村级甚至不同地块层级的合理值是否进一步规定和规定为多少因各地政策而异，因此本节通过整合比较农户层面、村层面和县级层面采集的数据得到合理载畜量。

2. 核心解释变量

草原生态补偿政策变量包括政策覆盖面积比例和补奖标准两个方面，具体选取了禁牧面积比例、草畜平衡面积比例、禁牧补贴标准和草畜平衡补贴标准。另外，本节研究通过"是否针对牧户放牧行为进行监管"这个问题的回答来衡量放牧监管政策的实施情况。这是一个二分变量，有监管取值为1，无监管取值为0。对于回答有监管的牧户，本节研究进一步通过"谁进行监管（村小组组长；村干部；乡镇干部；县干部）""如何监管（负责人到户清点；牧户自己汇报；到户清点和自己汇报结合；抽查）""监管对应的惩罚措施（降低或取消补贴；罚款；没收牲畜；口头警告；督促卖畜）"三个问题来考察监管的特点。首先，监管主体如果是村小组组长或村干部，则定义为监管不足。这是因为村小组组长或村干部可能会因为熟人关系而与牧户串通，与乡镇干部和县干部相比，他们不太可能进行全面监督。其次，监管方式如果是到户清点，则定义为监督充分，因为其他方式可能会产生道德风险。最后，监管对应的惩罚措施如果是以罚款、减少补偿或没收牲畜的形式进行的货币制裁，则定义为监督充分，口头警告或督促卖畜被定义为监管不足。如果上述三个方面都选择了监管充分的选项，本节研究将其定义为完全监管。如果只有其中一两个方面选择了监管充分的选项，则定义为不完全监管。

本节从社会网络、社会信任两个维度度量社会资本。对于社会网络，主要通过牧户的宗族关系网络来测度。在中国传统农村，人们的行为往往围绕着宗族关系而展开，宗族成员间相互赠送或往来礼金，形成了所谓的"人情"社会，不仅能为宗族成员家庭之间的相互合作提供机会从而形成集体行动（Freedman，2004；贺雪峰，2004），也有助于他们共同抵御外部环境的负面冲击（郭云南和姚洋，2013）。因此，对于社会网络的问题设计是：您家的姓氏是村庄（社区）里最大的姓吗？若回答"是"，则赋值为1，表示该牧户的姓氏在村庄中所占人口比例较大，亲属关系范围较广，家庭社会网络规模越大；若回答"否"，则赋值为0。社会信任主要从牧户对村庄其他人的信任程度来考察。其问题设计是：您对村里人的信任程度如何？信任程度从1~5分别是：非常不信任、比较不信任、一般、比较信任及非常信任，分值越高，表明牧户与村庄其他人信任程度较高。

（三）实证模型设定

考虑到社会网络和社会信任两个变量随时间的变化较小，本节分为两个部分，利用2015~2017年的3年面板数据分析草原生态补奖政策、放牧监管对牧户放牧行为的影响，利用2017年的截面数据检验社会资本对草原生态补奖政策生态效应的调节作用。

首先，构建如下固定效应面板模型分析草原生态补奖政策、放牧监管对牧户放牧行为的影响：

$$Y_{it} = \alpha_0 + \alpha_1 BAN_{it} + \alpha_2 BALAN_{it} + \alpha_3 MON_{it} + \alpha_4 Sub\_BAN_{it}$$
$$+ \alpha_5 Sub\_BALAN_{it} + \alpha_6 C_{it} + \alpha_7 T + \varphi_i + \varepsilon_{it} \qquad (3-1)$$

其中，被解释变量 Y_{it} 表示牧户 i 第 t 年的放牧强度或者超载过牧程度；BAN_{it} 和 $BALAN_{it}$ 分别表示禁牧草场面积占牧户总经营草场面积的比例和草畜平衡面积占牧户总经营草场面积的比例；MON_{it} 表示放牧监管，本节研究将分别关注是否监管以及不同程度监管（不监管、不完全监管和完全监管）的影响；Sub_BAN_{it} 和 Sub_BALAN_{it} 分别表示亩均草场的禁牧补贴标准和草畜平衡补贴标准；C_{it} 表示控制变量向量，包括草场经营面积、家庭年收入、家庭年收入的平方项和是否受灾；T 表示时间变量向量；φ_i 表示不随时间变化的牧户层面固定效应；ε_{it} 为误差项，$\alpha_k(k = 0，1，2，\cdots，7)$ 为待估计系数。在此基础上，本节通过对式（3-1）纳入放牧监管和禁牧面积占比、放牧监管和草畜平衡面积占比的交互项，检验交互项是否显著来考察放牧监管对草原生态补奖政策影响牧户超载过牧行为的调节作用。

接下来，构建如下最小二乘回归模型（OLS）分析草原生态补奖政策、社会资本对牧户放牧行为的影响：

$$Y_i = \beta_1 C_{1i} + \beta_2 C_{2i} + \beta_3 M_i + \beta_4 X + \mu_i \qquad (3-2)$$

其中 Y_i 表示牧户 i 的超载过牧的程度；C_{1i} 表示牧户 i 的草原生态补奖资金总额；C_{2i} 表示政府是否对牧户 i 的载畜量进行监管；M_i 表示社会资本变量向量，包括社会网络和社会信任；X_i 表示影响牧户超载过牧行为的其他解释变量；$\beta_i(i = 1，2，3，4)$ 表示回归系数；μ_i 为随机误差项。在此基础上，为了考察社会资本在草原生态补奖政策对牧户超载过牧行为影响的调节作用，分别采用分组回归分析和层次回归分析对社会网络和社会信任进行调节效应检验。

（四）样本描述性统计分析

表3-1为各变量的定义和描述性统计结果。样本牧户的平均放牧强度为0.300标准羊/亩，超载过牧程度为1.756，表明牧户普遍存在超载过牧行为。2015～2017年，样本农户平均禁牧面积占比和草畜平衡面积占比分别为31.7%和58.9%。在实施禁牧政策的草场中，平均禁牧补贴标准为11.84元/亩，高于国家标准；在实施草畜平衡政策的草场中，草畜平衡补贴标准为2.56元/亩，接近国家标准。与禁牧政策相比，草畜平衡政策的补贴水平较低，但覆盖范围更广。综合来看，全样

本禁牧补贴标准的均值为 4.562 元/亩，草畜平衡补贴标准的均值为
1.626 元/亩。只有 35.5 的牧户表示受到了放牧监管，其中 14.7% 为不
完全监管，20.8% 为完全监管。样本牧户平均草场经营面积为 3 150 亩
（约 210 公顷），上一年家庭收入平均为 6.03 万元，约 47.1% 的牧户表
示前一年遭受过自然灾害。

表 3 – 1　　　　　　　　　　样本描述性统计（N = 1 025）

变量	变量描述	均值	标准差
放牧强度	牲畜规模/草场经营面积，单位：标准羊/亩	0.300	0.539
超载过牧程度	载畜量偏离合理载畜量的程度	1.756	4.666
禁牧面积占比	禁牧草场面积/总经营面积	0.317	0.441
草畜平衡面积占比	草畜平衡草场面积/总经营面积	0.589	0.470
禁牧补贴标准	亩均禁牧补贴，单位：元/亩	4.562	6.671
草畜平衡补贴标准	亩均草畜平衡补贴，单位：元/亩	1.626	1.568
放牧监管	是否有放牧监管，是 = 1，否 = 0	0.355	0.479
不完全监管[a]	不完全监管 = 1，否 = 0	0.147	0.355
完全监管[a]	完全监管 = 1，否 = 0	0.208	0.406
草场经营面积	单位：万亩	0.315	0.536
上一年家庭收入	单位：十万元	0.603	1.002
上一年家庭收入平方	平方项	1.367	8.326
是否受灾	上一年是否受灾，是 = 1，否 = 0	0.471	0.499

注：a 对照组是"无监管"。

表 3 – 2 更清晰地呈现了 2015～2017 年样本区域的草原生态补奖政
策和放牧监管执行现状。2015～2017 年，样本区域三年平均草原生态
补奖政策覆盖率为 93.9%，由 2015 年的 92.1% 略有增长至 2016 年的
95.0% 和 2017 年的 94.7%。其中，只执行禁牧政策的牧户比例平均为

30.4%，只执行草畜平衡政策的牧户比例平均为 55.4%，同时执行禁牧和草畜平衡政策的牧户比例为 8.1%。可以发现，草原生态补奖政策覆盖了几乎所有的牧户，且草畜平衡政策的覆盖面较广。放牧监管方面，2015～2017 年平均只有 35.5% 的牧户受到了放牧监管，表明放牧监管水平较低。放牧监管比例从 2015 年的 33.7% 小幅上升至 2016 年的 35.7%，并在 2017 年进一步上升至 37.1%。这可能是由于 2016 年第二轮草原生态补奖政策实施过程中聘用草原管理人员加强了监管。2015 年受到完全监管的牧户比例仅为 19.6%，2017 年略有上升为 21.6%。

表 3 - 2   2015～2017 年内蒙古和甘肃的草原生态补奖及监管现状

年份	草原生态补奖					监管			
	无草原生态补偿 N（%）	只有禁牧补偿 N（%）	只有草畜平衡补偿 N（%）	两者都有 N（%）	总计 N（%）	无监管 N（%）	不完全监管 N（%）	完全监管 N（%）	总计 N（%）
2015	27 (7.9%)	97 (28.5%)	192 (56.3%)	25 (7.3%)	341 (100%)	226 (66.3%)	48 (14.1%)	67 (19.6%)	341 (100%)
2016	17 (5.0%)	110 (32.1%)	188 (55.0%)	27 (7.9%)	342 (100%)	220 (64.3%)	49 (14.3%)	73 (21.4%)	342 (100%)
2017	18 (5.3%)	105 (30.7%)	188 (55.0%)	31 (9.1%)	342 (100%)	215 (62.9%)	53 (15.5%)	74 (21.6%)	342 (100%)

四、结果分析与讨论

（一）草原生态补奖、放牧监管对牧户放牧强度的影响

本节研究基于内蒙古和甘肃两个省区 2015～2017 年的面板数据，运用固定效应面板模型分析了草原生态补奖、放牧监管与牧户放牧强度的关系，估计结果如表 3 - 3 所示。模型 1 考察了草原生态补奖面积占

比、亩均补偿标准和监管对牧户放牧强度的影响，结果表明，禁牧面积占比对放牧强度的影响不显著，这与胡振通等（2019）、尹燕亭（Yin，2019）等的研究发现一致。草畜平衡面积占比对放牧强度的影响显著为负，表明草畜平衡面积占比每增加 10% 的绝对值，放牧强度减少0.0223 标准羊/亩（即目前平均水平的 7.8%）。这主要是因为草畜平衡政策下牧户只需要减少部分牲畜量以满足草原的牲畜承载能力，比全面禁牧更能为牧户接受。禁牧补贴标准显著正向影响牧户的放牧强度，说明禁牧补贴水平越高，放牧强度越高，这与政策目标是相背离的。然而，草畜平衡补贴标准对放牧强度的影响不显著。因此还不能确定补奖水平越高，放牧强度越低。是否进行放牧监管对牧户放牧强度的影响是负向且显著的，表明受放牧监管的牧户的放牧强度显著低于未受放牧监管的牧户，即放牧监管对降低牧户的放牧强度是有效的。

表 3 – 3　　　　基于固定效应模型的草原生态补奖、放牧监管
对放牧强度影响估计结果

变量	因变量：放牧强度				
	模型（1）	模型（2）	模型（3）	模型（4）	模型（5）
禁牧面积占比	− 0.017 (0.085)	0.139 (0.122)	− 0.111 (0.124)	0.115 (0.166)	0.029 (0.121)
草畜平衡面积占比	− 0.223 ** (0.101)	− 0.390 *** (0.126)	− 0.258 ** (0.105)	− 0.390 *** (0.125)	− 0.331 *** (0.103)
禁牧补贴标准	0.009 * (0.005)	0.009 * (0.005)	0.008 (0.005)	0.008 (0.005)	0.008 (0.011)
草畜平衡补贴标准	0.002 (0.011)	0.001 (0.011)	− 0.000 (0.011)	0.001 (0.011)	− 0.152 (0.114)

续表

变量	因变量：放牧强度				
	模型(1)	模型(2)	模型(3)	模型(4)	模型(5)
放牧监管	- 0. 163 *** (0. 054)	- 0. 140 *** (0. 040)	- 0. 162 *** (0. 053)	- 0. 137 *** (0. 040)	- 0. 115 (0. 113)
禁牧面积占比 × 放牧监管	—	- 0. 536 * (0. 321)	—	- 0. 562 * (0. 314)	- 0. 004 (0. 162)
草畜平衡面积占比 × 放牧监管	—	0. 112 (0. 271)	—	0. 082 (0. 271)	0. 115 (0. 122)
禁牧面积占比 × 禁牧补偿标准	—	—	- 0. 049 (0. 031)	- 0. 015 (0. 034)	0. 007 (0. 013)
草畜平衡面积占比 × 草畜平衡补偿标准	—	—	0. 142 (0. 147)	0. 108 (0. 154)	0. 172 (0. 118)
禁牧补偿标准 × 放牧监管	—	—	—	—	0. 007 (0. 013)
草畜平衡补偿标准 × 放牧监管	—	—	—	—	0. 065 (0. 121)
禁牧面积占比 × 补偿标准 × 放牧监管	—	—	—	—	- 0. 031 * (0. 017)
草畜平衡面积占比 × 补偿标准 × 放牧监管	—	—	—	—	- 0. 087 (0. 124)
草场面积	- 0. 074 (0. 094)	- 0. 152 (0. 094)	- 0. 107 (0. 093)	- 0. 154 (0. 097)	- 0. 067 (0. 062)
家庭收入	- 0. 045 *** (0. 016)	- 0. 048 *** (0. 016)	- 0. 046 *** (0. 016)	- 0. 049 *** (0. 016)	- 0. 045 *** (0. 016)
家庭收入的平方项	0. 005 *** (0. 001)	0. 006 *** (0. 001)	0. 005 *** (0. 001)	0. 006 *** (0. 001)	0. 005 *** (0. 001)

续表

变量	因变量：放牧强度				
	模型（1）	模型（2）	模型（3）	模型（4）	模型（5）
是否曾经受到自然灾害损失时间效应（对照组是"2015 年"）	0.065 ** (0.029)	0.059 ** (0.028)	0.065 ** (0.029)	0.060 ** (0.028)	0.065 ** (0.028)
2016 年	0.014 (0.014)	0.013 (0.014)	0.013 (0.014)	0.014 (0.014)	0.017 (0.014)
2017 年	0.024 (0.022)	0.024 (0.022)	0.024 (0.022)	0.024 (0.022)	0.028 (0.022)
常数项	0.448 *** (0.090)	0.340 *** (0.040)	0.373 *** (0.035)	0.378 *** (0.037)	0.447 *** (0.092)
牧户层面固定效应	Yes	Yes	Yes	Yes	Yes
样本量	1 025	1 025	1 025	1 025	1 025
牧户数量	348	348	348	348	348
F 检验	27.37 ***	24.56 ***	26.22 ***	21.45 ***	16.47 ***

注：括号里的数值为牧户层面聚类回归的标准误，* 表示 $p<0.10$，** 表示 $p<0.05$，*** 表示 $p<0.01$。

为了进一步研究放牧监管对草原生态补奖影响放牧强度的调节作用，模型（2）~模型（4）中逐步纳入放牧监管和草原生态补奖面积占比、草原生态补奖面积占比和草原生态补奖标准的交互项。模型（2）和模型（4）结果均显示，监管和禁牧面积占比的交互项在10%的显著性水平下显著为负，表明在有放牧监管的情况下，禁牧面积占比对牧户的放牧强度有显著的负向影响，即放牧监管对实现禁牧的政策目的是有积极作用的。结合模型（3）和模型（4）的结果可以发现，禁牧补偿标准和禁牧面积占比的交互项、草畜平衡补偿标准和草畜平衡面积占比的交互项均在10%的显著性水平没有通过检验，即补偿标准并未对实现草原生态补奖的政策目的起到积极的作用。为了进一步探究放牧监管能否解决这一困境，模型（5）中纳入了草原生态补奖面积占比、草原生态补奖标准和放牧监管三者的交互项，结果显示三者的交互项在10%的显著性水平下通过了检验，且回归系数为负，表明在有放牧监管的情况下，禁牧补偿标准能对禁牧面积占比影响牧户的放牧强度起到积极有效的调节作用。除此之外，在草畜平衡政策实施中，放牧监管均未能起到显著的调节作用，这主要是因为相比于禁牧监管，草畜平衡监管的实施难度更大。

关于其他控制变量对牧户放牧强度的影响，上一年家庭收入的一次项和收入二次项均显著且系数分别为 -0.045 和 0.005，表明牧户家庭收入与放牧强度之间呈现"U"型关系，即放牧强度随着家庭收入的增加先减小，当收入达到一定水平后又随之增加。本节研究推测可能的原因是，一开始增长的收入主要被用于购买生活必需品，而收入的进一步增长才会被用于购买牲畜，从而导致更高的放牧强度。过去几年是否曾经遭遇自然灾害损失和放牧强度之间呈显著正相关关系，说明曾遭受过自然灾害损失的牧户更有可能通过当期较大的放牧强度来弥补往期的损失。时间虚拟变量均不显著，表明放牧强度并没有随时间有显著的增加趋势。

（二）草原生态补奖、放牧监管对牧户超载过牧程度的影响

为了分析草原生态补奖、放牧监管对牧户超载过牧程度的影响，本节研究沿用和表3-3回归相同的模型，将因变量更换成超载过牧程度进行回归，结果如表3-4所示。比较表3-3和表3-4的回归结果可以发现，各变量的显著性和回归系数正负都基本一致，再次证明了放牧监管的有效性、草畜平衡政策的有效性、禁牧补偿的无效性以及放牧监管对禁牧补偿政策影响牧户放牧行为的有效调节作用，也佐证了表3-3回归结果的稳健性。

表 3 - 4　　　基于固定效应模型的草原生态补奖、放牧监管

对超载过牧程度影响估计

变量	因变量：超载过牧程度				
	模型 (6)	模型 (7)	模型 (8)	模型 (9)	模型 (10)
禁牧面积占比	- 0. 375 (0. 599)	0. 703 (0. 689)	- 0. 964 (0. 933)	0. 564 (0. 995)	- 0. 295 (0. 855)
草畜平衡面积占比	- 1. 267 * (0. 720)	- 2. 050 *** (0. 783)	- 1. 462 * (0. 776)	- 2. 046 *** (0. 768)	- 1. 892 ** (0. 740)
禁牧补贴标准	0. 063 * (0. 035)	0. 058 * (0. 034)	0. 051 (0. 038)	0. 053 (0. 038)	0. 027 (0. 067)
草畜平衡补贴标准	0. 017 (0. 074)	0. 008 (0. 076)	0. 011 (0. 075)	0. 016 (0. 075)	- 0. 765 (0. 583)
放牧监管	- 1. 282 *** (0. 398)	- 1. 041 *** (0. 333)	- 1. 275 *** (0. 381)	- 1. 009 *** (0. 314)	- 0. 504 (1. 124)
禁牧面积占比 × 放牧监管	—	- 4. 243 ** (2. 002)	—	- 4. 571 ** (1. 996)	- 0. 177 (1. 379)
草畜平衡面积占比 × 放牧监管	—	- 0. 451 (1. 743)	—	- 0. 702 (1. 828)	0. 073 (1. 182)
禁牧面积占比 × 禁牧补偿标准	—	—	- 0. 308 (0. 246)	- 0. 108 (0. 254)	0. 077 (0. 094)
草畜平衡面积占比 × 草畜平衡补偿标准	—	—	1. 272 (1. 195)	1. 100 (1. 197)	0. 881 (0. 606)
禁牧补偿标准 × 放牧监管	—	—	—	—	0. 079 (0. 090)
草畜平衡补偿标准 × 放牧监管	—	—	—	—	0. 091 (0. 696)
禁牧面积占比 × 补偿标准 × 放牧监管	—	—	—	—	- 0. 249 ** (0. 127)

续表

变量	因变量：超载过牧程度				
	模型（6）	模型（7）	模型（8）	模型（9）	模型（10）
草畜平衡面积占比×补偿标准×放牧监管	—	—	—	—	−0.205 (0.718)
草场面积	−1.554 *** (0.531)	−2.040 *** (0.522)	−1.712 *** (0.529)	−2.029 *** (0.539)	−1.521 *** (0.461)
家庭收入	−0.474 *** (0.163)	−0.492 *** (0.163)	−0.482 *** (0.162)	−0.498 *** (0.162)	−0.471 *** (0.161)
家庭收入的平方项	0.074 *** (0.009)	0.075 *** (0.009)	0.075 *** (0.009)	0.075 *** (0.009)	0.074 *** (0.009)
是否曾经受到自然灾害损失时间效应（对照组是"2015年"）	0.555 ** (0.262)	0.525 ** (0.260)	0.560 ** (0.263)	0.535 ** (0.261)	0.554 ** (0.263)
2016 年	0.249 * (0.141)	0.243 * (0.142)	0.254 * (0.143)	0.262 * (0.142)	0.258 * (0.146)
2017 年	0.154 (0.207)	0.150 (0.206)	0.155 (0.207)	0.156 (0.207)	0.166 (0.214)
常数项	3.037 *** (0.629)	2.323 *** (0.260)	2.547 *** (0.234)	2.555 *** (0.237)	3.077 *** (0.667)
牧户层面固定效应	Yes	Yes	Yes	Yes	Yes
样本量	1 025	1 025	1 025	1 025	1 025
牧户数量	348	348	348	348	348
F 检验	25.08 ***	19.05 ***	20.69 ***	16.66 ***	14.48 ***

注：括号里的数值为牧户层面聚类回归的标准误，* 表示 $p < 0.10$，** 表示 $p < 0.05$，*** 表示 $p < 0.01$。

（三）不同监管水平的拓展讨论

在上述分析中发现，放牧监管是影响牧户放牧行为以及调节草原生态补奖影响牧户放牧行为的重要变量。因此，本节研究进一步关注放牧监管水平，对不同水平的放牧监管进行拓展讨论。具体地，本节研究将模型中是否有放牧监管的二分类变量替换成放牧监管水平变量。放牧监管水平是一个按照监管充分程度划分的三分类变量，即无监管、不完全监管和完全监管。表3-5报告了放牧监管水平对牧户放牧强度和超载过牧程度的影响，以及放牧监管水平对草原生态补奖影响牧户放牧强度和超载过牧程度的调节作用。模型（11）和模型（13）的回归结果表明，和无监管相比，不完全监管对牧户的放牧强度和超载过牧程度均没有显著的影响，完全监管在1%的显著性水平下会显著降低牧户的放牧强度和超载过牧程度。可以推断，只有完全的监管才会对降低牧户的放牧强度和超载过牧程度起到有效的作用，不完全的监管无法发挥有效的作用。这主要是因为不完全的监管会导致牧户的过度放牧行为只是受到表面的监管，口头警告、执行主体是牧户的熟人和自我报告的监管措施都会使牧户在过度放牧行为方面存在道德风险，从而导致监管无法起到真正的有效控制牧户超载过牧行为的作用。

表3-5　　　　　　　　　不同监管水平的进一步讨论结果

变量	放牧强度		超载过牧程度	
	模型（11）	模型（12）	模型（13）	模型（14）
禁牧面积占比	-0.017 (0.085)	0.143 (0.124)	-0.354 (0.591)	0.721 (0.698)
草畜平衡面积占比	-0.223** (0.101)	-0.388*** (0.125)	-1.291* (0.707)	-2.036*** (0.770)
禁牧补贴标准	0.009* (0.005)	0.009* (0.005)	0.063* (0.035)	0.059* (0.035)
草畜平衡补贴标准	0.002 (0.011)	0.000 (0.011)	0.019 (0.074)	0.007 (0.076)

续表

变量	放牧强度		超载过牧程度	
	模型(11)	模型(12)	模型(13)	模型(14)
监管水平（对照组是"无监管"）				
不完全监管	-0.168 (0.116)	-0.187 (0.127)	-1.077 (0.663)	-1.019 (0.732)
完全监管	-0.161*** (0.075)	-0.114 (0.071)	-1.380*** (0.516)	-1.017** (0.469)
交互项（对照组是"禁牧面积占比×无监管"）				
禁牧面积占比×不完全监管	—	-0.088 (0.337)	—	-2.065 (1.993)
禁牧面积占比×完全监管	—	-0.777* (0.438)	—	-5.365* (2.978)
交互项（对照组是"草畜平衡面积占比×无监管"）				
草畜平衡面积占比×不完全监管	—	0.572 (0.332)	—	1.442 (2.135)
草畜平衡面积占比×完全监管	—	-0.124 (0.404)	—	-1.506 (2.802)
常数项	0.448*** (0.090)	0.334*** (0.047)	3.030*** (0.622)	2.308*** (0.282)
控制变量	Yes	Yes	Yes	Yes
牧户层面固定效应	Yes	Yes	Yes	Yes
时间固定效应	Yes	Yes	Yes	Yes
样本量	1 025	1 025	1 025	1 025
牧户数量	348	348	348	348
F 检验	29.03***	29.04***	23.87***	17.54***

注：括号里的数值为牧户层面聚类回归的标准误，* 表示 $p < 0.10$，** 表示 $p < 0.05$，*** 表示 $p < 0.01$。

进一步地，分析不同监管水平对草原生态补奖影响牧户放牧强度和超载过牧程度的调节作用，结果如模型（12）和模型（14）所示。可以发现，不完全监管和禁牧面积占比的交互项在模型（12）和模型（14）中均为负但是不显著，完全监管和禁牧面积占比的交互项在两个模型中均在 10% 的显著性水平下通过了显著性检验，证明了不完全监管的无效调节作用和完全监管的有效调节作用。除此之外，无论监管是否完全，其与草畜平衡面积占比的交互项均不显著，再次证明了草畜平衡政策下的监管没有发挥有效作用。

（四）社会资本对草原生态补奖政策影响牧户超载过牧行为的调节效应分析

如表 3 - 6 所示，模型（15）表示牧户姓氏是村里大姓的回归模型，而模型（16）表示牧户姓氏不是村里大姓的回归模型。对两组回归中草原生态补奖资金和放牧监管的系数差异性进行 Chow 检验，结果显示仅草原补奖政策的放牧监管拒绝两组间系数不存在显著差异的原假设，表明社会网络对放牧监管影响牧户超载过牧行为具有调节作用，而对草原生态补奖政策影响牧户超载过牧行为的调节作用不显著。放牧监管在 1% 的显著性水平上显著负向影响村里大姓的牧户超载过牧行为，而对不是村里大姓的牧户超载过牧行为的影响不显著，说明对于姓氏为村里大姓的牧户而言，草原生态补奖资金水平越高，越倾向于减畜，其超载过牧程度也会越低。村庄中同姓的家庭往往是从同一个宗族中分离出来的，虽然他们独门独户，但并不妨碍他们相互协作的可能性，宗族的各种活动能为家庭之间的合作提供机会（Freedman，2004）。通过宗族中家庭之间长期的社会交往形成的社会资本，可以在一定程度上降低在草原生态补奖政策实施过程中"搭便车"心理，有利于牧户对村庄内其他牧户的载畜量进行相互监督，有效发挥社会资本等非正式制度对牧户行为的约束作用（Yang et al.，2013），能够抑制牧户超载过牧行为，促使牧户形成减畜行为的集体行动，从而保证草原生态补奖政策中经济激励的有效性。

表 3 – 6　　　　　社会网络对草原生态补奖政策影响牧户
超载过牧行为的调节效应

变量	超载过牧程度	
	模型（15）	模型（16）
草原生态补奖资金（对数）	0.077** (0.031)	0.081** (0.033)
放牧监管	-0.277*** (0.097)	-0.070 (0.116)
其他变量	已控制	已控制
样本量	144	171
F	3.16	3.63
Prob > F	0.000	0.000
调整 R^2	0.157	0.157

注：*、**、*** 分别表示在10%、5%、1%的统计水平上显著，括号内数值为回归标准误。

如表 3 – 7 所示，模型（17）考察社会信任对草原生态补奖资金影响牧户超载过牧行为的调节效应，模型（18）分析社会信任对放牧监管影响牧户超载过牧行为的调节效应。社会信任在草原生态补奖资金对牧户超载过牧行为的影响具有显著的负向调节作用，且在放牧监管对牧户超载过牧行为影响中的调节作用也为负，说明牧户与村内其他牧户的社会信任程度越高，草原生态补奖资金和放牧监管对该牧户超载过牧行为的抑制作用越大。草场属于典型的公共性资源（奥斯特罗姆，2000；杨理，2007），其治理过程需要公众的广泛参与（周立和董小瑜，2013），而集体行动是牧户参与草原管理的基础（王晓毅，2009）。村庄内的人们通过长期社会交往形成的社会信任等社会资本，能够促使牧户在草原生态补奖资金发放以后或者政策监管过程中形成减畜的集体行动。随着社会信任程度的提高，社会资本水平相应提高，也会诱导牧户对草原生态保护的认知水平越高，也更容易引导牧户互相产生更多的互惠行为，获得可信任的社会声誉，带来更高的草原生态保护的合作水平，抑制牧户超载过牧行为的选择，进而促进草原生态补奖政策目标的实现。

表 3 – 7　　　　　社会信任对草原生态补奖政策影响牧户
超载过牧行为的调节效应

变量名	超载过牧程度	
	模型（17）	模型（18）
草原生态补奖资金（对数）	0.081 *** (0.023)	0.089 *** (0.023)
政策监管	− 0.201 *** (0.076)	− 0.166 ** (0.075)
社会信任	− 0.078 ** (0.031)	− 0.011 (0.038)
社会信任 × 草原生态补奖 资金（对数）	− 0.036 ** (0.016)	—
社会信任 × 放牧监管	—	− 0.182 *** (0.065)
其他变量	已控制	已控制
样本量	315	315
F	5.39	5.60
Prob > F	0.0000	0.0000
调整 R^2	0.1635	0.1702

　　注：*、**、*** 分别表示在10%、5%、1%的统计水平上显著，括号内数值为回归标准误。

第二节　牧户参与草场治理的偏好与支付意愿分析

一、问题提出

从行为经济学而言，牧户对草原生态恢复的偏好和支付意愿决定了生态恢复行动的选择。从决策理论而言，牧户是草原生态恢复的微观主体，将其偏好和政策期望纳入政策制定过程有助于提高政策的微观响应和执行效果（王晓毅，2013）。按照已有补奖政策范围，中国草原恢复可以划分为禁牧区和草畜平衡区，两种类型恢复区的社会经济特征、生态环境和战略位置不同（祁晓慧等，2016），区域间的异质性会带来公众对生态恢复偏好与支付意愿差异。本节将分别对两种类型恢复区的公众偏好和意愿展开对比研究，为相关补偿政策的区域支持和有效性提供科学依据。

为避免草原脆弱性进一步加剧，建立中国草原生态补偿长效机制是生态环境保护和草原资源可持续利用的重要保障（魏琦和侯向阳，2015）。中国自2011年以来在内蒙古、甘肃、青海等8个省区全面建立草原生态保护补助奖励政策（以下简称草原生态补奖政策）。"十三五"期间，中央财政持续增加资金投入继续支持实施草原生态补奖政策（胡振通等，2016），给予牧户的禁牧补助为0.50元/公顷，草畜平衡奖励为0.17元/公顷，地方政府可根据实际情况在一定范围内调整（曾贤刚等，2018）。补奖政策出台之后，一些学者认为现行的补贴政策的力度不足，难以对牧户起到激励作用（巩芳等，2011；韦惠兰和宗鑫，2016），甚至会产生偷牧、夜牧等不良现象，与政策初衷相违背（胡振通等，2015）。因此，合理的补偿标准是保证政策有效性的根本前提。关于草原生态补偿标准的研究大多基于市场价值计算（曾贤刚等，2019；穆贵玲等，2018），很少考虑到草原的生态价值，本节基于生态价值的福利分析方法可为同类研究提供新的思路。另外，一刀切的政策并不适应于复杂的草原生态环境。从不同类型和规模牧户的角度，采取有差别化的补偿政策更为科学有效（李金亚等，2014）。在补贴力度不够、政策难以满足多方需求的情况下，牧户对于草原生态补奖政策的满意度也较低（李玉新，2014）。切实考虑牧户的真实需求和偏好是提高补贴政策效果的关键。对牧户参与草场治理的偏好及其意愿的忽略，容易导致地方政府与牧户间对草场治理偏好的不一致性，进而产生政策执行中地方政府和牧户间的冲突，最终影响甚至难以获得预期政策效果。对于草原禁牧区和草畜平衡区公众偏好和政策需求的差异，现有研究中尚未涉及两类区域的对照研究，本节的比较研究可以为政府制定差别化政策提供实证依据。

因此，本节选择从牧户角度出发，运用选择实验揭示牧户参与草场治理的偏好及支付意愿，进而通过福利分析得出禁牧区和草畜平衡区的补偿标准。选择实验（choice experiment，CE）是资源环境领域中非市场价值评估的重要方法，它以公众偏好为基础进而分析社会福利变化（Adamowicz et al.，1998；Johnston et al.，2002；Christie et al.，2009；樊辉和赵敏娟，2013；姚柳杨等，2017）。受访者通过权衡选项的指标水平，从两个或多个相互竞争的选项中进行选择，受访者作为理性人，则会根据自己的偏好选择对自身效用最大的选项，最终受访者的偏好可从他们的选择显示出来，支付意愿（即隐含价格）则可以通过受访者对指标的边际偏好和边际支付求出。

选择实验是陈述偏好法的一种，常见的陈述偏好法还有条件价值评估法（contingent valuation method，CVM）。CVM 通过建立假想市场，以调查问卷的形式询问受访者对于资源环境改善的支付意愿（WTP），是测算资源非市场价值较早和较广泛的方法（Davis，1963；Carson et al.，2001；Venkatachalam，2004；曾贤刚等，2015）。但 CVM 的使用往往只能评估一种环境变化状态所引起的福利变化，而且容易导致起点偏差和策略性偏差的出现（Huber & Zwerina，1996），所以 CVM 逐渐被其他方法所代替。近些年来许多学者将 CVM 作为其他价值评估方法的辅助工具（Mcfadden & Train，2000），本书将 CVM 作为 CE 价格指标的校准工具，以获取更精准的支付意愿测算。

选择实验是在 CVM 基础上发展起来的，相对于 CVM 而言，CE 可以灵活、多变的方式应对评估过程产生的各种偏差（Alpizar et al.，2003），同时可以解决多个生态指标之间的损益比较问题，而且 CE 的研究结果可通过效益转移法（benefit transfer，BT）基于在一个或多个研究区域已有的价值评估结论，应用于预测其他未研究区域支付意愿（Johnston et al.，2018；颜俨等，2019）。选择实验最早用于分析市场营销、交通经济学和卫生经济学等领域中消费者的消费选择问题（Louviere & Hensher，1982；Louviere & Woodworth，1983；Louviere et al.，2001；吴林海等，2014），其目的是通过调查问卷的方法来揭示公众偏好，在营销策略、交通选择、医疗服务中提供政策建议。后来选择实验被用于资源非市场价值评估领域（Zhao et al.，2013），包括对流域生态系统服务、耕地资源进行价值评估等（Duke & Ilvento，2004；Hanley et al.，2006；龚亚珍等，2016；史恒通等，2019），以揭示公众对资源环境的偏好进而分析社会福利变动。

依据现有研究和分析，本节选择内蒙古自治区达茂旗禁牧区和四子王旗草畜平衡区作为实证研究范围，运用 Mixed Logit 模型回归选择实验调研数据，分别估计了两区牧户参与草场治理的偏好及支付意愿，并分析了两区的异质性和补偿标准的调整范围。

二、研究方法

选择实验基于随机效用理论，瑟斯通（Thurstone，1927）从心理激励的角度提出选择实验中选项 i 被受访者感知的激励水平和真实的激励水平之间存在一个服从正态分布的误差项，即 $V_i + \varepsilon_i$，之后马斯查克等（Marschak et al.，1960）将这种感知到的激励 $V_i + \varepsilon_i$ 解释为效用，并在效用最大化的条件下推导出选项 i 被选择的概率，即随机效用理论。随即效用理论基于以下假设：①受访者 n 在 J 个互相排斥的选项中进行选择，每种选择都带给其一定的效用水平，受访者 n 从某个随机选项 j 中获得的效用为 U_{nj}，$j = 1，2，3，\cdots，J$。②受访者基于效用最大化原则进行选择，那么相比其他选项，他最终的选择对于他是最优选择，即 $U_{ni} \geqslant U_{nj}$，$\forall i \neq j$。此时受访者 n 从选择 j 中获得的效用 U_{nj} 可表示为：

$$U_{nj} = V_{nj} + \varepsilon_{nj} \qquad (3-3)$$

式中：V_{nj} 为可观测的效用，ε_{nj} 为效用不可观测的部分，为随机误差项，ε_{nj} 的概率密度函数为 $f(\varepsilon_n)$。则受访者 n 选择选项 i 的概率为：

$$
\begin{aligned}
P_{ni} &= Prob(U_{ni} \geqslant U_{nj}, \forall i \neq j) \\
&= Prob(V_{ni} + \varepsilon_{ni} \geqslant V_{nj} + \varepsilon_{nj}, \forall i \neq j) \\
&= Prob(\varepsilon_{nj} - \varepsilon_{ni} \leqslant V_{ni} - V_{nj}, \forall i \neq j) \\
&= \int I(\varepsilon_{nj} - \varepsilon_{ni} \leqslant V_{ni} - V_{nj}, \forall i \neq j) f(\varepsilon_n) d_{\varepsilon_n} \qquad (3-4)
\end{aligned}
$$

（一）评估方法

本节结合汉利等（Hanley et al.，1998）的研究，根据 CE 的实施步骤，对受访者支付意愿比较的评估思路如下：

（1）收集草原相关信息和草原生态环境状况的历史数据，在合理确定研究区域的前提下，根据联合国千年生态系统评估计划（The Millennium Ecosystem Assessment，MA）提出的生态系统功能（Marschak & Arrow，1960）：调节功能，供给功能和文化功能，初步确定一系列与上述功能相关的生态指标。

（2）咨询相关专家意见，并对当地居民进行焦点访谈和认知调查，访谈和调查具体以指标偏好排序和生态认知两个方面开展，为最终的生态指标选取做充分准备。

（3）参考国家政策文件、当地政府的建议和生态学家的估算，以2016~2020年（5年）作为草原生态恢复的实施年限，并对生态指标的状态值（即指标水平）进行取值：2020年后如果不采取任何治理措施情境下生态指标的取值作为指标最差状态值，为无治理方案中的指标水平；经过生态治理后生态指标的取值，作为指标水平。

（4）在研究区域对当地居民进行多次支付意愿测试，以 CVM 和相关认知测试为主要测试手段，合理设定支付意愿指标的最大值。本节使用常见的开放式 CVM 对支付意愿进行测试，即牧户每年愿意为改善当地草原生态环境最多支付的费用是多少。

（5）尽可能详细、生动地描述生态指标的含义，详细介绍选择实验的步骤和选择要求。并直接询问受访者对指标状态值的含义及内涵是否明确和易于理解，观察受访者对不同指标水平变动的敏感程度。

（6）经过合理的预调研，确定最终的生态指标以及指标的状态值，并生成最终的选择实验设计。

（7）实施正式调研，通过受访者在选择实验中做出的选择，观测并评估受访者的支付意愿，并进行对比，得出相关结论。

为确保受访者投票结果的可靠性，在受访者回答问卷选择实验部分问题的过程中，采用了廉价磋商（cheap talk）的方法，告知受访者选择实验中的支付意愿是基于随机效用理论而得出的福利分析工具，它是虚拟的支付，并不是直接让受访者进行真实的付费。受访者在选择的过

程中，会因其偏好的不同在相互竞争的选项中选择使自己效用最大化的
选项。因此，这种支付意愿的计算可以真实地反映受访者的效用水平，
并且，以此计算的生态补偿标准可为当地已有补偿标准的调整提供科学
依据，进而提升社会的总体福利水平。

（二）实验设计

按照上述评估思路，本书确定了4个生态指标和1个价格指标（如
表3-8所示），采用贝叶斯效率设计，这种方法的优点是可以根据预调
研获取的先验信息（Bliemer et al.，2008），在实验设计时对生态指标
和价格指标附上先验参数，可以避免绝对占优及不符合当地实际情况的
选项出现。

表 3-8 选择实验指标、含义及水平

指标	指标含义	问卷状态值
植被覆盖程度	指草原植被面积占所有土地面积的比重，是草原最直观的生态指标	降低至25%以下；提升至30%；提升至35%；提升至40%
地下水位	地下含水层中水面的高度，地下水位保障着草原的生态安全	下降10米；上升5米；上升10米；上升15米
生物多样性	指植被数量和视觉可见动物的数量；丰富的生物多样性对生态系统有重要的作用	☆；☆☆☆；☆☆☆☆；☆☆☆☆☆
草原景观	舒适、美观的草原景观为居民提供休闲娱乐的空间	☆；☆☆☆；☆☆☆☆；☆☆☆☆☆
生态付费	您的家庭平均每年需要为草原生态环境改善所额外支付的费用，持续10年	0元；150元；200元；250元；300元

注：带下划线的指标状态值指无治理情况的水平。

为了确定生成的选择实验方案是最优的，本节根据隐含价格方差最

小化的原则进行贝叶斯效率设计。D – error 和 A – error 是反映实验设计优度的重要参数，本节实验设计的 D – error 为 0.0246，A – error 为 0.1316，可以认为显著地拒绝了实验设计无效的原假设，因此是比全因子设计或正交设计更优化的设计方案（Bliemer & Rose，2009）。生成包含生态指标和价格指标的 24 个选择集，并对生成的选择集进行分块阻隔设计（Hensher & Barnard，1990），最终得到 8 个版本，每个版本包含 3 个选择集的最终 CE 问卷。为了获得稳定的测定结果，需要受访者完成多次的投票试验，本节采用每一份问卷包含 3 个选择集的方式，在环境经济学领域，对于生态环境的选择相对于其他选择（如市场产品、交通方式等）往往更难被受访者所理解，为了防止认知疲劳、配合失效而导致问卷质量下降，往往使用较少的投票问题，受访者在 3 个选择集中做出的选择往往是有效的（Hensher & Greene，2003）。每份问卷需要受访者进行 3 次相互独立的选择，每次选择均要求根据受访者自己的真实意愿和家庭支付能力，在每个选择集中的 3 个选项中做出选择，其中一个选择集示例如表 3 – 9 所示。

表 3 – 9　　　　　　　　　选择实验问卷中选择集示例

评估指标	方案 1	方案 2	无治理方案
植被覆盖程度	提升至 30%	提升至 35%	降低至 25%
地下水位	上升 15 米	上升 5 米	下降 10 米
生物多样性	☆☆☆☆☆	☆☆☆	☆
草原景观	☆☆☆	☆☆☆☆	☆
生态付费	250 元	200 元	0 元
请选择一个	1. 我投票给"方案 1"，每年支付 250 元 2. 我投票给"方案 2"，每年支付 200 元 3. 我选择"无治理方案"，不付费 4. 我支持治理，但不能（或不愿意）付费		

"无治理方案"意味着比现状更差，因为生态脆弱区的草原生态环境的自我恢复速度远低于目前退化的速度（杨理，2010），因此无治理方案的指标水平也要低于研究区域生态指标的现状水平。表 3 - 9 中，投票选项共有 4 个选项，前 3 个选项分别对应选择方案 1，方案 2 和无治理方案。如果受访者选择第 4 个选项"我选择治理，但不能（或不愿意付费）"，则意味着以下 3 种情况：①受访者无法进入情境，无法理解选择实验；②受访者不信任政府或觉得治理无法达到预期效果，因此拒绝进行生态付费；③受访者认为生态改善与自己无关，因此不愿意付费。第 1 种情况是由于受访者无法理解问卷或者其他原因始终无法进入情境，这种一般作为无效问卷处理。后面 2 种情况称为抗议性支付（Hensher et al.，2003），表示受访者愿意进行生态治理，但由于不信任政府，或觉得治理环境的责任与自身无关，因此不愿进行生态付费。

（三）计量模型

CE 调研中的受访者关于选项之间的选择问题可以转化为效用比较问题（Adamowicz et al.，1994；Train，1998）。具体方法是以效用最大化来表示受访者对选择集合中最优方案的选择，建立随机效用函数，并通过参数估计来揭示受访者偏好和支付意愿的变动。本节采用 Mixed Logit 模型进行估计，又称为随机参数 Logit 模型，具有高度的灵活性，同时广泛包含多种形式的混合分布。效用方程中不可观测部分 ε_n 也不受限于正态分布。在 Mixed Logit 模型中，个体选择带来的效用可表示为：

$$U_{njt} = \alpha_n \text{ASC} + (\beta_a + \beta_p) X_{njt} + \varepsilon_{njt} \tag{3-5}$$

式中：ASC 为被择常数，表示无治理措施时的基准效用；α_n 为 ASC 的系数均值，β_a 和 β_p 分别为生态指标和价格指标的系数均值，可以反映受访者 n 对相应指标的偏好情况；X_{njt} 为选择集中生态指标的矢量矩阵；ε_{njt} 是不可观测效用部分，代表不可观测因素对受访者选择造成的影响，Mixed Logit 模型可将模型中各指标的系数设定成一个分布，而不限于固定值，可以揭示受访者之间的偏好异质性。那么，受访者 n 在情境 t 下选择 j 的概率为：

$$P_{nit} = \frac{\exp(\beta_n x_{nit})}{\sum_{j=1}^{J_u} \exp(\beta_n x_{njt})} \tag{3-6}$$

进一步，通过隐含价格的计算和比较，可以反映受访者对各生态指标的支付意愿，隐含价格是关于生态指标和价格指标关系的计算方法，具体公式如下：

$$IP = -\frac{\beta_a}{\beta_p} \tag{3-7}$$

式中：IP 为隐含价格，β_a 是生态指标的估计系数均值，β_p 是价格指标的估计系数均值。在隐含价格的基础上，计算补偿剩余（compensative surplus，CS）可以反映受访者在特定生态情景下福利的变化，从而为相关政策的成本收益分析提供更多可供参考的价值标准。CS 的计算公式为：

$$CS = -\frac{1}{\beta_p}(V_0 - V_1) \tag{3-8}$$

式中：β_p 为价格指标的估计系数均值，V_0 为维持现状给人们带来的效用水平，V_1 为某一情境下生态环境改善后人们的效用水平。

三、数据来源与样本统计

（一）数据来源

达茂旗和四子王旗地处内蒙古自治区中部，东西接壤，同属干旱半干旱地区，是包头市和乌兰察布市重要的畜牧业基地。两旗草原面积辽阔，物质资源丰富，承担着重要的生态功能。但由于过度放牧、气候变化等因素，草原退化严重，生态环境面临极大威胁，牧户生计受到冲击。达茂旗和四子王旗是草原生态恢复的重要区域，也是草原生态保护补助奖励政策范围内的典型生态脆弱区。选择这两个地区作为研究区域主要基于以下考虑：首先，自2011年草原生态奖补机制实施以来，达茂旗主要以禁牧手段为主，而四子王旗主要以草畜平衡为主，这为两个区域成为对照组提供了基本条件；其次，两地区的草场都属于温性荒漠草原类，牧业发展水平和和牧户生活状况趋同，区域差异较小，增强了对照组样本的稳健性。需要强调的是，此次调研达茂旗样本内牧户均为禁牧补贴对象，而四子王旗样本中的牧户均享有草畜平衡补贴，这也是可以将两旗作为比较对象的最基本条件。因此，研究地点的选取具有典型代表性。

根据包头市和乌兰察布市《草原生态保护补助奖励政策实施方案（2016～2020）》的介绍，达茂旗补奖总面积156.93万公顷，全旗禁牧；四子王旗补奖总面积190.77万公顷。由于内蒙古自治区在制定省内不同区域按照"标准亩"的原则实行了差别化的奖补标准，标准亩考虑的核心为草场生产力，生产力越高则标准亩系数越大。按照两旗标准亩系数换算后，达茂旗2018年禁牧的补贴标准为99元/公顷，四子王旗草畜平衡的补贴标准为36元/公顷。

课题组于2017年8月在内蒙古自治区包头市达茂旗、乌兰察布市四子王旗两个地区进行了实地调研。调研采取分层抽样和随机抽样相结合的方法，在每个旗随机选取3～5个苏木（镇），在每个苏木（镇）随机选取3～5个以牧业为主的嘎查（村），并在每个嘎查（村）随机抽取15～20户牧户作为调查对象。共获得有效问卷369份，其中禁牧区190份，草畜平衡区179份。调查选择入户调研并填写问卷的形式，采取个人访谈的形式获取信息。调查问卷的核心内容包括：草原生态保护的态度及看法、选择实验模拟投票和个人及家庭特征等。

（二）样本统计特征

样本的统计特征如表 3 – 10 所示。CE 指标的描述统计显示，禁牧区植被覆盖程度、地下水位、生物多样性 3 个生态指标的均值均小于草畜平衡区，而禁牧区草原景观和生态付费的均值大于草畜平衡区。从家庭特征看，两个样本区域的受访者中男性均占了六七成，这与本次调查为了更全面地获取信息而主要选择户主为调查对象有关。

表 3 –10   **调研区域受访者描述性统计**

变量		禁牧区（n = 190）		草畜平衡区（n = 179）	
		均值	标准差	均值	标准差
CE 评估指标	植被覆盖程度	31.63	5.92	31.79	5.98
	地下水位	6.48	5.84	6.68	5.91
	生物多样性	9.81	7.70	9.84	7.80
	草原景观	1.37	1.21	1.36	1.19
	生态付费（元）	154.04	119.76	152.98	118.32
家庭特征	性别（男性比例）	0.61	0.49	0.67	0.47
	年龄（岁）	48.41	12.65	47.82	10.20
	民族（蒙古族比例）	0.58	0.49	0.46	0.50
	教育程度（年）	7.14	3.97	7.68	3.37
	家庭规模（人）	3.66	1.31	3.70	1.33
	家庭收入（元）	77 664.41	53 931.86	91 363.15	77 973.60
	家庭草场面积（亩）	3 634.44	5 000.31	5 984.29	8 685.03
	家庭养羊数量（只）	72.58	126.83	294.80	172.50
	贷款（万元/年）	9.79	13.64	19.35	20.01
环境保护认知	草原保护的个人态度	3.08	1.11	3.41	0.86
	草原保护的邻里态度	4.11	0.92	4.20	0.98
	草原保护付费意愿	0.92	0.27	0.91	0.29
	意愿强弱	4.37	1.22	4.42	1.28

两个样本区域，受访者平均年龄均为 48 岁左右，禁牧区样本蒙古族比例高于草畜平衡区 12%。两样本区域平均受教育年限为 7 ~ 8 年，家庭人口规模为 3 ~ 4 人。另外，草畜平衡区牧户在家庭收入、草场面积、羊的数量、贷款方面均高于禁牧区牧户，这可能是禁牧和草畜平衡政策产生的差异。

调查问卷还设置了关于环境保护认知方面的选项，草原保护的个人态度和邻里态度指的是当有组织和个人破坏公有草原环境时，个人的反应态度和邻里的反应态度，为打分题（1 代表态度最弱，5 代表最强），两地区牧户的个人态度均达到 3 分以上，邻里态度达到 4 分以上。另外一个问题涉及更直接的个人保护环境意愿，愿意为了保护环境而付费的两地区受访者比例均达到 90% 以上，且禁牧区牧户略高于草畜平衡区牧户。除此以外，问卷还设计了一个测试受访者付费意愿强弱的题目：列举具体的情况，通过访谈形式测试发生这些情况最终是否会导致牧户保护草原的付费意愿减弱，形成最终的打分题，最终结果两地受访者均达到 4 分以上。以上描述统计说明禁牧区和草畜平衡区牧户对草原生态环境保护都有较高的意愿。

四、结果分析与讨论

（一）牧户草原生态恢复的偏好

效用函数中具体参数的设定为：将 ASC 和支付费用的系数设定为固定参数，将其他生态指标的系数设定为服从正态分布的随机参数。

固定参数可得到均值估计结果，随机参数可得到均值和标准差的估计结果。此外，为更好地研究禁牧和草畜平衡的异质性，分别对禁牧区和草畜平衡区样本进行估计，结果如表 3 – 11 所示。从模型整体拟合效果来看，对数似然检验均在 1% 水平下显著，说明两组模型在整体上具有统计学意义上的显著性。固定参数 ASC 都显著为负，表明两个样本中牧户都有改变现状的强烈意愿，人们希望草原生态环境得到任何可能的改善。从两组模型的随机参数均值的估计结果来看，植被覆盖程度和地下水位这两项生态指标的均值显著为正，说明植被覆盖的增加和地下水位的上升会增加受访者的效用。同时，支付费用的均值显著为负，表明受访者愿意支付一定金额换取以上两项生态指标的改善。另外，通过对比单个样本内各生态指标均值估计的大小，可以发现禁牧区受访者对生态指标的偏好顺序为：草原景观、地下水位、植被覆盖程度、生物多样性。然而，草畜平衡区牧户为：地下水位、植被覆盖程度、草原景观、生物多样性。最后，所有生态指标随机参数的标准差均显著，表示受访者群体内部对所有生态指标的偏好存在显著的异质性（徐涛等，2016）。

表 3-11　　　　　　　　**Mixed Logit 分组模型估计结果**

参数	指标	禁牧区（n = 1 710）	草畜平衡区（n = 1 611）
固定参数	ASC	-13.2931*** (4.7699)	-9.3214*** (2.0059)
	支付费用	-0.0060* (0.0035)	-0.0050** (0.0023)
随机参数均值	植被覆盖程度	0.1336** (0.0640)	0.0703** (0.0341)
	地下水位	0.2324*** (0.0893)	0.0906** (0.0409)
	生物多样性	-0.1153 (0.0808)	-0.1369*** (0.0379)
	草原景观	0.7108* (0.3841)	0.0736 (0.1765)

续表

参数	指标	禁牧区（$n = 1\,710$）	草畜平衡区（$n = 1\,611$）
随机参数标准差	植被覆盖程度	0.2697 *** （0.1002）	0.2338 *** （0.0729）
	地下水位	0.5253 *** （0.1613）	0.2821 *** （0.0699）
	生物多样性	0.5293 *** （0.1837）	0.1243 *** （0.0463）
	草原景观	2.7748 *** （0.8786）	1.4724 *** （0.3827）
模型检验统计	LR chi^2（4）	192.3900	111.7200
	Log – likelihood	– 389.0657 ***	– 368.089 ***

注：由于选择实验的数据特征，此处样本容量为受访者数量的9倍；＊、＊＊、＊＊＊分别表示在10%、5%、1%水平显著；括号内数字为标准误．LR chi^2（4）为卡方统计量，两组模型均显著，表明均有统计学意义上的显著性。

（二）区域异质性

禁牧区牧户关于生物多样性的均值估计不显著，而草畜平衡区牧户关于生物多样性的均值估计显著为负。说明禁牧区牧户不关心生物多样性的变化，而草畜平衡区受访者认为生物多样性的增加会降低其效用水平，并不希望生物多样性增加。实地调研中发现，最可能的原因是草畜平衡区畜牧业生产状况与牧户效用直接相关，当地牧户面对草场退化时，不愿意选择长远的效用，而是选择维系当前已有的资源，认为有些动物、植物（如食草动物、毒草等）的增加会减少当前草原的经济产量。这一结果也证明了在草原退化环境下，牧户属于风险厌恶者，这个结论与邓晓红等（2012）的研究一致。

另外，禁牧区牧户关于草原景观的估计显著为正，而草畜平衡区不显著。这表明禁牧区牧户更渴望草原景观的改善，草原景观改善能增加其福利水平，而草畜平衡区对草原景观的变化则并不关注。本节认为，由于禁牧使牧户丧失了放牧的权利，而草畜平衡区依然保有一定规模的放牧生活，这使两区牧户在生态环境改善方面的需求变得不同。禁牧区牧户更注重草原的文化娱乐功能，而草畜平衡区则依然重视与畜牧业生产资料相关的生态指标变化。

（三）支付意愿

Mixed Logit 模型的回归结果中，各生态指标的系数均值可以反映单个样本区域内受访者对指标的偏好方向，以及单个样本内部的生态指标偏好顺序。而隐含价格则可以比较不同样本范围内受访者关于生态指标的相对偏好程度，即支付意愿。通过支付意愿的对比，可以进一步分析不同群体的受访者对相同的生态指标存在的偏好差异，以此来提出针对性的政策建议。禁牧区和草畜平衡区牧户对各生态指标的隐含价格测算结果如表 3 – 12 所示。由于禁牧区牧户对生物多样性和草畜平衡区对草原景观的均值估计不显著，这表明禁牧区和草畜平衡区牧户分别对生物多样性和草原景观这两个指标的改善没有支付意愿，故隐含价格为 0。

表 3 – 12　　　　　　　　　　隐含价格测算结果　　　　　　　　元/年·户

生态指标	达茂旗	四子王旗
ASC	– 2 221.05	– 1 875.51
植被覆盖程度	22.32	14.15
地下水位	38.84	18.23
生物多样性	0	– 27.55
草原景观	118.76	0

ASC 的隐含价格代表了受访者改变现状意愿的程度，禁牧区受访者对改变现状的支付意愿为 – 2 221.05 元/年·户，比草畜平衡区牧户高出近 20%。并且，禁牧区受访者对所有生态指标的支付意愿均大于草

畜平衡区。这说明相比于后者，前者更希望生态环境得到改善，虽然生态治理不分先后，但禁牧区的生态恢复应当被给予更多的重视。

（四）依据牧户支付意愿的补偿标准

补偿剩余是以平均每年每户对生态改善的支付意愿来表示的，代表生态改善政策实施前后社会福利的变化，也是自然资源非市场价值的增加。假设通过5年的草原生态恢复，能使研究区域达到选择实验所描述的最优生态情境，即植被覆盖提升至40%，地下水位上升15米，生物多样性和草原景观达到最优水平。根据公式（3-6）和表3-11的估计结果，通过计算可以得到：在以后的5年达茂旗牧户每户每年愿意为此支付1 250.50元，四子王旗受访者愿意支付412.96元。两区居民支付意愿存在较大差异，这表明禁牧区的居民渴望生态环境改善的愿望要更加强烈。

为了得到具体的禁牧和草畜平衡补偿标准，需要从成本收益的角度计算其非市场价值，再换算为具体的补偿标准。根据达茂旗和四子王旗政府统计数据，截止到2016年，两旗人口户数分别为3.59万户、7.02万户，受补偿草场面积分别为156.93万公顷、190.77万公顷。通过估算得到达茂旗禁牧补偿标准应在现有99元/公顷的基础上增加至127.7元/公顷，四子王旗草畜平衡补偿标准应在36元/公顷的基础上增加至51.2元/公顷。

第三节　草场流转对牧户超载过牧行为的影响

一、问题提出

草原生态系统是中国国土资源的重要组成部分，中国草原面积总计

3.93 亿公顷，约占全国土地面积的 40.92%①。然而，近年来草场退化问题已引起社会各界的普遍关注（侯向阳等，2015）。全国 90% 的天然草场出现不同程度的退化，中度和重度退化面积仍占 1/3 以上②。在众多防止草场退化的政策手段中，草场流转被认为是草场承包之后，利用市场配置资源的优势，解决草畜矛盾，提高草场生产能力，改善草场退化的重要途径（Willy et al.，2010；孔德帅等，2016；胡振通等，2017）。

一些研究认为，草场流转在一定程度上协调了草场承包到户后牲畜对草场的需求与草场供给之间的矛盾，促进了草场整体生态环境的改善。在承包草场面积相同的情况下，转入草场能够增加牧户的草场经营面积。转入草场面积越大，供牧户进行养殖决策的草场规模越大，越有利于牧户按照季节进行草场轮牧，增加草场休养生息的机会，总体上能较大程度地缓解草场压力。并且在生产条件的约束下，转入草场后牧户牲畜养殖规模的增长往往要慢于草场面积的增长，因此转入草场整体上有利于降低牧户放牧强度，更有利于缓解草场整体的超载过牧情况（Willy et al.，2010；赖玉珮和李文军，2012；胡振通等，2014；孔德帅等，2016；胡振通等，2017）。但是，这些研究都是基于牧户层面分析草场流转对经营草场放牧压力的整体影响，掩盖了牧户在草场内部不同产权性质的地块上放牧行为的异质性，忽略了自有地块和转入地块之间放牧压力转移问题，从而影响对草场流转真实效应的深层次认识。

---

① 草原面积数据来自国家统计局"国家数据"网站（https：//data. stats. gov. cn/easyquery. htm? cn = C01）；40.92% 通过草原面积（392 832.66 千公顷）除以全国土地面积（960 000 千公顷）得到。

② 农业农村部《全国草原保护建设利用"十三五"规划》，参见 http：//www. moa. gov. cn/nybgb/2017/dyiq/201712/t20171227_6129885. htm；《农业资源与生态环境保护工程规划（2016 - 2020）》，参见 http：//www. moa. gov. cn/nybgb/2017/dyiq/201712/t20171227 _6129936. htm。

在土地流转不断推行的背景下，关于自有土地和转入土地上农业经营主体的行为差异，在农地领域的研究已经较为丰富。已有研究发现，农户自有土地和转入土地的不同使用权属性代表了不同的地权稳定性，转入地的土地使用权在稳定性和收益权等方面受到的限制更大，导致农户忽视对转入地的投资（如有机肥投入），不利于转入地土地资源的可持续利用（何凌云、黄季焜，2001；俞海等，2003；孔祥智和徐珍源，2011；Muraoka et al.，2018）。农户在自有地和转入地上的生产投入行为差异进一步导致了土地生产率的差异，仇焕广等（2017）、村冈等（Muraoka et al.，2018）的研究均指出，自有地块单产显著高于转入地块单产。

在草场领域的研究中，部分学者从经验观察的视角，提出转入草场后可能存在的草场内部放牧压力转移、转入地块过度利用的问题不容忽视。余露和汪兰溪（2011）基于宁夏盐池县111个农牧户的调查数据描述和案例分析发现，非正式、短期的草场流转存在潜在生态风险，转入户往往以经济利益为中心，一味追求养殖数量增长而导致草场退化。赖玉珮和李文军（2012）通过对呼伦贝尔市新巴尔虎右旗的案例分析发现，牧户草场流转不规范的现象普遍存在，草场流转契约以口头契约、短期租赁为主，因此造成草场内部放牧压力转移、流转草场过度利用的问题。李昂等（Li et al.，2018）运用自然实验的方法，发现流转草场的生物量、物种多样性、土壤有机碳含量等多个生态系统服务功能均严重退化。包玉山（2003），蒲小鹏和师尚礼（2009），何欣等（2013），韦惠兰和祁应军（2016），杨艳林等（Yang et al.，2020）的研究也同样指出了流转草场的使用权具有很强的不确定性和不稳定性，因此难以激励转入方保护流转草场的生态功能，可能导致其追求经济利益、超载过牧而引发草场退化等生态环境问题。

由此可知，现有研究已关注到草场流转对牧户整体放牧行为的影响，但还存在测量方法不够准确（计算载畜量时不考虑补饲问题，绝对载畜量不能很好地反映牧户超载过牧行为）和缺乏对内生性问题的讨论等问题，需要进一步改进；在农地流转和草场流转的背景下，关于自有农地和转入农地上农户生产行为差异的研究已经形成了比较成熟的体系，但是关于自有草场和转入草场上牧户的放牧行为差异的研究还较为缺乏。仅有的研究只是从经验观察的视角提出了牧户可能在转入地上过度放牧，但并未专门就自有草场和转入草场上牧户的放牧行为差异进行深入研究和实证验证。尚未有研究将草场产权属性（自有草场还是转入草场）作为影响因素纳入计量经济模型中进行分析，没能说明控制其他影响因素后自有草场和转入草场上牧户的放牧行为是否存在显著差异。这些都为本节研究提供了进一步拓展的空间。在草场流转的背景下，通过系统、深入的理论和实证分析，探讨草场流转对牧户放牧行为的整体影响，检验是否会出现地块间放牧压力转移导致"转入地悲剧"，有利于更清晰地认识草场流转的真实效应，为国家进一步推进草场流转、控制草场草畜平衡、促进草原生态环境改善制定相关政策提供科学决策依据。

另外，由于中国牧区草场流转市场仍处于初步发展阶段，存在私下随意流转（张引弟等，2010；杜富林等，2016）、流转行为不规范（赖玉珮等，2012）、流转纠纷和矛盾严重（张引弟等，2010）、转入草场过度利用（何欣等，2013；韦惠兰等，2016）等问题，严重制约草场流转市场培育、草原畜牧业实现规模化和可持续发展的进程。为了推进草场流转规范化、有序化和制度化，同时为了保证草场的可持续利用和约束牧户对转入草场的过度利用，流转备案和流转范围规制成为牧区较为常见的草场流转的非市场化干预手段。流转备案主要是为了有序管理和规范牧户草场流转行为，维护流转市场秩序，有效防止私下的随意流转及合理处理可能存在的流转纠纷问题。例如，《青海省草原承包经营权流转办法》规定草场流转应当依法报发包方备案；内蒙古巴彦淖尔市要求发生草场流转的牧户必须通过村组和乡镇备案。流转范围规制主要是为了防止本集体经济组织外部成员对草场的过度利用，保护草原可持续利用。例如，《草原法》规定草原承包经营权流转中，本集体经济组织成员享有优先原则；《内蒙古自治区草原承包经营权流转办法》对本集体经济组织以外的流转提出了相关的审批要求。针对草场流转的干预措施，流转备案和流转范围规制是否会通过影响草场流转进而影响牧户超载过牧行为，是否会影响牧户对转入草场的利用行为？关注和回答该问题为更好地评价草场流转备案和流转范围规制的合理性提供重要依据。

流转备案和流转范围规制实质上是对土地交易权进行干预，会影响农业经营主体的生产经营行为。已有关于土地交易权干预方面的研究主要聚焦于讨论干预措施的合理性及其对农户农地流转行为的影响（张红宇，2002；郜亮亮等，2014；李星光等，2019；王珊等，2020）。郜亮亮等（2014）的研究发现，村级流转管制显著抑制了农地流转，因为管制增加了交易成本，降低农户土地流转收益。孙小龙等（2018）基于全国四省农户调查数据也得出了相同结论。但也有研究认为，在土地流转市场尚不完善的情况下，适度的外部干预必不可少，例如流转备案。李孔岳（2009）利用654份农户调查资料研究发现，农地流转合同没有进行备案会增加农地流转过程中农户行为的不确定性，进而增加了农地流转的交易费用。周金衢（2014）指出，土地流转双方反复博弈会增加交易成本，妨碍流转秩序，因此，流转备案是土地流转过程中不可缺少的措施，有助于加强农户土地稳定使用的预期，减少农户土地流转纠纷问题。在流转范围规制方面，对是否应该限制跨村流转一直是一个有争议的话题。刘瑞峰等（2018）基于河北省2 160个农户调查数据发现，73%的农户土地流转行为是在同村发生的。部分研究认为村级组织或相关政府部门限定同村内流转、干预跨村流转会扰乱土地交易市场，影响土地的有效供给和需求，阻碍土地的合理和必要流动（张红宇，2002；李孔岳，2009）。但钱忠好（2002）认为由于农地市场信息的不完全性和交易的复杂性，限定同村内流转有利于降低农户的信息搜寻成本。流转备案或流转范围规制影响农户其他生产经营行为的研究较少，仅李星光等（2019）发现农地流转获得村集体批准或备案有利于提高农地产权稳定性，从而促进农户转入地的农家肥投资。在草场流转备案和流转范围规制方面，仅有部分文献从经验分析或政策建议的角度提出应该倡导流转备案，且认为跨村流转存在草场过度利用的风险（赖玉珮等，2012）。

由此可知，已有研究对流转备案和流转范围规制的合理性及其对经营主体行为的影响进行了较为详细的讨论，但还存在以下两点不足：第一，研究对象方面，已有研究主要聚焦于农地流转干预，对牧区草场流转干预方面的关注较少；第二，研究内容方面，对流转干预措施合理性的讨论较多，但尚未形成一致的结论；且对干预措施影响经营主体行为主要是局限于对土地流转行为的影响，缺乏对生产经营行为影响的进一步分析。这些不足为本节研究提供了进一步拓展的空间。在中国牧区普遍存在超载过牧现象及草场流转市场仍处于初步发展阶段的情况下，探讨草场流转干预措施对草场流转的影响以及干预措施如何通过草场流转影响牧户超载过牧行为，一方面有助于完善土地交易权干预的相关研究内容，另一方面对利用市场化手段更好地推进草场流转、促进牧户合理放牧和改善草原生态环境等相关政策的制定具有一定的理论参考意义。

综上所述，本节研究主要回答以下 3 个问题：（1）草场流转对牧户超载过牧行为的整体影响是怎么样的？（2）草场流转背景下是否会出现地块间放牧压力转移导致"转入地悲剧"的问题？（3）草场流转干预措施对草场流转的影响以及干预措施如何通过草场流转影响牧户超载过牧行为？

二、理论逻辑与研究假说

（一）"转入地悲剧"：自有草场和转入草场利用行为差异

根据中国的草场产权制度，草场流转是草场使用权的转移，而不是所有权或承包权的转移。牧户转入草场后，自有草场和转入草场之间的权能差异会导致其在自有草场和转入草场上放牧行为的差异。产权具有稳定性、排他性和可交易性等特征（Coase，1991）。牧户通过承包得到自有草场的权能包括草场的承包权和使用权，而在不改变承包合同主体的流转形式下，牧户仅拥有转入草场的使用权。因此，承包赋予的权能和从流转获得的权能存在明显差异，前者的权能大于后者。通过承包获得的使用权的稳定性和排他性高于通过流转获得的使用权，并且牧户可以将拥有承包权的自有草场进行交易（出租、转让、转包、互换、入股），而将仅有使用权的转入草场进行交易是被禁止或需要经过承包人同意的。因此，牧户对使用权稳定性和排他性更强的自有草场会产生长期收益预期，且为了能在交易自有草场的情况下获得更高收益，更加注重对自有草场的可持续利用和质量保护。相反，转入草场使用权的不稳定性导致牧户对其未来收益缺乏稳定预期，因此，对转入草场而言，牧户更关注其短期收益而不是长期保护，高强度利用转入草场以获取短期收益成为理性选择（Li et al.，2018；谭淑豪，2020）。

契约是一种能很好地提高产权稳定性，降低不确定性，约束产权交易双方行为的工具（姚洋，1998；仇焕广等，2017）。在转入草场权能薄弱和不稳定的情况下，中国各地方政府一直致力于将草场流转规范化，试图通过完善流转契约安排提高转入草场使用权的稳定性。但现实情况并不理想，口头、非正式、短期的草场流转合同普遍存在（Wang et al.，2015）。牧民的目标是实现跨期效用最大化，当长期利益由于转入草场使用权不稳定而无法保证时，牧民就可能会过度开发转入草场，以获得短期利益。因此，在目前流转契约不完善的情况下，牧民有在转入草场超载过牧的道德风险。

综上所述，针对草场流转对牧户超载过牧行为的影响，本节提出如下研究假说：

假说1：草场流转有助于降低整体超载过牧程度，但是不同地块之间存在放牧压力转移的问题，导致"转入地悲剧"。

（二）草场流转备案、流转范围规制与牧户超载过牧行为

本节研究的草场流转备案指草场流转需要在村级组织或相关政府部门备案登记相关信息，草场流转范围规制指村级组织规定本村的草场不能流转给外村人。为了揭示草场流转备案、流转范围规制和牧户超载过牧行为之间的逻辑关系，本节构建如图3-2所示的理论框架。

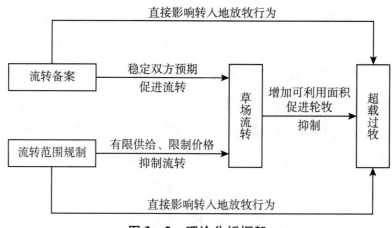

图3-2　理论分析框架

1. 流转备案、流转范围规制对草场流转的影响机理

作为理性经济人，牧户是在一定的资源和经济环境约束下追求利润

最大化的个体。因此，牧户的草场流转决策是基于从事牧业和非牧业成本收益衡量后的理性选择。当从事牧业的期望收益大于从事非牧业的期望收益时，理性的牧户将会转入草场，扩大牧业经营规模；反之，将会转出草场，缩小经营规模甚至退出牧业经营。

本节假定草场流转市场是一个完全竞争市场，牧户草场流转的边际净收益为 MR，单位草场流转的均衡价格为 P_L，均衡点 E 为 MR 和 P_L 的交点。即在没有外部干预的情况下，草场转入方和转出方的行为主要依据草场流转的价格，此时牧户草场经营的最优规模为 L^*。因此，自有草场面积为 L_0^D 的牧户将会转入面积为 $L_0^D L^*$ 的草场，自有草场面积为 L_0^S 的牧户将会转出面积为 $L^* L_0^S$ 的草场，从而达到最优经营规模。当存在外部干预时，均衡点将会变化，从而引起牧户草场流转行为的变化。

流转备案对草场流转的影响机制如图 3－3（a）所示。作为第三方规制，要求草场流转双方必须到村级组织或上级政府部门备案登记流转信息，有利于稳定牧户草场流转纠纷的心理预期，从而降低了草场流转的交易费用。假设降低的交易费用（C）分别是草场转入户降低了 C_1 和草场转出户降低了 C_2，即 $C = C_1 + C_2$。假设在其他要素投入不变的情况下，对草场转入户而言，其预期的交易价格由 P_L 下降至 $P_L - C_1$，均衡点由 E 点移动至 E_1 点，此时理性的草场转入方所愿意转入的草场面积将由 $L_0^D L^*$ 增加至 $L_0^D L_1^D$。而对于草场转出方而言，牧户转出草场所获得的边际收益由 P_L 上升至 $P_L + C_2$，均衡点由 E 点移动至 E_2 点，从提高收益的角度出发，草场转出方将会把转出面积从 $L^* L_0^S$ 增加至 $L_1^S L_0^S$。显然，流转备案提高了流转草场的产权稳定性，增强了流转双方的稳定预期，减低了草场流转的交易费用，对草场流转的供给和需求具有一定的促进作用。

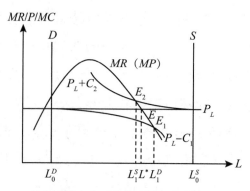

（a）流转备案对草场流转的影响

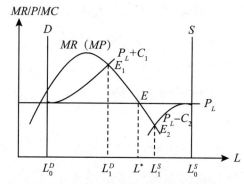

（b）流转范围规制对草场流转的影响

图3-3　流转备案、流转范围规制对草场流转的影响机理

　　流转范围规制对草场流转的影响机制如图3-3（b）所示。将草场承包经营权流转限定在同村范围内，一方面同村牧户的牧业经营水平差异较小，难以产生有效的供给和需求，制约草场交易规模的扩张；另一方面，外村经营水平较高的牧业经营者不能参与交易，流转市场缺乏竞争使草场交易价格必然维持在一个较低的水平。因此，在假设其他要素投入不变的情况下，对草场转入户而言，流转范围规制导致的有限供给增加了搜寻成本，将会导致其预期交易价格由 P_L 上升至 P_L+C_1，均衡点由 E 点移动至 E_1 点，此时理性的草场转入方所愿意转入的草场面积将由 $L_0^D L^*$ 减少至 $L_0^D L_1^D$。而对于草场转出方而言，流转范围规制导致的竞争缺乏降低了交易价格，牧户转出草场所获得的边际收益由 P_L 降低

至 $P_L - C_2$，均衡点由 E 点移动至 E_2 点，从节约成本的角度出发，草场转出方将转出面积从 $L^* L_0^S$ 降低至 $L^* L_1^S$。显然，流转范围规制限制了草场市场化流转的范围，使草场在不完全竞争市场上进行经营权交易，对草场流转的供给和需求具有一定的抑制作用。

2. 流转备案、流转范围规制对牧户超载过牧行为的影响机理：间接影响和直接影响

流转备案和流转范围规制对牧户超载过牧行为的影响主要包括间接影响和直接影响两个方面。其中间接影响是通过草场流转作用于牧户超载过牧行为。流转备案和流转范围规制对草场流转的影响机制以及草场流转对牧户超载过牧行为的影响均已在前面分析。可知，流转备案和流转范围规制对超载过牧的间接影响是：流转备案通过促进牧户转入草场而降低牧户超载过度程度，而流转范围规制则通过抑制草场转入而提高牧户超载过牧程度。

流转备案和流转范围规制对超载过牧的直接影响主要体现在对牧户转入地放牧行为的影响。流转备案和流转范围规制直接影响牧户对转入草场的利用预期，从而影响其放牧强度和超载过牧程度。对于草场流转备案而言，适度外部干预稳定了牧户草场流转纠纷的心理预期，增强了转入草场的产权稳定性，从而抑制牧户过度利用草场的心理。流转范围规制限制了草场的有效供给，增加了转入户的搜寻成本，提高了牧户草场流转的交易成本。一方面，迫使牧户在转入草场上超载过牧获取更多收益以抵消增加的交易成本（李孔岳，2009），另一方面，有限的转入面积会使放牧压力无法分担而加剧转入地的超载过牧。因此，流转备案会降低牧户在转入草场上的超载过牧，而流转范围规制则加剧牧户在转入草场上的超载过牧，这与禁止草场流转给外村人以防止外村人过度利用草场的干预初衷是相背离的。

综上所述，针对草场流转备案和流转范围规制与牧户超载过牧行为

之间的关系，本节提出如下研究假说：

假说2：草场流转备案通过促进牧户转入草场而降低其超载过度程度，而流转范围规制通过抑制牧户转入草场而提高其超载过牧程度。

假说3：草场流转备案降低牧户在转入草场上的超载过牧，而流转范围规制加剧牧户在转入草场上的超载过牧。

三、研究设计与数据描述

（一）数据来源

本节数据采用数据库中甘肃省、内蒙古自治区和青海省三个牧区省份（自治区）2017年实地调查数据。需要说明的是，为了保证牧户层面和地块层面样本一一对应，本节剔除了无效牧户样本对应的地块样本，也剔除了无效地块样本对应的牧户样本，最终获得牧户层面和地块层面准确匹配的有效样本516户牧户、876个草场地块的调查数据。

（二）变量选择

1. 被解释变量

本节从放牧强度和超载过牧程度两个角度分析牧户的草场利用行为。一般用载畜量来衡量牧户的放牧强度（任继周，1998；胡振通等，2014，2017；杨帆等，2018；吕鑫等，2018）。载畜量由家畜头数、放牧时间和草原面积三要素构成（任继周，1998）。本节使用载畜量的牲畜单位来衡量放牧强度。牧户层面的放牧强度计算公式为：放牧强度 = 牲畜养殖规模/草场经营面积。即以一年为时间单位，单位面积草场上放牧的牲畜数量，其中"牲畜养殖规模"需要折算成标准羊，并进一步考虑补饲问题减去补饲养殖的牲畜规模；核算地块层面的放牧强度时，结合牧户在不同草场之间走场放牧的实际情况，基于每个地块的实际放牧牲畜数量、放牧天数和地块面积核算地块层面载畜量，公式为：

载畜量=（放牧牲畜规模×放牧天数/365）/草场地块面积，在核算时考虑打草因素①。

另外，本节通过计算实际载畜量偏离合理载畜量的程度来衡量超载过牧程度，即超载过牧程度=（实际载畜量−合理载畜量）/合理载畜量。该比值越大，表示牧户超载过牧程度越高。其中合理载畜量是根据当地实际情况，在某一利用时段内，在适度放牧（或割草）利用并维持草场可持续生产的前提下，满足家畜正常生长、繁殖、生产的需要，单位面积草场上可承载的标准羊数量②。考虑到目前中国只是在县级层面通过核定全县的可利用草场面积和合理的牲畜承载规模规定了合理载畜量，村级、地块层面的合理载畜量因各地政策而异，因此本节通过整合比较牧户层面、村层面和县级层面采集的数据得到合理载畜量。具体地，本节调研的数据中约85%的样本合理载畜量采用的是县级层面核算的合理载畜量，该部分样本的县级合理载畜量与在牧户层面和村层面采集的合理载畜量基本一致，可以多维度相互印证；约11%的样本合理载畜量采用的是村层面采集的数据，这部分样本由于村庄草场的独特性质在村层面核定了合理载畜量；约4%样本采用的是户层面采集的数据，这部分样本由于牧户草场地块位置的独特性核定了专门的合理载畜量。

2. 核心解释变量

（1）草场流转。牧区草场承包经营权流转，是指在草场承包期内，承包方以出租、转让、转包、互换、入股及其他方式将承包草场的承包经营权转移给第三方，由其从事牧业生产经营的经济现象，遵循自愿、

---

① 根据《天然草地合理载畜量的计算》（中华人民共和国农业行业标准 NY/T635 – 2015），按照一只标准羊全年消耗干草657公斤将打草量折算成用标准羊核算的牲畜数量，纳入放牧牲畜规模。

② 参考《天然草地合理载畜量的计算》（中华人民共和国农业行业标准 NY/T635 – 2015）。

有偿、合法以及不改变草原用途的原则（张引弟，2010；胡振通，2014）。草场流转形式有很多种，其中草场租赁是当前草场流转的最重要的形式（张引弟，2010；胡振通，2014）。因此，本节所指的草场流转主要是不改变草场承包主体的草场租赁的形式，重点关注草场流转中的转入户和非流转户，用转入草场面积刻画牧户草场流转行为。（2）地块使用权属性。结合前面可知，牧户经营草场的使用权一般有两种，一种是草场承包制度下通过承包获得的草场使用权，对应的是自有草场；另一种是通过流转获得的草场使用权，对应的是转入草场。（3）流转备案和流转范围规制。流转备案通过"草场流转是否需要到村组织或上级政府部门备案？"进行测量，为二分类虚拟变量，需要流转备案赋值为1，不需要流转备案赋值为0。流转范围规制则通过"是否规定本村草场不能流转给外村人？"进行测量，为二分类虚拟变量，规定不能流转给外村人赋值为1，无此规定赋值为0。

3. 控制变量

根据已有相关研究（王海春等，2017；冯晓龙等，2019），选取影响牧户超载过牧行为的其他因素作为控制变量，包括草场面积、草场质量、户主特征（性别、年龄、受教育程度、健康状况）、家庭特征（家庭总人口数、畜牧业劳动力占比、上一年家庭总收入）和政策环境特征（2017年是否有禁牧政策、草畜平衡政策）等。

（三）实证模型设定

首先，从牧户层面考察草场流转对整体放牧强度和超载过牧程度的影响。从理论上来说，草场流转和牧户放牧行为之间可能存在反向因果的内生性问题，即牧户极有可能是因为放牧强度或者超载程度过高而选择转入草场。为了纠正内生性偏差，本节研究采用工具变量法，选取的工具变量是"村级草场流转率"和"草场流转备案"：对于相关性，在"同侪效应"的作用下，家庭的选择往往与其社区的环境密不可分。许多实证研究发现，家庭的草场流转深受村级的政策干预和网络影响，家庭在社会网络的作用下表现出"羊群行为"，流转政策落实将会通过"示范效应"实现（李龙和宋月萍，2016）。据此来看，村级草场流转率和草场流转备案能够显著影响家庭的草场流转，基本上可以达到相关性的要求；对于外生性，同样由于村级草场流转率、草场流转备案干预和牧户的放牧行为分属不同的变量观测层次，在草场转入面积之外尚未发现其他影响牧户放牧行为的渠道，而且鉴于社区层面和政策层面的工具变量相对于个体或者家庭行为的外生性在大量的研究中已经得到可靠的建议，可以在一定程度上认为村级草场流转率和草场流转备案符合工具变量的外生性要求。基于选取的工具变量，构建如下两阶段最小二乘（2SLS）模型分析草场流转对牧户放牧行为的影响：

$$Rent = \alpha_0 + \alpha_1 Village + \alpha_2 Register + \alpha_3 X + \varepsilon_1 \qquad (3-9)$$

$$Y = \beta_0 + \beta_1 \hat{Rent} + \beta_2 X + \varepsilon_2 \qquad (3-10)$$

式（3-9）为第一阶段回归方程，其中 $Rent$ 表示转入草场面积，$Village$ 表示村级草场流转率，$Register$ 表示草场流转备案，X 为控制变量，$\alpha_i (i=0，1，2，3)$ 为带估计系数，ε_1 为误差项。利用式（3-10）估计可以得到 $Rent$ 的拟合值 $\hat{Rent}$，在第二阶段利用该拟合值对放牧强度或超载过牧程度进行回归，即式（3-10），其中 Y 表示牧户层面的放牧强度或超载过牧程度，$\beta_i (i=0，1，2)$ 为待估计系数，ε_2 为误差项。

其次，为了分析牧户在自有地块和转入地块上的放牧行为差异，同样利用上述两个工具变量基于地块数据构建了如下两阶段最小二乘回归模型：

$$Tenure = \gamma_0 + \gamma_1 Village + \gamma_2 Register + \gamma_3 X + \varepsilon_3 \qquad (3-11)$$

$$Y_{plot} = \varphi_0 + \varphi_1 \hat{Tenure} + \varphi_2 X + \varepsilon_4 \qquad (3-12)$$

其中，$Tenure$ 表示地块的使用权属性，转入地块取值为1，自有地块取值为0；$\gamma_i (i=0，1，2，3)$ 和 $\varphi_i (i=0，1，2)$ 均为待估计系数，

ε_3 和 ε_4 均为误差项。

接着，为了检验研究假说 2，即考察草场流转在流转备案、流转范围规制与牧户超载过牧行为之间的中介作用，本节设定如下中介效应模型：

$$Rent = \phi_0 + \phi_1 Register + \phi_2 Scope + \phi_3 X + \varepsilon_5 \qquad (3-13)$$

$$Y = \lambda_0 + \lambda_1 Register + \lambda_2 Scope + \lambda_3 X + \varepsilon_6 \qquad (3-14)$$

$$Y = \kappa_0 + \kappa_1 Register + \kappa_2 Scope + \kappa_3 Rent + \kappa_4 X + \varepsilon_7 \qquad (3-15)$$

其中 $Scope$ 表示流转范围规制，其他变量与前面模型一致。利用层次回归分析检验草场流转的中介效应（温忠麟，2004）：首先，判断总效应 λ_1 和 λ_2 是否显著；再检验中介变量效应 ϕ_1 和 ϕ_2 是否显著；其次，检验 κ_1、κ_2 和 κ_3 是否显著，当 κ_3 显著而 κ_1、κ_2 不显著时，完全中介效应存在；当 κ_1、κ_2 和 κ_3 都显著，且 κ_1、κ_2 与 κ_3 同号但绝对值小于 κ_3 时，部分中介效应存在。为了检验假说 3，即考察流转备案和流转范围规制对牧户超载过牧行为的直接影响体现在转入地块层面，本节将分别对自有地块样本和转入地块样本进行回归，比较两个样本回归的系数。如果转入地块样本中，流转备案和流转范围规制变量的回归系数显著且绝对值大于两者在自有地块样本中的回归系数，则假说 3 得以验证。

（四）描述性统计分析

表 3-13 为各变量的定义和描述性统计结果。调研样本中，牧户平均载畜量约为 0.383 标准羊/亩，平均超载过牧程度约为 1.9，表明牧户存在超载过牧问题。约 26.16% 的牧户有转入草场行为，平均转入草场面积约为 539 亩（约 35.93 公顷），表明牧户的草场流转比例较低，且草场转入规模不高。约 14.5% 的牧户表示草场流转需要到村组织或上级政府部门备案登记，约 38.7% 的牧户表示村组织规定本村草场不能流转给外村人。样本牧户平均年龄约为 47 岁，平均受教育年限约为 4

年，表明牧户的受教育程度不高。约77%的牧户认为自己的健康状况较好。样本的平均家庭人口规模约为5人，家庭劳动力占比为54.9%，上一年平均家庭总收入为8.886万元。从草场的政策环境特征看，约53%的牧户被要求执行禁牧政策，72%的牧户被要求执行草畜平衡政策。

表 3 – 13　　　　　　　　　　变量描述性统计

变量	变量描述与赋值	均值	标准差	最小值	最大值
放牧强度	用"载畜量 = 牲畜数量/地块面积"衡量，该值越大，放牧强度越大，单位：标准羊/亩	0.383	0.936	0.002	8.244
超载过牧程度	用"（实际载畜量 – 合理载畜量）/合理载畜量"衡量，该比值越大，表示超载过牧程度越高	1.900	4.692	– 0.963	31.976
转入草场面积	单位：千亩	0.539	1.963	0	28
地块属性	转入地块 = 1，自有地块 = 0	0.144	0.351	0	1
流转备案	流转需要备案 = 1，不需要备案 = 0	0.145	0.353	0	1
流转规制	规定不能转给外村人 = 1，没有此规定 = 0	0.387	0.488	0	1
自有草场面积	单位：千亩	4.663	13.262	0	133.051
草场质量（以"差"为对照组）	一般 = 1，否 = 0	0.552	0.498	0	1
	好 = 0，否 = 0	0.289	0.454	0	1
户主性别	男 = 1，女 = 0	0.924	0.265	0	1
户主年龄	单位：岁	47.029	10.805	18	85
户主受教育程度	受教育年限，单位：人	4.333	4.063	0	16
户主健康状况	一般 = 1，否 = 0	0.118	0.323	0	1
	好 = 1，否 = 0	0.767	0.423	0	1
家庭人口规模	单位：人	4.641	1.771	1	15
家庭劳动力占比	劳动力数量/家庭人口规模	0.549	0.379	0	1

变量	变量描述与赋值	均值	标准差	最小值	最大值
上一年家庭总收入	单位：万元	8.886	9.927	0	70
禁牧政策	2017 年执行该政策 = 1，否 = 0	0.531	0.500	0	1
草畜平衡政策	2017 年执行该政策 = 1，否 = 0	0.717	0.451	0	1

四、结果分析与讨论

（一）草场流转对牧户放牧强度和超载过牧程度的影响

1. 草场流转对牧户整体放牧强度和超载过牧程度的影响

利用 OLS 和 2SLS 模型估计草场流转对牧户整体放牧强度和超载过牧程度的影响，结果如表 3 – 14 所示。首先，分析草场流转对牧户整体放牧强度的影响。模型 1 为 OLS 估计结果，在控制了草场经营特征、户主特征、家庭特征等控制变量的情况下，变量转入草场面积显著且系数为负，表明草场流转降低了牧户整体放牧强度。为了纠正可能存在的内生性偏误，运用流转备案和村级草场流转率作为工具变量，2SLS 估计结果模型 2 所示。从第一阶段估计结果可以看出，流转备案和村级草场流转率均显著正向影响转入草场面积，且通过了识别不足、过度识别弱和工具变量检验，表明工具变量是有效的。同时，Durbin – Wu – Hausman（德宾—吴—豪斯曼）检验的卡方统计量的估计值为 2.88，在 10% 的统计水平上拒绝了转入草场面积外生于牧户整体放牧强度的原假设。因此，模型 1 的估计结果存在一定的内生性偏误。模型 2 第二阶段的估计结果表明，纠正了内生性偏差后，变量转入草场面积依然显著且回归系数绝对值变大了，牧户每多转入 1 千亩草地，牧户整体放牧强度降低 0.160 标准羊/亩。

表 3 - 14　草场流转对牧户整体放牧强度和超载过牧程度的影响

变量	模型 1：OLS	模型 2：2SLS		模型 3：OLS	模型 4：2SLS	
	整体放牧强度	第一阶段转入草场面积	第二阶段整体放牧强度	整体超载过牧程度	第一阶段转入草场面积	第二阶段整体超载过牧程度
转入草场面积	- 0.044 ** (0.021)	—	- 0.160 *** (0.051)	- 0.296 ** (0.137)	—	- 1.157 *** (0.276)
流转备案	—	1.511 *** (0.356)	—	—	1.511 *** (0.356)	—
村级草场流转率	—	0.972 * (0.564)	—	—	0.972 * (0.564)	—
户主年龄	- 0.006 ** (0.003)	- 0.003 (0.004)	- 0.007 ** (0.003)	- 0.028 * (0.016)	- 0.003 (0.004)	- 0.034 ** (0.016)
户主性别	- 0.010 (0.142)	- 0.009 (0.454)	- 0.007 (0.150)	- 0.121 (0.673)	- 0.009 (0.454)	- 0.098 (0.787)
户主受教育程度	0.010 (0.017)	- 0.003 (0.020)	0.010 (0.017)	0.101 (0.071)	- 0.003 (0.020)	0.101 (0.071)
户主健康状况一般	- 0.257 * (0.152)	0.099 (0.179)	- 0.268 * (0.150)	- 0.658 (0.771)	0.099 (0.179)	- 0.736 (0.753)
户主健康状况好	- 0.156 (0.147)	0.209 (0.193)	- 0.145 (0.144)	- 0.417 (0.644)	0.209 (0.193)	- 0.332 (0.637)
上一年家庭收入	0.008 (0.005)	0.025 * (0.014)	0.013 ** (0.005)	0.060 ** (0.024)	0.025 * (0.014)	0.094 *** (0.027)
家庭人口规模	0.015 (0.021)	0.036 (0.035)	0.015 (0.021)	- 0.033 (0.093)	0.036 (0.035)	- 0.030 (0.093)
家庭劳动力占比	- 0.053 (0.114)	0.041 (0.145)	- 0.063 (0.114)	0.176 (0.543)	0.041 (0.145)	0.108 (0.545)
自有草场面积	- 0.009 *** (0.002)	0.010 (0.019)	- 0.009 *** (0.003)	- 0.063 *** (0.013)	0.010 (0.019)	- 0.060 *** (0.023)
草场质量中等	0.243 *** (0.085)	0.281 (0.228)	0.275 *** (0.094)	0.434 (0.496)	0.281 (0.228)	0.671 (0.546)

续表

变量	模型 1：OLS	模型 2：2SLS		模型 3：OLS	模型 4：2SLS	
	整体放牧强度	第一阶段转入草场面积	第二阶段整体放牧强度	整体超载过牧程度	第一阶段转入草场面积	第二阶段整体超载过牧程度
草场质量	0.228 ** (0.092)	−0.012 (0.217)	0.221 ** (0.094)	0.655 (0.590)	−0.012 (0.217)	0.600 (0.608)
禁牧政策	−0.065 (0.110)	−0.288 ** (0.126)	−0.091 (0.108)	−0.107 (0.507)	−0.288 ** (0.126)	−0.301 (0.502)
草畜平衡政策	−0.380 *** (0.135)	0.145 (0.170)	−0.357 *** (0.132)	−2.112 *** (0.589)	0.145 (0.170)	−2.040 *** (0.575)
内蒙古	−0.1116 (0.159)	0.584 *** (0.225)	−0.051 (0.160)	−0.210 (0.706)	0.584 *** (0.225)	0.271 (0.721)
青海	−0.182 *** (0.073)	0.083 (0.112)	−0.158 ** (0.071)	−1.283 *** (0.339)	0.083 (0.112)	−1.107 *** (0.332)
样本量	516	516	516	516	516	516
识别不足检验	—	45.681 (p < 0.001)		—	26.683 (p < 0.001)	
过度识别检验	—	$\chi^2 = 0.003$ (p = 0.955)		—	$\chi^2 = 0.680$ (p = 0.410)	
弱工具变量检验	—	24.185		—	24.185	
内生性检验	—	$\chi^2 = 2.88$ (p < 0.10)		—	$\chi^2 = 6.74$ (p < 0.01)	

注：括号的值为稳健标准误，* 表示 p < 0.10，** 表示 p < 0.05，*** 表示 p < 0.01。

其次，分析草场流转对牧户整体超载过牧程度的影响。模型 3 为 OLS 估计结果，在控制了草场经营特征、户主特征、家庭特征等控制变量的情况下，变量转入草场面积显著且系数为负，表明草场流转降低了牧户整体超载过牧程度。为了纠正可能存在的内生性偏误，运用流转备案和村级草场流转率作为工具变量，2SLS 估计结果模型 2 所示。从第一阶段估计结果可以看出，流转备案和村级草场流转率均显著正向影响转入草场面积，且通过了识别不足、过度识别弱和工具变量检验，表明工具变量是有效的。同时，Durbin – Wu – Hausman 检验的卡方统计量的估计值为6.74，在1%的统计水平上拒绝了转入草场面积外生于牧户整体超载过牧程度的原假设。因此，模型3的估计结果存在一定的内生性偏误。模型4第二阶段的估计结果表明，纠正了内生性偏差后，变量转入草场面积依然显著且回归系数绝对值变大了，牧户每多转入1千亩草地，牧户整体超载过牧程度降低1.157。由此可证，草场流转有助于降低牧户整体放牧强度和超载过牧程度，促进草场生态环境改善。

　　为了检验上述实证分析结果的稳健性，本节研究通过调整变量测量方式的方法对表3 – 15 中的2SLS 估计结果进行稳健性检验。具体地，首先将解释变量转入草场面积更换成草场转入率（转入草场面积除以总的经营面积），更换解释变量测量方式后的估计结果如模型5、模型6所示。其次，将被解释变量超载过牧由连续变量调整为是否超载过牧的二分类变量，超载过牧赋值为1，不超载过牧赋值为0，估计结果如模型7所示。可以发现，变量调整后回归的结果与表4 – 3 的2SLS 回归结果相比，不管是变量的显著性还是回归系数的符号，其结果都是一致的。稳健性检验的结果均支持草场流转有助于降低牧户整体的放牧强度和超载过牧程度，进一步验证了本节的理论预期。

表 3 – 15 　　　　　　　　　　　稳健性检验

变量	第一阶段 草场转入率	模型 5 第二阶段 整体放牧 强度	模型 6 第二阶段 整体超载过 牧程度	模型 7 第一阶段 草场转入 面积	模型 7 第二阶段 整体是否 超载
转入草场面积	—	—	—	—	– 0.332 *** (0.122)

续表

变量	第一阶段草场转入率	模型 5 第二阶段整体放牧强度	模型 6 第二阶段整体超载过牧程度	模型 7 第一阶段草场转入面积	模型 7 第二阶段整体是否超载
草场转入率	—	− 0. 753 *** (0. 225)	− 5. 472 *** (1. 147)	—	—
流转备案	0. 317 *** (0. 039)	—	—	1. 511 *** (0. 242)	—
村级草场流转率	0. 222 *** (0. 052)	—	—	0. 972 * (0. 510)	—
控制变量	Yes	Yes	Yes	Yes	Yes
样本量	516	516	516	516	516
识别不足检验	—	46. 311	46. 311	—	26. 683
弱工具变量检验	—	102. 223	102. 223	—	24. 185
过度识别检验	—	0. 000 (p = 0. 993)	0. 743 (p = 0. 389)	—	1. 790 (p = 0. 181)

注：括号的值为稳健标准误， * 表示 $p < 0.10$， ** 表示 $p < 0.05$， *** 表示 $p < 0.01$。

2. 草场流转对牧户自有草场放牧强度超载过牧程度的影响

为了检验转入草场后，牧户是否存在草场内部放牧压力转移的问题而降低自有草场的利用程度，本节研究进一步利用 OLS 和 2SLS 模型估计草场流转对牧户自有草场放牧强度和超载过牧程度的影响，结果如表 3 – 16 所示。首先，分析草场流转对牧户自有草场放牧强度的影响。模型 8 为 OLS 估计结果，在控制了草场经营特征、户主特征、家庭特征等控制变量的情况下，变量转入草场面积显著且系数为负，表明草场流转降低了牧户自有草场的放牧强度。为了纠正可能存在的内生性偏误，运用流转备案和村级草场流转率作为工具变量，2SLS 估计结果模型 9 所示。从第一阶段估计结果可以看出，流转备案和村级草场流转率均显著正向影响转入草场面积，且通过了识别不足、过度识别弱和工具变量检验，表明工具变量是有效的。同时，Durbin – Wu – Hausman 检验的卡方统计量的估计值为 3.31，在 10% 的统计水平上拒绝了转入草场面积外生于牧户自有草场放牧强度的原假设。因此，模型 8 的估计结果存在一定的内生性偏误。模型 9 第二阶段的估计结果表明，纠正了内生性偏差后，变量转入草场面积依然显著且回归系数绝对值变大了，牧户每多转入 1 千亩草地，牧户自有草场的放牧强度降低 0.169 标准羊/亩。

表 3 – 16 草场流转对牧户自有草场放牧强度和超载过牧程度的影响

变量	模型 8：OLS	模型 9：2SLS		模型 10：OLS	模型 11：2SLS	
	自有草场放牧强度	第一阶段转入草场面积	第二阶段自有草场放牧强度	自有草场超载过牧程度	第一阶段转入草场面积	第二阶段自有草场超载过牧程度
转入草场面积	− 0.043 ** (0.021)	—	− 0.169 *** (0.053)	− 0.299 ** (0.135)	—	− 1.219 *** (0.283)
流转备案	—	1.493 *** (0.357)	—	—	1.493 *** (0.357)	—
村级草场流转率	—	0.946 * (0.562)	—	—	0.946 * (0.562)	—
控制变量	Yes	Yes	Yes	Yes	Yes	Yes
样本量	514	514	514	514	514	514
识别不足检验	—	43.794 ($p < 0.001$)		—	25.802 ($p < 0.001$)	
过度识别检验	—	0.031 ($p = 0.861$)		—	0.480 ($p = 0.489$)	
弱工具变量检验	—	23.098		—	23.098	
内生性检验	—	$\chi^2 = 3.31$ ($p < 0.10$)		—	$\chi^2 = 7.71$ ($p < 0.01$)	

注：括号的值为稳健标准误，* 表示 $p < 0.10$，** 表示 $p < 0.05$，*** 表示 $p < 0.01$。

其次，分析草场流转对牧户自有草场超载过牧程度的影响。模型10为OLS估计结果，在控制了草场经营特征、户主特征、家庭特征等控制变量的情况下，变量转入草场面积显著且系数为负，表明草场流转降低了牧户自有草场超载过牧程度。为了纠正可能存在的内生性偏误，运用流转备案和村级草场流转率作为工具变量，2SLS估计结果模型11所示。Durbin – Wu – Hausman检验的卡方统计量的估计值为7.71，在1%的统计水平上拒绝了转入草场面积外生于牧户整体超载过牧程度的原假设。因此，模型10的估计结果存在一定的内生性偏误。模型11第二阶段的估计结果表明，纠正了内生性偏差后，变量转入草场面积依然显著且回归系数绝对值变大了，牧户每多转入1千亩（约合66.67公顷）草地，牧户整体超载过牧程度降低1.219。

同理于对草场流转影响牧户整体放牧强度和超载过牧程度的估计结果稳健性检验方法，对表3 – 16结果进行稳健性检验，结果如表3 – 17所示。可以发现，表3 – 16和表3 – 17的回归结果相比，不管是变量的显著性还是回归系数的符号，其结果都是一致的。稳健性检验的结果均支持草场流转有助于降低牧户自有草场放牧强度和超载过牧程度。

表3 –17 稳健性检验

变量	第一阶段草场转入率	模型12 第二阶段自有草场放牧强度	模型13 第二阶段自有草场超载过牧程度	第一阶段转入草场面积	模型14 第二阶段自有草场是否超载
转入草场面积	—	—	—	—	-0.601 *** (0.134)
草场转入率	—	-0.827 *** (0.236)	-5.981 *** (1.185)	—	—
流转备案	0.302 *** (0.039)	—	—	1.493 *** (0.244)	—

变量	第一阶段 草场转入率	模型 12	模型 13	第一阶段 转入草场 面积	模型 14
		第二阶段 自有草场 放牧强度	第二阶段 自有草场 超载过牧 程度		第二阶段 自有草场 是否超载
村级草场流转率	0.211*** (0.051)	—	—	0.946* (0.510)	—
控制变量	Yes	Yes	Yes	Yes	Yes
样本量	514	514	514	514	514
识别不足检验	—	44.385	44.385	—	25.802
弱工具变量检验	—	93.964	93.964	—	23.098
过度识别检验	—	0.015 (p = 0.904)	0.501 (p = 0.479)	—	1.399 (p = 0.237)

注：括号的值为稳健标准误，* 表示 $p < 0.10$，** 表示 $p < 0.05$，*** 表示 $p < 0.01$。

（二） 自有地块和转入地块的放牧强度和超载过牧程度差异

利用 876 个地块数据检验自有地块和转入地块的放牧强度和超载过牧程度差异，结果如表 3 – 18 所示。首先，分析自有地块和转入地块的放牧强度差异。模型 15 和模型 17 为 OLS 估计结果，在控制了草场经营特征、户主特征、家庭特征等控制变量的情况下，变量地块属性在两个模型中均显著且系数为正，表明转入草场的放牧强度和超载过牧程度均显著大于自有草场的放牧强度。为了纠正可能存在的内生性偏误，运用流转备案和村级草场流转率作为工具变量，2SLS 估计结果如模型 16 和模型 18 所示。可以发现，纠正了内生性偏差后，变量地块属性在两个模型中依然显著且回归系数为正，表明相比于自有草场，牧户在转入草场的放牧强度增加 0.215 标准羊/亩，超载过牧程度增加 1.437。由此可知，相比于自有草场，牧户更倾向于在转入草场上过度放牧，导致出现转入草场过度利用的转入地悲剧问题。

表 3 - 18　　　自有地块和转入地块的放牧强度和超载过牧程度差异

变量	模型 15：OLS	模型 16：CMP		模型 17：OLS	模型 18：CMP	
	放牧强度	地块属性	放牧强度	超载过牧程度	地块属性	超载过牧程度
地块属性	0.268 ** (0.105)	—	0.215 *** (0.072)	1.892 *** (0.489)	—	1.437 *** (0.405)
流转备案	—	0.790 *** (0.136)	—	—	0.806 *** (0.136)	—
村级草场 流转率	—	1.380 *** (0.351)	—	—	1.388 *** (0.349)	—
控制变量	Yes	Yes	Yes	Yes	Yes	Yes
样本量	876	876	876	876	876	876
识别不足检验	—	40.261 (p < 0.001)		—	40.261 (p < 0.001)	
过度识别检验	—	2.340 (p = 0.126)		—	1.740 (p = 0.187)	
弱工具变量检验	—	24.023		—	24.023	

注：括号的值为稳健标准误，* 表示 $p < 0.10$，** 表示 $p < 0.05$，*** 表示 $p < 0.01$。

为了进一步检验表 3 - 18 结果的稳健性，本节采用核匹配、最近邻匹配、半径匹配、样条匹配和马氏匹配五种匹配方法进行了稳健性检验。五种匹配方法均通过了共同支撑和平衡性假设检验，限于篇幅在此不再赘述。匹配所获得的处理组平均处理效应如表 3 - 19 所示，与表 3 - 18 的结果相比，不管是 ATT 值的显著性还是符号方向，其结果都是一致的，由此可证基准分析结果是稳健可靠的。

表 3-19　　　　　　　　　　稳健性检验：PSM

匹配方法	放牧强度		超载过牧程度	
	ATT	T 值或 Z 值	ATT	T 值或 Z 值
核匹配	0.247	2.46 **	1.847	3.81 ***
最近邻匹配	0.244	2.42 **	1.812	3.68 ***
半径匹配	0.251	2.49 **	1.850	3.79 ***
样条匹配	0.245	2.54 **	1.859	3.87 ***
马氏匹配	0.231	2.62 ***	1.775	4.35 ***

注：* 表示 $p < 0.10$，** 表示 $p < 0.05$，*** 表示 $p < 0.01$。

（三）流转备案和流转范围规制对牧户超载过牧行为影响：草场流转的中介作用

1. 基准回归

表 3-20 报告了流转备案和流转范围规制通过影响草场流转进而作用于牧户超载过牧行为的实证结果。第（1）列考察流转备案和流转范围规制对草场流转的影响。结果显示，流转备案的回归系数在 5% 统计水平上显著且为正，边际效应为 0.430，表明与不需要草场流转备案的牧户相比，需要备案的牧户平均转入草场面积高 430 亩（约 28.67 公顷）。流转范围规制的回归系数在 10% 统计水平上显著且为负，边际效应为 -0.247，表明规定本村草场不能流转给外村人的牧户平均转入草场面积比无此规定的牧户少 247 亩（约 16.47 公顷）。由此可知，流转备案有利于促进草场流转，而流转范围规制则不利于草场流转。主要是因为流转备案有利于稳定牧户草场流转纠纷的心理预期，提高流转草场的产权稳定性，进而降低交易费用促进牧户间的草场流转；而流转范围规制在一定程度上限制了草场流转市场的有效供给和需求，从而抑制了草场流转。

表 3 - 20　　　　　　　流转备案和流转范围规制对超载过牧行为
影响的回归结果：中介模型

变量名称	转入草场面积		放牧强度		超载过牧程度	
	（1）	边际效应	（2）	（3）	（4）	（5）
流转备案	1.820 **	0.430 **	-0.224 ***	-0.202 ***	-1.159 **	-0.996 **
	(0.713)	(0.170)	(0.069)	(0.067)	(0.465)	(0.469)
流转范围规制	-1.046 *	-0.247 *	-0.109	-0.118	-0.086	-0.159
	(0.584)	(0.139)	(0.094)	(0.094)	(0.460)	(0.461)
转入草场面积	—	—	—	-0.035 *	-0.261 **	
				(0.019)	(0.127)	
控制变量	Yes	Yes	Yes	Yes	Yes	Yes
常数项	-4.025 *	—	1.230 ***	1.232 ***	5.854 ***	5.866 ***
	(2.143)		(0.289)	(0.289)	(1.316)	(1.311)
样本量	516		516	516	516	516
R^2	0.045		0.092	0.097	0.147	0.157
F 检验 p 值	0.000 ***		0.000 ***	0.000 ***	0.000 ***	0.000 ***

注：括号内的数值为稳健标准误，*** 、** 和 * 分别表示在 1%、5% 和 10% 的统计水平上显著。

结合第（1）、（2）、（3）列的回归结果，可判断流转备案和流转范围规制对放牧强度影响的总效应、间接效应和直接效应。首先，对于草场流转备案而言，在不控制转入草场面积的情况下，草场流转需要备案的牧户平均放牧强度比不需要备案的牧户低 0.224 标准羊/亩，该差异在 1% 统计水平上显著，这是流转备案对放牧强度的总效应。在控制转入草场面积的情况下，转入草场面积变量的回归系数在 10% 统计水平上显著为负，且流转备案的回归系数变小，表明流转备案通过草场转入面积的中介影响放牧强度的中介效应存在；流转备案的回归系数在 1% 统计水平上显著且为 -0.202，为流转备案对放牧强度的直接效应。其次，对于草场流转范围规制而言，不管是否控制转入草场面积，流转范围规制变量对放牧强度的回归系数均不显著，表明流转范围规制对放牧强度的总效应、间接效应和直接效应不存在。即流转范围规制实施的初衷未得到实现，规定草场不能流转给外村人并不能降低牧户的放牧强度。相反地，流转范围规制抑制了草场流转，进而可能存在导致牧户增加放牧强度的风险［虽然回归系数不显著，但是第（2）列该变量的回归系数绝对值小于第（3）列］。

结合第（1）、（4）、（5）列的回归结果，可判断流转备案和流转范围规制对牧户超载过牧程度影响的总效应、间接效应和直接效应。在不控制转入草场面积的情况下，草场流转需要备案的牧户平均超载过牧程度比不需要备案的牧户低 1.159，该差异在 5% 统计水平上显著，这是流转备案对超载过牧程度的总效应。在控制转入草场面积的情况下，转入草场面积变量的回归系数在 5% 统计水平上显著为负，且流转备案的回归系数变小，表明流转备案通过草场转入面积的影响超载过牧程度的中介效应存在。流转备案的回归系数在 1% 统计水平上显著且为 −0.996，该系数反映了草场流转备案对超载过牧程度的直接效应。同样地，流转范围规制对超载过牧程度的影响不显著。

综上所述，研究假说 2 中草场流转备案的影响路径得以验证，即草场流转备案通过促进牧户转入草场进而降低牧户超载过牧程度。

2. 稳健性检验

为了保证上述实证分析结果的可靠性，本节通过调整变量测量方式的方法对表 3 −20 中的估计结果进行稳健性检验，结果如表 3 −21 所示。具体地，将变量"转入草场面积"替换成"草场转入率"，即用转入草场面积占总经营草场面积的比例来表示。结果显示，调整变量之后的回归结果与表 3 −20 的回归结果相比，无论是变量的显著性还是回归系数的符号均是一致的，表明草场流转备案通过促进转入草场面积进而影响牧户的放牧强度和超载过牧强度的结论较为稳健。

表 3-21   中介效应回归结果稳健性检验

变量名称	草场转入率		放牧强度		超载过牧程度	
	（1）	边际效应	（2）	（3）	（4）	（5）
流转备案	0.195 ** (0.098)	0.053 ** (0.027)	-0.224 *** (0.069)	-0.199 *** (0.066)	-1.159 ** (0.465)	-1.016 ** (0.459)
流转范围规制	-0.171 ** (0.079)	-0.047 ** (0.022)	-0.109 (0.094)	-0.140 (0.095)	-0.086 (0.460)	-0.274 (0.467)
草场转入率	—	—	—	-0.502 *** (0.118)	—	-2.959 *** (0.627)
控制变量	Yes	Yes	Yes	Yes	Yes	Yes
常数项	-0.321 (0.290)	—	1.230 *** (0.289)	1.314 *** (0.299)	5.854 *** (1.316)	6.348 *** (1.354)
样本量	516		516	516	516	516
R^2	0.084		0.092	0.106	0.147	0.165
F 检验 p 值	0.000 ***		0.000 ***	0.000 ***	0.000 ***	0.000 ***

注：括号内的数值为稳健标准误，*** 和 ** 分别表示在 1% 和 5% 的统计水平上显著。

（四）流转备案和流转范围规制对牧户超载过牧行为的直接影响：地块分解

根据理论分析可知，流转备案和流转范围规制对牧户超载过牧行为的直接效应主要体现在转入草场上，而表 3-20 的回归结果显示仅草场流转备案对牧户放牧强度和超载过牧程度的直接影响显著。因此，本节将自有草场地块样本和转入草场地块样本进行分组回归，以此检验研究假说 2 中草场流转备案的影响路径，回归结果如表 3-22 所示。转入地块样本中，流转备案对放牧强度、超载过牧程度的回归系数分别为 -0.444、-2.441，均在 5% 统计水平上显著，表明与草场流转不需要备案的牧户相比，草场流转需要备案的牧户在转入草场的平均放牧强度低 0.444 标准羊/亩，超载过度程度低 2.441。而自有地块样本中，草场流转备案对放牧强度和超载过牧程度的回归系数未通过显著性检验。由此可知，草场流转备案对牧户超载过牧行为的直接影响主要是体现在对转入地放牧行为的影响，流转备案降低牧户在转入草场上的放牧强度和超载过牧程度。因此，研究假说2中草场流转备案的影响路径得以验证。

表3－22　　　　　流转备案对牧户超载过牧行为的影响结果

变量名称	放牧强度		超载程度	
	转入地块样本	自有地块样本	转入地块样本	自有地块样本
流转备案	－0.444** (0.204)	－0.021 (0.028)	－2.441** (0.973)	－0.059 (0.207)
控制变量	Yes	Yes	Yes	Yes
常数项	2.646 (1.867)	0.378*** (0.079)	7.565 (4.698)	1.344** (0.568)
样本量	126	750	126	750
R^2	0.301	0.184	0.354	0.201
F 检验 p 值	0.046***	0.000***	0.000***	0.000***

注：括号内的数值为稳健标准误，*** 和 ** 分别表示在1%和5%的统计水平上显著。

第四节　优化草地管理政策效果的政策建议

一、草地管理政策影响微观分析的研究结论

本章首先基于中国甘肃和内蒙古2个省份（区）348个牧户2015～2017年3年面板数据分析了草原生态补奖政策、放牧监管对牧户放牧行为的影响，并利用2017年的截面数据检验了社会资本对草原生态补奖政策生态效应的调节作用；其次，利用内蒙古自治区达茂旗禁牧区和四子王旗草畜平衡区的选择实验调研数据，分别估计了两区牧户

参与草场治理的偏好及支付意愿，并分析了两区的异质性和补偿标准的调整范围；最后，分析了草场流转对牧户超载过牧行为的整体影响，并检验草场流转背景下是否会出现地块间放牧压力转移导致"转入地悲剧"的问题，进一步地，考察草场流转干预措施对草场流转的影响以及干预措施如何通过草场流转影响牧户超载过牧行为。研究结论如下：

（1）禁牧政策不能有效减少牧户的超载过牧行为，反而高额的禁牧补偿加剧了超载过牧，只有与有效的放牧监管结合，禁牧政策才能发挥有效作用。禁牧政策失效最主要的原因是牧户在非农领域的就业机会有限，禁牧政策意味着牧户必须通过非法放牧维持生计，在监管不足的情况下，高额的禁牧补贴会被牧户用来购买牲畜加剧超载过牧。草畜平衡政策有助于降低牧户的超载过牧程度。这主要是因为草畜平衡政策不要求牧户彻底放弃放牧，而是减少牲畜量以满足草原的牲畜承载能力，牧户更容易实现政策目标。另外，草畜平衡补贴标准较低，不易造成补贴被牧户用于购买牲畜加剧超载过牧的困境。

（2）放牧监管在抑制牧户超载过牧行为方面发挥着重要的作用，但是不完全监管的牧户与完全无监管的牧户的放牧强度无显著差异，只有在完全监管的条件下会牧户才会显著降低放牧强度和超载过牧程度。熟人监管、自我汇报、口头警告或督促卖畜等不完全监管方式都会造成牧户由于违规放牧被发现的概率低以及惩罚力度轻而产生道德风险，从而难以有效约束牧户的超载过牧行为。

（3）社会资本对草原生态补奖政策影响牧户超载过牧行为起到显著调节作用。具体地，社会网络在放牧监管影响牧户超载过牧行为中发挥了显著调节作用，社会信任对草原生态补奖资金和放牧监管影响牧户超载过牧行为均具有负向调节作用。

（4）禁牧区和草畜平衡区的牧户都具有显著的支付意愿改变草原

生态环境现状，且禁牧区牧户参与草场治理的支付意愿显著高于草畜平衡区。禁牧区和草畜平衡区牧户对于草场治理的偏好存在差异，禁牧区牧户对草原生态恢复的偏好为景观建设优先，其次恢复地下水和植被覆盖程度，对生物多样性并不关心；而草畜平衡区的偏好为生态恢复优先，不在乎草原景观的变化并且拒绝生物多样性的增加。纳入牧户的偏好和意愿后，根据补偿剩余估算得到达茂旗禁牧标准应增加至 127.7元/公顷，四子王旗草畜平衡标准应增加至 51.2 元/公顷。

（5）草场流转有助于降低牧户整体放牧强度和超载过牧程度。这主要是因为转入草场面积越大，供牧户进行养殖决策的草场规模越大，越有利于牧户按照季节进行草场轮牧；并且在生产条件的约束下，转入草场后牧户牲畜养殖规模的增长往往要慢于草场面积的增长，因此转入草场整体上有利于降低牧户放牧强度，更有利于缓解草场整体的超载过牧情况。

（6）转入草场后，不同属性地块间存在放牧压力转移的问题，牧户倾向于降低自有草场放牧强度，选择在转入草场上过度放牧。这主要是因为转入草场的使用权权能较弱和不稳定导致了牧户对草场收益的不确定性预期，因此牧户更加追求在转入草场上过度放牧带来的短期收益，而不是长期合理利用。

（7）草场流转备案通过促进牧户转入草场进而降低牧户超载过牧程度。作为第三方规制，要求草场流转双方必须到村组织或其他政府部门备案登记流转信息，有助于为后续协调解决流转双方矛盾和纠纷提供依据，从而提高转入草场的稳定性，稳定牧户的心理预期，进而降低草场流转的交易费用，促进牧户转入草场。在草场流转备案干预下牧户选择转入更大面积的草场，既能增加其可利用的草地规模，又通过降低交易成本抑制牧户选择超载放牧获得更高收益的行为，从而缓解其超载过牧程度。流转备案对牧户超载过牧行为的直接影响体现在对转入地放牧行为的影响上，流转备案降低牧户在转入草场上的超载过牧程度。主要原因是：一方面，草场流转备案作为适度外部干预，能稳定牧户草场流转纠纷的心理预期，增强转入草场的产权稳定性，从而抑制牧户过度利用草场的心理；另一方面，较低的交易成本降低牧户在转入草场上超载放牧的驱动力。

（8）草场流转范围规制对牧户超载过牧行为未产生影响，反而抑制牧户草场转入行为。规定本村草场不能流转给外村人的初衷是防止外村人出现过度利用本村草场，从而带来草场退化问题。但这种规制在某种程度上限制了草场在流转市场的有效供给，增加了交易成本，不仅抑制了牧户草场流转的积极性，还会导致转入户选择超载放牧获取更多收益，用于抵消增加的交易成本，导致该项干预的初衷难以实现。

二、促进草地管理政策效果优化的政策建议

本章研究结论的政策含义是：

（1）优化草原生态补奖资金发放的方式。目前草原生态补奖资金主要通过财政补贴"一卡通"系统直接发放给各牧户，大大降低了地方政府对牧户超载过牧行为的约束力。应当优化草原生态补奖资金发放的方式，通过分批次发放、容许地方政府对补奖资金发放形式进行适当调整等手段，增强地方政府或地方畜牧部门对牧户超载过牧行为的约束能力，真正让补奖资金发挥抑制牧户超载行为的作用。

（2）加强政府对牧户减畜的监管力度。草原生态补奖政策的有效监管是实现政策预期目标的重要行政手段，虽然政府监管能抑制牧户超载过牧行为，但现有的政策监管力度仍存在不足。建立健全县、乡、村三级草原管护网络，完善草原监测体系，加强政策落实情况的监督力度，定期开展监测和入户调查，加大违规放牧的惩罚力度，保护和巩固

政策实施效果。

（3）发挥社会资本在抑制牧户超载过牧行为过程中的作用。村庄内的人们通过长期社会交往形成的社会信任、互惠模式及行为规范等社会资本，对解决社区草原保护的集体行动中的"搭便车"问题具有重要作用。在牧区草原生态环境治理过程中，应当充分考虑中国乡土社会的典型特征，加快构建牧区基层组织网络，提高牧户社会网络规模。同时，加强牧区公共文化建设，通过组织各类文化宣传或相关知识培训等活动，为牧户之间的交流、沟通及学习提供机会，提升牧户间的信任程度，为草原保护集体行动的产生提供合作基础，从而有效发挥社会资本对草原生态补奖政策影响牧户超载过牧行为的调节作用。

（4）地方政府在制定草场治理措施时要充分考虑当地牧户的切实需求。禁牧区和草畜平衡区的牧户希望草原生态环境得到任何可能的改善，因此，在一定条件下牧户必将成为草原生态环境的保护者而非破坏者。那么，牧户作为草原环境的保护的直接主体，不应该从草原保护中被分离出去，而应该重视他们的意愿，引导其走向采取更合理的草原保护方式，并改善其生活水平。禁牧区的牧户渴望改善当前社会生态状况的意愿要更强烈，地方政府应给予更多的关注。

（5）在制定和完善草场治理政策过程中，需要考虑不同公众群体偏好之间的差异，进而针对不同群体，制定差异化的草场治理政策。禁牧区和草畜平衡区存在显著的异质性，这种异质性的存在应成为政策设计者的重要关注点。禁牧区牧户最希望草原景观外得到改善，而草畜平衡区牧户更希望地下水位优先增加。两区牧户对生态环境改善的需求并不相同，应在禁牧区优先加强草原景观建设，而在草畜平衡区着重恢复地下水等生态指标，既可以提高两区牧户的福利水平，又有利于禁牧区和草畜平衡区各自的发展。

（6）引导牧户草场流转行为。为了实现草原生态保护的目标，在禁牧制度和草畜平衡制度的基础上，考虑将草场流转纳入到草原生态保护的制度中去，给予一定的重视。牧户草场流转行为能实现牧区草畜平衡的草原生态保护目标，具有正外部性，为了保证草场流转的正外部性能够保持，应当给予牧户草场流转行为一定的财政补贴。

（7）在积极推进草场流转的过程中，应正视牧户对转入草场的掠夺性经营行为，加强对转入草场的超载过牧监管。一方面，根据流转规模、流转范围，规定牧户的草场流转必须到村委会或乡镇政府、草原监管部门备案登记。草场流转合同要详细记录流转草场的规模和方位等基本信息，明确流转双方牧民、村级组织以及乡镇政府或草原监管部门的责任、义务和权利，特别是要明确草场合理利用的具体要求，对超载放牧行为规定责任条款；另一方面，按照草畜平衡的相关要求，严格核定流转草场的合理载畜量，对超载过牧造成草场退化的转入方实施相应的处罚。

（8）大力推进草场流转备案登记工作。在积极推进草场流转的过程中，应该正视草场流转双方的流转矛盾和纠纷问题，对草场流转做好登记备案工作，为日后调解纠纷和矛盾提供依据。首先，以村为单位，要求草场流转双方到村委会登记备案，对转入草场的流转双方、流转草场面积和方位、流转时间、租金等信息进行详细记录和登记在册，应对可能出现的草场流转纠纷；其次，完善备案流程，简化备案手续提高备案效率，切不可让繁琐的备案程序增加牧户草场流转的交易成本。

（9）减少对草场流转范围的规制，允许牧户在草场流转市场自由选择流转交易对象。对草场流转对象不能做过度干预，促进流转范围选择的市场化和自由化，从而提高草场流转效率。同时，应加强对跨村的流转草场的监督和管理，防止出现草场过度利用问题。

第四章

气候变化背景下牧户生产行为研究[*]

近二十年来，以气温升高、极端天气事件频发为主要特征的气候变化导致生态环境恶化、草地生产力持续下降（Bai et al.，2019；Liu & Wang，2012；《中国第三次气候变化国家报告》，2015）。1982～2010年间，22.7%的中国草地面积退化，其中气候变化和人类活动是导致其发生的两大因素（Zhou et al.，2017）。中国牧区生态系统脆弱，气候变化对牧区畜牧业生产的负面影响严重威胁牧区经济发展（《中国第三次气候变化国家报告》，2015）。因此，研究气候变化背景下中国牧户生产行为至关重要。

本章主要包括以下三节内容：第一节，利用李嘉图模型和 Hsiao 两步法，评估中国草原地区长期气候变化（以年度为代表的温度和降水量）对牲畜净收益、单位牲畜净收益和放牧强度的影响；第二节，利用 Double Hurdle（DH）模型，分析了牧户的不同气候感知对其补饲、减畜和从事非农牧工作三种适应行为的采用决策和适应强度的影响；第三节，基于前两节的研究分析，提炼总结气候变化影响牧户生产行为的研究结论，并据此提出气候变化条件下促进牧户生产行为优化的对策建议。

＊ 本章相关内容发表在期刊 *Science of The Total Environment*，2021 年第 5 卷，"*The impact of climate change on livestock production in pastoral areas of China*"；*Climatic Change* 2021 年第 1 期，"*Livestock farmers' perception and adaptation to climate change: panel evidence from pastoral areas in China*"。

第一节　气候变化对牧户畜牧生产的影响

一、问题提出

已有大量的实证研究应用标准的李嘉图模型（Mendelsohn et al.，1994）研究不同国家和地区的气候变化对作物生产的影响，包括中国（Wang et al.，2014）、德国（Lippert et al.，2009）、西欧（Passel et al.，2012）、孟加拉国（Hossain et al.，2019）、南非（Gbetibouo & Hassan，2005）、意大利（Bozzola et al.，2018）、加纳（Etwire et al.，2019）、巴西（DePaula，2020）等。在中国牧区背景下，一些研究考察了气候变化对草地退化（Gao et al.，2010；Liu et al.，2019a）和县级水平畜牧生产（Liu et al.，2019b）的影响，另一些研究关注极端天气事件对牲畜生产的影响，如暴风雪、极端干旱和蝗灾（Bai et al.，2019；Crook et al.，2020）。然而，已有针对中国的研究缺乏明确地应用标准李嘉图模型来分析气候变化对中国草地畜牧业系统影响。在全球范围内，目前只有两项研究使用标准李嘉图模型评估气候变化对牧户牲畜收入的影响，但缺乏针对中国的相关研究（Seo & Mendelsohn，2007，2008）。

本节基于甘肃、内蒙古和青海959户牧民的调查数据，利用李嘉图模型和Hsiao两步法定量评估气候变化对牲畜净收益的影响。具体来说，分析了长期气温、降水量和短期极端天气事件（如干旱和暴风雪）对牧户牲畜净收益的影响。更进一步地，阐明了气候变化对牧户畜牧净收益的影响路径。为此，采用Hsiao两步法估算了气候变化对放牧强度

（单位草地放牧数量）和单位牲畜净收益的影响。最后，分析了气候变化对不同规模牧户畜牧生产的异质性影响。

二、分析框架与模型设定

（一）分析框架

气候变化包括气温和降水量的变化，以及极端天气事件的频率和严重性，如干旱、洪水和暴风雪（McCarthy et al.，2001）。气候变化对牧户畜牧生产的影响主要包括对牲畜、草地和饲料的影响。图 4-1 说明了气候变化对畜牧业生产影响的机制。

图 4-1 气候变化对牧户畜牧生产的影响

长期气候变化主要包括区域气温和降水量的变化。青藏高原地区对气候变化高度敏感，年平均气温在 -10 ~ 10℃ 之间（Yang et al.，2020；Wang et al.，2016）。20 世纪 50 年代以来，青藏高原显著变暖，年平均气温每 10 年上升 0.3℃（Piao et al.，2006；Wang et al.，2016）；然而，近几十年来青藏高原年降水量呈下降趋势（Chen et al.，2014；Fan et al.，2010）。

已有研究表明，气候变化直接和间接地影响畜牧业生产（Kabubo - Mariara，2008；Lopez - i - Gelats，2014；Rivera - Ferre et al.，2016；Wreford & Topp，2020）。直接影响是指对牲畜疾病和牲畜副

产品（如产奶）的影响（Nardone et al.，2010；Rojas – Downing et al.，2017；Yin et al.，2011；Wreford & Topp，2020）。气温升高可能加速野生病原体或寄生虫的生长，导致牲畜发病率上升（Karl et al.，2009；Rojas – Downing et al.，2017）。此外，全球变暖和热压极大地降低了牲畜的繁殖能力（Nardone et al.，2010；Rojas – Downing et al.，2017），并影响了小型家畜的存活率（Howden et al.，2008）。

间接影响是指对牧草数量和质量的影响（Kabubo – Mariara，2008；Liu et al.，2019a；Rivera – Ferre et al.，2016；Seo & Mendelsohn，2007；Wreford & Topp，2020）。气候变化主要通过降水量和气温的变化影响天然草地的生长和生产力（He et al.，2015；Liu et al.，2019；Mu et al.，2013；Zhang et al.，2020；Zhou et al.，2017）。由于牧区水资源严重短缺，降水量对草原放牧能力具有直接正向影响。相比之下，温度对草地生产力的影响不明确。已有研究表明，气候变化对不同类型草原的影响具有异质性（Liu et al.，2019；Wang et al.，2019；Zhou et al.，2017）。中国主要有高寒草原和温带草原两种草地类型，主要分布在青藏高原（青海、西藏、甘肃西南部）和中国东北（内蒙古）（Pial. et al.，2006；Wang et al.，2019；Zhou et al.，2017）。青藏高原变暖导致干旱加剧，对高寒草地净初级生产力（NPP）造成负面影响（Chen et al.，2014；Liu et al.，2019），已成为青藏高原草地退化的主要因素之一（Wang et al.，2016）。相反，青藏高原温度上升延长生长季节，提高光合速率及植被同化（Liu et al.，2019；Mowll et al.，2015；Sejian et al.，2015；Zhao & Running，2010），有利于提高高寒草原生产力（Fan et al.，2010；IPCC，2007；Rojas – Downing et al.，2017）。其次，如果年温度超过一定阈值，温度升高将导致温带草地 NPP 下降（Liu et al.，

2019；Mowll et al.，2015；Zhao & Running，2010），其原因是气温升高加速水分蒸发，造成水资源短缺，限制温带草原植被的生长（Jobbagy et al.，2002；Piao et al.，2006）。因此，温度升高如何影响草地生产力是一个因地制宜的问题。

通过上述关于气候变化对草地和畜牧业生产影响的分析，本研究预计牧户将采取四种主要的适应措施。第一，牧户可能会减少牲畜养殖数量（Liu & Wang，2012），增加非农牧业活动。为应对日益恶化的生产环境，牧户可能将家庭中有非农牧就业技能的劳动力从农畜牧业转移到非农牧业部门，以维持家庭生计（Wang et al.，2016）。第二，牧户可能会转入草地。为维持现有放牧数量，牧户只能通过扩大草地规模，实现牲畜数量与草地的平衡（Tan et al.，2017）。第三，牧户将开展轮牧和季节性休牧等综合生产实践（Du et al.，2017；Zhang et al.，2010）。牧户草地分为放牧区和非放牧区，前者用于放牧，后者用于获取草料。季节性休牧是指为保证草地质量，允许一些地块至少在一季内不放牧（Du et al.，2017；Fu et al.，2012）。轮牧和季节性休牧均可提高草地生产力（Du et al.，2017；Jordan et al.，2016）。第四，牧户可能购买和储存饲料作物和草料。若草原在生长季节（主要是春季和夏季）遭受干旱或极端高温，天然草地供应不足，此时，购买和储存牧草是大多数牧户的主要适应性行为（Wang et al.，2013，2016；Zhao et al.，2019；Zhou & Du，2014）。上述四种主要适应性行为预计将影响牲畜净收益、放牧强度和单位牲畜的净收益。

（二）模型设定

本节采用李嘉图模型进行分析，该模型假设牧户在外部条件约束下，追求家庭收入最大化（Mendelsohn et al.，1994；Wang et al.，2014）。具体来说，完全理性的牧户利用以下目标函数，最大化其牲畜生产净收益：

$$\max\pi = \Sigma_j p_j Q_j(G, F, L, K, C) - p_L L - p_K K - p_F F \qquad (4-1)$$

其中，π 是畜牧业净收益，p_j 是牲畜 j 的价格，Q_j 是牲畜 j 的生产函数，G 是草原面积，F 是畜牧业生产所需的饲料，L 是劳动力，K 是资本（如打草和运输设备），C 是气候条件（如气温和降水量）和相应的变化。p_L、p_K 和 p_F 分别为劳动力、资本及饲料的价格。

李嘉图模型假设，如果一个追求利润最大化的牧户决定饲养牲畜 j 并内生地选择投入量，那么牲畜生产的净收益（π^*）仅是外生变量的函数，则有：

$$\pi^* = f(p, C, p_L, p_K, p_F) \qquad (4-2)$$

本节采用 Hsiao 两步法评估气温和降水量对畜牧业生产的影响，该方法允许使用面板数据估计不随时间变化的变量（时不变变量）和随时间变化的变量（时变变量）对牲畜生成净收益的影响（Trinh，2018；Trinh & Frank，2019）。第一步，采用固定效应模型对时变变量影响牲畜净收益进行回归：

$$\pi_{it} = \alpha_0 + \lambda ND_{it} + \beta X_{it} + \varepsilon_{it} \qquad (4-3)$$

其中，π_{it} 为 t 年（2015 年、2017 年）牧户 t 的牲畜净收益；ND_{it} 为 t 年极端天气事件（干旱、暴风雪等）对牧户 i 畜牧业生产的影响；β 和 λ 是待估计参数；ε_{it} 是随机误差项；其中，X_{it} 代表一组时变变量，包括牧户家庭规模、合作社成员、禁牧政策、政府监督、非农收入占总收入的比例、牲畜规模和村级人均纯收入。

具体来说，首先，与小规模牧户相比，大规模牧户拥有更多的畜牧业劳动力，放牧强度和牲畜净收益预期更大。合作社通过提供技术和信息推广，提高牧户的牲畜生产效率，有望增加牧户的牲畜净收益。禁牧政策预计会降低放牧强度和牲畜收入，因为禁牧政策要求农户降低载畜率以保护草地植被（Hu et al.，2019）。政府监督确保放牧率不超过草原的牲畜承载能力（Qiu et al.，2020），因此也将降低放牧强度和牲畜收入。其次，与纯牧户相比，非农牧业收入占总收入比例高的家庭，其生计对牲畜放牧的依赖较小，因此放牧强度较小，对牲畜管理投入较少，因而牲畜净收益较低。较高的牲畜规模预计将鼓励牧民更多地投资生产要素（如劳动力、牧草），从而增加牲畜收入和放牧强度。最后，村级人均纯收入反映了一个村庄的经济发展和总体畜牧业市场化水平，预计村级人均纯收入高的村庄，畜牧业收入越高。

其次，根据第一阶段计算得到平均残差，对气候因素和其他时不变变量进行回归：

$$\overline{\pi_{it}} - \hat{\beta}\overline{X_{it}} = \alpha_0 + \alpha_1 T_i + \alpha_2 T_i^2 + \beta_1 P_i + \beta_2 P_i^2 + Z_i \gamma + \overline{u}_i \quad (4-4)$$

其中，$\overline{\pi_{it}}$、$\overline{X_{it}}$ 为牧户 i 在时间段 t 内畜牧业净收益和时变变量的均值；$\hat{\beta}$ 是式（4-10）中估计系数的向量；T_i 和 P_i 分别为牧户 i 所在县 c，1980～2017 年的年平均气温和降水量（Liu et al.，2019；Zhang et al.，2020）；T_i^2 和 P_i^2 分别为对应气温和降水量的平方项，用以捕捉牲畜净收益与气候变化之间的非线性关系；α_i、β_j、λ 和 γ_k 是待估计参数；ε_{it} 代表随机误差项；Z_i 代表一组时不变变量，包括户主的性别、受教育程度、草原的地形和土壤特征、到城镇的距离、到市场的距离、区域虚拟变量。

根据式（4-4），县 c 在某一特定年份气温 T_i 或降水量 P_i 下，气温或降水量的边际变化引起的牲畜净收益变化可按下式计算：

$$\frac{\partial \pi_i}{\partial T_i} = \alpha_1 + 2 \times \alpha_2 \times T_i; \quad \frac{\partial \pi_i}{\partial P_i} = \beta_1 + 2 \times \beta_2 \times P_i \quad (4-5)$$

在公式（4-3）和式（4-4）中，只能评估气候变化对家庭净收益的总体影响；气候变化影响牲畜净收益的机制无法确定。本研究推测，气候变化通过影响放牧强度或单位牲畜净收益来影响牲畜净收益。采用相同的方法，将公式（4-3）～式（4-5）中的牲畜净收益替换为放牧强度和单位牲畜净收益，以估计气候变化对牲畜净收益的影响路径。

三、数据来源和描述性统计分析

（一）数据来源

本节数据采用数据库中甘肃省、内蒙古自治区和青海省三个省份（自治区）的牧户 2017 调查数据和部分牧户 2018 年回忆的 2017 年的数据。该部分数据的样本量为 959 户。

1980～2017 年的年降水量和年气温数据由中国科学院资源与环境数据服务中心提供（http：//www. resdc. cn/Default. aspx）。使用 ArcGIS（版本 10.0；ESRI，Redlands，CA，USA）软件提取了县级气温和降水量。土壤和地形的数据来自 GAEZ 数据门户（GAEZ，2012）。

（二）描述性统计分析

遵循李等（Li et al.，2018）的研究，畜牧净收益为总收入减去经营支出，包括饲草、雇工和家庭劳动、畜牧看病和防疫服务、水电和机械维修支出等。详细的收入支出信息见表 4 - 1。所有的收入与支出都根据消费者价格指数消除通货膨胀的影响。放牧强度定义为牲畜数量与草地面积的比值（Xia et al.，2020；Qiu et al.，2020）。单位牲畜净收益定义为牲畜净收益除以牲畜的羊单位数量（Seo & Mendelsohn，2007）。表 4 - 2 给出了变量定义和描述性统计。牲畜生产的平均净收益约为 44 000 元，平均草地面积为 6 514亩（约 434.27 公顷），每亩草地牲畜数量为 0.88 羊单位。平均单位牲畜净收益为 187 元/羊单位，高于李等（2018）的结果，其可能的原因是通货膨胀、承包草原的隐性租金以及采用不同的羊单位转换方案造成的。

表 4 - 1 　　　　　畜牧业生产收入和经营支出的描述性统计 　　　单位：元

变量	均值	标准差
总收入	76 536	146 960
饲草支出	10 900	33 510
雇工劳动力支出	2 910	17 800
家庭劳动力机会成本[a]	15 266	16 165
畜牧看病和防疫服务支出	2 490	9 960
其他支出[b]	970	2 520
牲畜净收益	44 000	137 563

注：a 家庭劳动力价格取自《全国农产品成本收入数据汇编》；b 其他支出包括电费和水费、机器修理等。

表 4 - 2 　　　　　　　变量定义和描述性统计

变量	定义	均值[a]	标准差[a]
净收益	牲畜生产净收益（元）	44 000	137 563
草地规模	草地规模（亩）	6 514	18 660
放牧强度	每亩草地放牧数量[b]（羊单位/亩）	0.88	6.72
单位牲畜净收益	单位牲畜净收益（元/羊单位）	187	2 504
气温	1980 至现年的年平均气温（℃）	1.25	2.92
降水量	1980 至现年的年平均降水量（毫米）	448.01	144.04
自然灾害	如果牧户在 2015 年和 2017 年遭受旱灾、暴风雪和其他自然灾害则取值为 1，否则为 0	0.33	0.47
年龄	户主年龄（岁）	47.39	11.15
性别	户主为男性则为 1，否则为 0	0.92	0.28
受教育程度	户主受教育年限（年）	4.74	4.08
家庭规模	家庭居家人口	4.89	1.42
合作社成员	牧户是合作社成员则为 1，否则为 0	0.11	0.31
禁牧政策	牧户受禁牧政策则为 1，否则为 0	0.47	0.5
政府监管	牧户的牲畜载畜量受到政府监控则为 1，否则为 0	0.54	0.5

变量	定义	均值[a]	标准差[a]
牲畜规模	年初牲畜数量（羊单位）	355	1 113
非农收入占比	非农牧收入占家庭总收入比例	0.14	0.25
村级经济发展情况	村级人均纯收入（元）	8 768	11 011
沙土	草地为沙土则为1，否则为0	0.22	0.42
壤土	草地为壤土则为1，否则为0	0.69	0.46
黏土	草地为黏土则为1，否则为0	0.09	0.28
地形	草地坡度情况（1 = 0 ~ 0.5%；2 = 0.6% ~ 2%；3 = 2.1% ~ 5%；4 = 5.1% ~ 8%；5 = 8.1% ~ 16%；6 = 16.1% ~ 30%；7 = 30.1% ~ 45%；8 > 45%）	5.16	1.46
离城镇距离	牧户家距离城镇路程（千米）	17.69	21.46
离市场距离	牧户家距离市场路程（千米）	25.37	32.78
甘肃	牧户在甘肃则为1，否则为0	0.41	0.49
青海	牧户在青海则为1，否则为0	0.37	0.48
内蒙古	牧户在内蒙古则为1，否则为0	0.22	0.42

注：a 均值和标准差是2015和2017两年平均值；

b 牲畜数量用以下标准转化成羊单位：1绵羊 = 1羊单位，1小绵羊 = 0.5羊单位，1山羊 = 0.9羊单位，1小山羊 = 0.4羊单位，1牛 = 5羊单位（Fernández – Giménez et al.，2012；Xu，2000）。

过去40年的年平均气温为1.25℃，年平均降水量为448.01毫米。近年（2015年和2017年）的气温比过去40年平均气温高出1.80℃；年降水量比过去40年平均降水量减少103.96毫米。这表明，该地区气温和降水量均发生了明显变化。此外，33%的牧户表示他们遭受了干旱、雪灾等自然灾害。

表4-2显示，92%的户主是男性，平均年龄为47岁，平均受教育年限仅为4.7年。平均家庭规模为4.89人，样本中只有11%的家庭是合作社成员。大约47%的家庭受到禁牧政策影响，大约54%的家庭受

到政府对其放牧行为的监管。平均牲畜规模约为 355 个羊单位，非农牧业收入约占家庭总收入的 14%。村级人均纯收入为 8 768 元。

表 4 - 3 展示了三个结果变量（牲畜净收益、放牧强度和单位牲畜净收益）与气候条件的关系。牲畜净收益随气温升高呈下降趋势；最高的放牧强度和最低的单位牲畜净收益与较高的温度有关。反之，较高的牲畜净收益和单位畜净收益与较低的降水量有关，而较高的放牧强度与较高的降水量正相关。此外，最低家畜净收益和最低单位牲畜净收益与更多的自然灾害有关。上述分析表明，平均气候与畜牧生产之间存在潜在关系，但这些是没有控制其他因素影响的初步结果。

表 4 - 3　　　　　　　　　气候与结果变量的描述统计

	年均值（1980～2017 年）		遭受自然灾害的农户比例（%）
	气温（℃）	降水量（毫米）	
畜牧净收益（元）			
< - 480	1.50	475.08	37.77
- 480 ~ 28 724	1.12	472.15	25.63
> 28 724	1.14	396.89	33.59
放牧强度（羊单位/亩）			
< 0.047	0.80	419.13	31.46
0.047 ~ 0.225	0.36	439.03	35.42
> 0.225	2.25	475.97	30.66
单位牲畜净收益（元/羊单位）			
< 150	1.57	462.33	39.60
150 ~ 688	0.79	427.13	24.34
> 688	1.00	409.46	36.95

注：牲畜净收益和单位牲畜净收益根据消费价格指数进行平滑。根据农户的牲畜净收益、放牧强度和单位牲畜净收益，将牧户分为三组。

四、结果分析与讨论

（一）气候变化对牲畜净收益的影响

分析将牲畜净收益、放牧强度和单位牲畜净收益的对数作为因变量。其中，牲畜净收益和单位牲畜的净收益可以取负值。为了避免遗漏观测样本，本书使用了约翰和德雷珀（John & Draper，1980）提出的对数变换方法。

表4-4报告了时变变量对牲畜净收益影响的第一步估计结果；表4-5报告了第二步估计结果，即时不变变量对牲畜净收益的影响。表4-4和表4-5的第一列为全样本的估计结果。为检验气候变化对牲畜净收益的影响是否因草地规模而异，本节将整个样本按草地面积大小分为两个子样本。子样本估计结果见表4-4和表4-5第二、三列。所有模型的方差膨胀因子均小于5，即不存在多重共线性问题（Pfarrer et al.，2010）。

表4-4　　时变变量对牲畜净收益影响的回归结果（Hsiao法第一步）

畜牧净收益（log）	（1） 所有牧户	（2） 小规模	（3） 大规模
自然灾害	-0.185 (0.213)	-0.147 (0.233)	-0.485 (0.527)
家庭规模	-0.320 (0.407)	-0.493 (0.466)	1.117 (0.678)
合作社成员	0.675 (0.722)	1.021 (0.848)	-0.557 (1.383)
禁牧政策	0.176 (0.207)	0.026 (0.236)	0.355 (0.535)

续表

畜牧净收益（log）	（1） 所有牧户	（2） 小规模	（3） 大规模
非农牧收入占比	− 3.183 *** （0.657）	− 2.846 *** （0.658）	− 7.885 *** （1.403）
政府监管	− 0.218 （0.192）	− 0.164 （0.219）	0.013 （0.527）
牲畜规模（log）	0.033 （0.175）	− 0.041 （0.233）	0.117 （0.206）
村级经济发展状况	1.389 *** （0.388）	1.581 *** （0.472）	0.450 （0.693）
年份固定效应	0.540 *** （0.117）	0.451 *** （0.132）	0.954 *** （0.256）
常数项	− 9.125 ** （4.121）	− 9.714 * （5.082）	− 6.663 （6.287）
R^2	0.1025	0.0841	0.0008
观测值	1 585	1 269	316

注：括号内数值表示稳健标准误差。 * 、 ** 、 *** 分别表示10% 、5% 、1% 的显著性水平。

表 4 – 5　　气候变化对牲畜净收益影响的回归结果（Hsiao 法第二步）

畜牧业净收益（log）	（1） 所有牧户	（2） 小规模	（3） 大规模
气温	− 0.166 *** （0.041）	− 0.097 * （0.050）	− 0.640 *** （0.218）
气温平方	− 0.014 （0.010）	− 0.016 （0.011）	− 0.102 ** （0.046）
降水量	0.001 （0.001）	0.004 *** （0.001）	− 0.005 * （0.003）
降水量平方	− 2E − 05 *** （5E − 06）	− 3E − 05 *** （6E − 06）	− 2E − 05 （ − 2E − 05）

续表

畜牧业净收益（log）	（1）所有牧户	（2）小规模	（3）大规模
年龄	−0.001 (0.007)	−0.002 (0.008)	−0.002 (0.017)
性别	−0.302 (0.288)	0.480 (0.323)	−2.135*** (0.571)
受教育程度	0.074*** (0.024)	0.077*** (0.028)	0.053 (0.059)
地形	−0.185*** (0.065)	−0.131* (0.078)	4E−04 (0.153)
壤土	−0.229 (0.206)	−0.368 (0.238)	−0.076 (0.558)
黏土	0.233 (0.301)	0.143 (0.338)	0.248 (0.826)
距离乡镇距离	0.007 (0.005)	−0.001 (0.006)	0.004 (0.008)
距离市场距离	−0.001 (0.003)	0.001 (0.004)	−2E−05 (0.008)
内蒙古	0.147 (0.239)	−0.388 (0.309)	−0.701 (0.593)
青海	0.523* (0.284)	0.606* (0.330)	−2.314** (1.010)
常数项	1.231** (0.602)	0.768 (0.698)	2.695* (1.564)
R^2	0.0639	0.0643	0.1890
观测值	1 585	1 269	316

注：括号内数值表示稳健标准误差。*、**、***分别表示10%、5%、1%的显著性水平。

在全样本分析中，年平均气温的回归系数显著为负，其平方项的回归系数不显著，表明年平均气温的长期变化与牲畜净收益之间是线性关系而不是非线性关系。由表 4 - 6 可知，在其他条件不变的情况下，年平均气温每升高 1℃，养殖牲畜净收益将减少 7 213 元。本书的发现与赛欧和门德尔松（Seo & Mendelsohn，2007；2008）在非洲的研究一致，他们也发现随着气温升高，养殖牲畜的收入会下降。这是因为气温的升高降低了草地生产力和牲畜繁殖能力，并增加了牲畜发病率。弹性系数估计表明，年平均气温每增加 10%，牲畜的净收益就会减少 2.1%。

表 4 - 6 气候变化对畜牧净收益、放牧强度和
单位牲畜净收益的边际效应

结果变量	所有牧户		小规模		大规模	
	边际效应	弹性	边际效应	弹性	边际效应	弹性
气温						
净收益（元）	− 7 213 ***	− 0.21	− 4 259 *	− 0.12	− 25 633 ***	− 0.73
放牧强度（羊单位/亩）	0.330 ***	0.47	0.305 ***	0.43	0.031	0.04
单位牲畜净收益（元/羊单位）	6 ***	− 0.04	− 4	− 0.03	− 21 **	− 0.14
降水量						
净收益（元）	39	0.39	91 **	0.92	8	0.09
放牧强度（羊单位/亩）	0.005 ***	2.47	0.001 ***	0.36	0.002	0.95
单位牲畜净收益（元/羊单位）	0.1 ***	0.23	0.2 ***	0.37	0.01	0.02

注：*、**、*** 分别表示 10%、5%、1% 的显著性水平。

其次，在全样本分析中，年平均降水量对牲畜净收益有不显著的正向影响。这一发现与在非洲的两项研究（Seo & Mendelsohn，2007，2008）不同，他们发现降水量增加会减少牲畜净收益，因为非洲降水量的增加导致草地转化为森林、改变他们使用土地的方式，如从牲畜转向种植。

年平均气温对净收益的影响因农场规模而异。例如，若年气温升高

1℃，大规模牧户的牲畜净收益将减少 25 633 元；相比之下，小规模牧户因气温上升遭受的损失要小得多（4 259 元）。弹性分析表明，年气温每升高 10%，大规模牧户和小规模牧户的牲畜净收益分别减少 7.3% 和 1.2%。上述研究结果表明，大规模牧户比小规模牧户对温度升高更为敏感，这与塞欧和门德尔松（2007）的研究结果一致。原因是大规模牧户比小规模牧户饲养了更多的牲畜，因此气温的升高会导致大规模牧户比小规模牧户损失更多的牲畜净收益。

同样，年平均降水量对大规模牧户和小规模牧户的牲畜净收益的影响也存在异质性。年平均降水量每增加 1 毫米，小规模牧户牲畜净收益增加 91 元，而大规模牧户牲畜净收益对年平均降水量无响应，说明小规模牧户比大规模牧户对年平均降水量更敏感。

关于全球变暖对牲畜净收益的影响有两种解释。第一，全球变暖导致水资源可用性下降，阻碍了牧草生产力，并增加了补充饲料的成本（Polley et al.，2013；Rivera – Ferre et al.，2016）。第二，气温升高增加牲畜的患病率和死亡率，并降低牲畜副产品（如牛奶）生产率和牲畜繁殖率（Howden et al.，2008；Kabubo – Mariara，2008；Nardone et al.，2010；Rivera – Ferre et al.，2016；Rojas – Downing et al.，2017；Seo & Mendelsohn，2007）。

从表 4 – 4 可以看出，干旱、雪灾等自然灾害的发生对牲畜净收益的影响不显著。一种可能的解释是，牧民家庭可能通过采取适应措施来缓解自然灾害的负面影响，包括购买牧草、改变牲畜存量、改变牲畜销售时间，等等。

控制变量结果显示，首先，非农收入占总收入的比例和地形特征对畜牧净收益有显著的负向影响，表明对非农收入依赖程度较高的农户和拥有高地形草地的农户的畜牧净收益显著低于拥有低地形草地的纯牧民。户主受教育程度和村级经济发展对畜牧净收益有显著的正向影响。

其次，青海省农户的牲畜饲养效率明显高于甘肃省，而内蒙古的牧户则不存在这样的情况。最后，年龄、性别、土壤类型、离城镇和市场的距离、家庭规模、合作社成员、禁牧政策、政府监督和牲畜规模对畜牧净收益的影响均不显著。

（二）气候变化对放牧强度和单位牲畜净收益的影响

表4-7和表4-8报告了气候变化对放牧强度的影响。分析结果表明，年平均气温一次项和二次项的系数均显著为正，表明年平均气温与放牧强度呈"U"型关系。同时，年平均降水量的一次项和二次项的系数分别显著为正和负。边际效应分析表明，年气温和降水量每增加一单位，放牧强度分别增加0.330和0.005个羊单位/亩。

表4-7　时变变量对放牧强度影响的回归结果（Hsiao法第一步）

放牧强度（log）	（1） 所有牧户	（2） 小规模	（3） 大规模
自然灾害	-0.001 (0.038)	-0.042 (0.043)	0.124 (0.078)
家庭规模	-0.041 (0.045)	-0.047 (0.050)	-0.159* (0.085)
合作社成员	0.285* (0.167)	0.368 (0.243)	0.189* (0.101)
禁牧政策	-0.175** (0.045)	-0.113** (0.052)	-0.196** (0.091)
非农收入占比	-0.091 (0.111)	-0.190** (0.087)	-0.159 (0.171)
政府监管	-0.008 (0.051)	0.013 (0.054)	-0.193* (0.115)
畜牧禀赋（log）	0.914*** (0.051)	0.990*** (0.049)	0.759*** (0.074)

放牧强度（log）	（1）所有牧户	（2）小规模	（3）大规模
村级经济发展状况	0.174 *** (0.067)	0.056 (0.070)	0.348 ** (0.159)
年份固定效应	−0.080 ** (0.024)	−0.031 (0.022)	−0.241 ** (0.057)
常数项	−8.130 ** (0.679)	−6.939 ** (0.699)	−10.286 *** (1.354)
R^2	0.0212	0.1047	0.2478
观测值	1 456	1 140	316

注：括号内数值表示稳健标准误差。 * 、 ** 、 *** 分别表示10%、5%、1%的显著性水平。

表4 - 8　气候变化对放牧强度影响的回归结果（Hsiao 法第二步）

放牧强度（log）	（1）所有牧户	（2）小规模	（3）大规模
气温	0.400 *** (0.022)	0.377 *** (0.021)	0.051 (0.073)
气温平方	0.029 *** (0.005)	0.032 *** (0.004)	0.028 * (0.015)
降水量	0.006 *** (3E−04)	0.002 *** (4E−04)	0.002 *** (0.001)
降水量平方	−3E−05 *** (2E−06)	−2E−05 *** (3E−06)	1E−06 (6E−06)
年龄	−0.005 * (0.003)	−0.007 ** (0.003)	−0.001 (0.005)
性别	−0.020 (0.121)	−0.129 (0.101)	0.308 * (0.171)
受教育程度	−0.014 (0.012)	−0.023 * (0.013)	0.027 * (0.014)

续表

放牧强度（log）	（1） 所有牧户	（2） 小规模	（3） 大规模
地形	0.126 *** (0.026)	0.048 ** (0.024)	0.041 (0.035)
壤土	0.110 (0.097)	0.148 (0.101)	0.033 (0.133)
黏土	0.104 (0.128)	0.075 (0.131)	0.127 (0.200)
距离乡镇距离	− 0.001 (0.002)	− 0.004 * (0.002)	0.003 (0.002)
距离市场距离	− 0.003 ** (0.001)	− 0.002 (0.001)	− 0.003 (0.002)
内蒙古	− 0.591 *** (0.107)	− 0.879 *** (0.116)	1.137 *** (0.168)
青海	− 0.139 (0.122)	− 0.087 (0.111)	− 0.187 (0.328)
常数项	0.578 ** (0.260)	0.802 *** (0.249)	− 1.094 ** (0.467)
R^2	0.5011	0.4534	0.4156
观测值	1 456	1 140	316

注：括号内数值表示稳健标准误差。* 、** 、*** 分别表示 10%、5%、1% 的显著性水平。

　　本书也观察到，长期气候变化对放牧强度的影响在不同规模牧户下呈现异质性：当年气温增加 1℃ 时，小规模牧户的放牧强度将增加 0.305 个羊单位/亩，而大规模牧户对温度变化无反应。年降水量每增加一个单位，小规模牧户放牧强度增加 0.001 个羊单位/亩；而对于大规模牧户而言，年降水量对放牧强度的边际效应不显著。进一步的弹性分析表明，年气温每增加 10%，小规模牧户放牧强度将增加 4.3%。同时，年降水量增加 10%，小规模牧户放牧强度将增加 3.6%。这些结果表明，小规模牧户的放牧强度对长期气候变化的敏感性高于大规模牧户。原因可能是，与拥有较小规模牲畜的家庭相比，拥有较大规模牲畜的家庭更有可能实行轮牧和季节性休息放牧，这使他们能够减少气温上升对放牧强度产生的负面影响。

表4-9和表4-10报告气候变化对单位牲畜净收益的影响。分析结果表明，年平均气温与牲畜净收益呈线性关系，年平均降水量与牲畜净收益呈倒"U"型关系。具体而言，若年平均气温增加10%，单位牲畜的净收益将减少0.4%，但如果年平均降水量增加10%，单位牲畜净收益将增加2.3%。因此，气温的升高会降低牲畜的质量和价格，从而降低牲畜的净收益。相比之下，降水量增加提高了草地生产力和牲畜质量，从而提高了牲畜价格，增加了单位牲畜的净收益。这一发现与罗哈斯-唐宁等（Rojas-Downing et al.，2017）的研究结果一致，他们也发现降水量是影响牧区牲畜价值的关键因素。

表4-9　时变变量对单位牲畜净收益影响的回归结果（Hsiao法第一步）

单位牲畜净收益（log）	（1）所有牧户	（2）小规模	（3）大规模
自然灾害	0.015 (0.059)	0.015 (0.071)	0.014 (0.074)
家庭规模	-0.076 (0.106)	-0.122 (0.122)	0.286*** (0.101)
合作社成员	-0.067 (0.156)	0.014 (0.196)	-0.258 (0.263)
禁牧政策	0.008 (0.046)	-0.058 (0.052)	0.087 (0.078)
非农收入占比	-0.973*** (0.323)	-1.053*** (0.343)	-0.114 (0.385)
政府监管	-0.059 (0.044)	-0.053 (0.054)	0.039 (0.088)

续表

单位牲畜净收益（log）	（1） 所有牧户	（2） 小规模	（3） 大规模
畜牧禀赋（log）	0.014 (0.052)	0.033 (0.092)	-0.021 (0.041)
村级经济发展状况	0.226 *** (0.083)	0.252 ** (0.102)	0.218 * (0.121)
年份固定效应	0.089 *** (0.031)	0.067 * (0.037)	0.174 *** (0.042)
常数项	-1.400 (0.952)	-1.479 (1.225)	-2.756 ** (1.208)
R^2	0.0418	0.0411	0.0127
观测值	1 327	1 031	296

注：括号内数值表示稳健标准误差。*、**、***分别表示 10%、5%、1% 的显著性水平。

表 4-10　气候变化对单位牲畜净收益影响的回归结果（Hsiao 法第二步）

单位牲畜净收益（log）	（1） 所有牧户	（2） 小规模	（3） 大规模
气温	-0.033 *** (0.012)	-0.020 (0.014)	-0.121 * (0.062)
气温平方	0.002 (0.003)	0.003 (0.003)	-0.016 (0.013)
降水量	4E-04 ** (2E-04)	0.001 *** (2E-04)	-2E-04 (0.001)
降水量平方	-3E-06 *** (1E-06)	-6E-06 *** (1E-06)	-9E-07 (5E-06)
年龄	-0.003 (0.002)	-0.002 (0.002)	-0.001 (0.004)
性别	-0.054 (0.061)	0.103 (0.073)	-0.430 *** (0.135)

续表

单位牲畜净收益（log）	（1） 所有牧户	（2） 小规模	（3） 大规模
受教育程度	0.010 (0.006)	0.013 * (0.008)	5E − 05 (0.012)
地形	− 0.021 (0.015)	− 0.010 (0.019)	0.014 (0.032)
壤土	− 0.068 (0.052)	− 0.099 (0.065)	0.025 (0.109)
黏土	− 0.033 (0.072)	− 0.066 (0.088)	0.032 (0.187)
距离乡镇距离	0.001 (0.001)	− 0.000 (0.001)	0.002 (0.002)
距离市场距离	2E − 05 (0.001)	0.001 (0.001)	− 0.002 (0.001)
内蒙古	0.077 (0.049)	− 0.001 (0.073)	− 0.139 (0.131)
青海	0.146 ** (0.070)	0.141 * (0.084)	− 0.189 (0.235)
常数项	0.256 * (0.136)	0.105 (0.170)	0.510 (0.360)
R^2	0.0625	0.0660	0.1642
观测值	1 327	1 031	296

注：括号内数值表示稳健标准误差。*、**、*** 分别表示10%、5%、1%的显著性水平。

　　研究结果还表明，气候变化对单位牲畜净收益的影响在小规模牧户和大规模牧户间存在异质性。年平均气温对大规模牧户单位牲畜净收益有负向影响，而对小规模牧户单位牲畜净收益的影响不显著，年降水量的一次项和二次项的系数分别显著为正和显著为负，表明降水量与小规模牧户单位牲畜净收益呈倒"U"型关系。如果年降水量增加10%，小规模牧户单位牲畜净收益将增加3.7%。然而，大规模牧户单位牲畜净收益对长期的降水量变化没有反应。

（三）未来气候变化对牲畜生产的影响分析

本节模拟分析了未来气候变化对三个结果变量的影响。基于未来县级水平气温和降水量的变化，计算了五个全球气候模型（GCM）：GFDL‑ESM2M、HadGEM2‑ES、IPSL‑CM5A‑LR、MIROC‑ESM‑CHEM 和 NorESM1‑M（详见 Warszawski et al.，2014）。数据来自耦合模型（CMIP5）网站。在 RCP4.5 情境下（Van Vuuren et al.，2011a，2011b），每个模型的模拟将逐日的降水量和温度平均以生成 2041～2060 年（相对于历史上 1986～2005 年）气候变化月度均值（绝对温度变化和相对降水量百分比变化）。

预测的年平均气温和降水量及其对全样本的牲畜净收益、放牧强度和单位牲畜净收益的影响见表 4‑11。所有 5 个模型预测结果显示，2041～2060 年间的升温幅度为 0.85～6.73℃。此外，牧区降水量在这五种气候情景下的增幅为 4.98%～15.47%。随气温的变化，牲畜净收益损失（－6 130～－48 540 元）、单位牲畜净收益损失（－10～－40 元），而放牧强度（0.28～2.22 羊单位/亩）呈单调递增趋势。2041～2060 年降水量的增加对家庭层面的牲畜净收益（1.94%～6.03%）的影响大于对单位牲畜净收益（1.15%～3.56%）的影响，对放牧强度（12.30%～38.21%）具有正向影响。

表 4 - 11   特定的气候情景对净收益、放牧强度和单位牲畜净收益的影响

气候预测模型	气温变化（℃）	气温上升导致的估计结果变量的变化			降水量变化（毫米）	降水量上升导致的估计结果变量的变化		
		净收益（元）	放牧强度（羊单位/亩）	单位牲畜净收益（元/羊单位）		净收益（%）	放牧强度（%）	单位牲畜净收益（%）
GFDL - ESM2M	3.55	- 25 610	1.17	- 20	7.41	2.89	18.30	1.70
HadGEM2 - ES	0.85	- 6 130	0.28	- 10	4.98	1.94	12.30	1.15
IPSL - CM5A - LR	4.64	- 33 470	1.53	- 30	10.22	3.99	25.24	2.35
MIROC - ESM - CHEM	6.73	- 48 540	2.22	- 40	15.47	6.03	38.21	3.56
NorESM1 - M	4.09	- 29 500	1.35	- 20	8.21	3.20	20.28	1.89

表 4 - 12 给出了不同生产规模下未来气候变化对牲畜生产的异质性结果。结果表明，大规模牧户的净收益比小规模牧户更容易受到气温升高的影响。降水量的增加对大规模牧户和小规模牧户的放牧强度和单位牲畜净收益都有一定的促进作用，而且小规模牧户的单位牲畜净收益的促进作用要大于大规模牧户。

表 4 - 12   按气候模式和农场规模划分下气候变化对牲畜净收益、放牧强度和单位牲畜净收益的影响

气候预测模型	气温变化（℃）	气温上升导致的估计结果变量的变化			降水量变化（毫米）	降水量上升导致的估计结果变量的变化		
		净收益（元）	放牧强度（羊单位/亩）	单位牲畜净收益（元/羊单位）		净收益（%）	放牧强度（%）	单位牲畜净收益（%）
小规模								
GFDL - ESM2M	3.55	- 15 120	1.08	- 10	7.41	6.82	2.67	2.74

续表

气候预测模型	气温变化（℃）	气温上升导致的估计结果变量的变化			降水量变化（毫米）	降水量上升导致的估计结果变量的变化		
		净收益（元）	放牧强度（羊单位/亩）	单位牲畜净收益（元/羊单位）		净收益（%）	放牧强度（%）	单位牲畜净收益（%）
HadGEM2 – ES	0.85	– 3 620	0.26	– 3	4.98	4.58	1.79	1.84
IPSL – CM5A – LR	4.64	– 19 760	1.42	– 20	10.22	9.40	3.68	3.78
MIROC – ESM – CHEM	6.73	– 28 660	2.05	– 30	15.47	14.23	5.57	5.72
NorESM1 – M	4.09	– 17 420	1.25	– 20	8.21	7.55	2.96	3.04
大规模								
GFDL – ESM2M	3.55	– 91 000	– 0.11	– 70	7.41	0.67	7.04	0.15
HadGEM2 – ES	0.85	– 21 790	– 0.03	– 20	4.98	0.45	4.73	0.10
IPSL – CM5A – LR	4.64	– 118 940	– 0.14	– 100	10.22	0.92	9.71	0.20
MIROC – ESM – CHEM	6.73	– 172 510	– 0.21	– 140	15.47	1.39	14.70	0.31
NorESM1 – M	4.09	– 104 840	– 0.13	– 90	8.21	0.74	7.80	0.16

第二节　牧户气候变化感知对其适应性行为影响

一、问题提出

畜牧业是世界上最大的土地利用部门，也是极易受气候变化的影响的部门（Rae et al.，2006；Golub et al.，2013）。气候变化不仅会影响草地和饲料作物的生产力，还会改变牲畜的生产状况与死亡率（Thornton et al.，2009；Key & Sneeringer，2014）。中国草原面积居世界第二，占世界草原面积的12%，占国土面积的41.7%（Zheng et al.，2018），其中约55%的草原分布在干旱半干旱地带，如西藏、内蒙古、新疆、甘肃等省份和少数民族地区（国家统计局，2018）。该地区为传统牧区，草地为数百万牧户提供生计（Ho & Azadi，2010）。全球气候变化模型预测，气温升高和降水量分布不均匀可能加剧干旱，并产生更多社会经济不利影响（Stocker et al.，2014）。特别是在草地退化加剧、畜产品需求迅速增长和高度贫困的背景下，牧户对气候变化的适应备受关注（Hertel & Rosch，2010；Hua & Squires，2015）。因此，了解牧户对气候变化的感知和适应，对于制定更好的适应战略、减少牧户脆弱性和改善其生计至关重要。

目前，关于气候变化对发展中国家牧区牲畜适应影响的经济学研究十分有限。以往研究发现，牲畜在发达的农业系统中能更好地适应气候变化（Seo & Mendelsohn，2008；Seo et al.，2010）。例如，发达国家实施圈养，则无须考虑气候变化；而在发展中国家，特别是在具有传统放牧制度的牧区，牲畜生产直接依靠草地，因此受气候变化影响较大。在干旱和半干旱地区，气候对畜牧的影响尤为明显：一方面，干旱频率的增加减少了植被覆盖[①]；另一方面，温度的升高增加了对水的需求（Thorntonet et al.，2009；Ou & Mendelsohn，2017）。因此，探究牧户的气候变化感知及其适应性行为尤为重要。

认知是牧户采取适应措施的前提（Grothmann & Patt，2005；Lee et al.，2015）。已有研究表明，大多数牧户已经意识到当地气候变化（Mertz et al.，2009；Abidoye et al.，2017），并且其在影响牧户的适应性行为采纳方面发挥重要作用（Niles et al.，2013；Zampaligre et al.，2014；Woods et al.，2017；Zamasiya，2017）。尽管对气候变化的感知

---

① 相反，一些研究（Shi et al.，2007；Piao et al.，2010）的研究发现，降水量和冰川融水的增加使得新疆（中国西北）沙漠边缘的干旱程度减轻，湖泊水位上升，植被覆盖增加。

可能有助于促进采取适应行为，但从短期和长期来看，采纳适应行为所面临的可用资源或制约因素不尽相同。短期的极端天气事件，例如月度或季节性的干旱、冬季暴风雪，可能严重影响牧户生计，因为牧户只能采取临时的应对策略。而感知到长期气候变化①可能会对牧户的适应性行为产生不同的影响，因为随着时间的推移，牧户可以采取更灵活的适应策略。因此，本书认为牧户的不同气候变化感知对其适应性行为具有异质性影响。

本节探讨了牧户对气候变化的感知及其适应性行为，并区分短期和长期感知对适应性行为造成的不同影响。已有研究要么单独关注气候变化的感知（Konisky et al.，2016；Abidoye et al.，2017）和适应性策略（Seo & Mendelsohn 2008；Ou & Mendelsohn，2017；Liverpool－Tasie et al.，2019），要么在不确定两者之间关系的情况下对两者进行研究（Hageback et al.，2005；Mertz et al.，2009；Deressa et al.，2011；Silvestri et al.，2012）。根据已有文献，牧户对气候变化短期和长期感知与适应性行为之间的关系，尚未得到检验。本书提出了牧户对短期天气冲击和长期气候变化的感知可能导致不同的适应行为的理论观点，并通过构建适应措施的采纳决定和采纳强度的双栏模型（double hurdle model，DH）来检验其合理性。本节采用内蒙古、新疆和西藏三年非平衡面板数据（2016～2018 年），具体包括 104 个村庄的 1 514 个观测值。

二、概念框架与模型设定

（一）概念框架

气候变化适应性行为一般指"为减少自然和人类系统对实际或预期

---

① 本书在整篇论文中区分（短期）天气和（长期）气候。温度和降水量的年变化称为天气，而温度和降水量的长期分布称为气候（Dell et al.，2012）。天气冲击被定义为气候变量偏离正常值，气候变化导致天气冲击可能性增加。

气候变化造成的脆弱性影响而采取的举措和措施"（IPCC 2007）[①]。在牲畜业中，常见的适应性行为分为两类：生产性措施和非生产性措施。前者包括多样化种养殖、减畜、轮牧和补饲（Shi et al.，2012；Bryan et al.，2013）。后者包括多样化收入来源，如购买保险、从事非农牧工作等，以补偿农牧业经济损失（Eakin，2005；Thomas et al.，2007；Wang et al.，2011；Nganga et al.，2016）。牧户适应性行为可以从较为短期向更长期、更深层次转变。采取短期适应性行为只需要较少的投资，例如减少牲畜养殖数量和购买饲料。而采取长期适应性行为通常需要更高的成本和技术要求（Moser & Ekstrom，2010）。例如，若要采取非农牧就业策略，则需要技能培训和社会网络，这些在金钱和社会资本方面均要求更高，（Zhang & Li，2003；Headey et al.，2014；Jonny et al.，2017）；此外，从农村向城市迁移还会产生高额的交通成本（Wang et al.，2011；Wu et al.，2017）。

气候变化可能对不同人群产生异质性影响。因此，气候变化感知可能比客观的气象数据更能影响人们的适应性行为（Adger et al.，2009；Mertz et al.，2009）。行为决策理论（Tversky & Kahneman，1974；Kahneman & Tversky，1979）指出，决策者是有限理性的，会根据自身脆弱性、禀赋等客观条件及自我认知，对当下面临的威胁和机会做出不同的行为反应。现实中牧户[②]对气候变化的认知程度影响其应对气候变化的决策（Schneider et al.，2000）。本书进一步区分了牧户对气候变化的短期和长期感知，其中，短期感知是指对过去一年极端天气事件的感知，而长期感知是对过去 20 年温度和降水量变化的感知。

---

① 除了由自然和人类系统的变化触发的自主或自发的适应外，作为深思熟虑的政策决定的结果的适应被定义为有计划的适应（Malik et al.，2010）。本书假设养殖农户的自主适应，因为只要适应的收益和成本增加到决策者身上，私人适应就会发生（Mendelsohn，2000，2012）。

② 按照惯例，"现实中农民"的行为介于"哑巴农民"（假定没有进行任何调整）和"天才农民"（在完全有远见的情况下进行调整）这两个极端之间。

本研究提出了一个理论观点，即牧户对短期天气冲击和长期气候变化的感知可能导致牧户采取不同的适应性行为。气候变化引起的极端天气事件，如短期干旱和暴风雪，会在短期内影响畜牧业生产。但由于单个极端天气对牧户生产的边际影响具有突然性、短暂性特点（Konisky et al.，2016），因此牧户倾向于采取临时性解决方案。当面临长期气候变化时，牧户则可以选择更多的适应性行为，例如，让家庭成员参与非农牧劳动力市场，从而多样化家庭收入来源。总之，本书预计牧户感知到不同的气候变化将影响其采取不同的适应性行为。

（二）模型设定

在构建实证模型时可能存在的一个挑战是，牧户基于他们对气候变化认知、家庭禀赋或其他资源约束（Bryan et al.，2013）的考虑，可能不采取任何适应性行为。为解决这一问题，以往的研究使用 Heckman（1979）模型（Alene et al.，2008；Gebremedhin et al.，2009）或双栏（DH）模型（Ricker - Gilbert et al.，2011；Amankwah et al.，2016；Woldeyohanes et al.，2017）来评估农户的技术采纳行为。具体而言，赫克曼（Heckman）模型可以解决样本选择偏误问题，此时零值被视为未观察到的样本。由于本书的零值反映的是牧户的最优选择，属于角点解问题，而非缺失样本，因此采用 DH 模型比 Heckman 模型更合适。本书应用克拉格（Cragg，1971）提出的对数正态 DH 模型来处理数据中的零值。该模型放宽了 Tobit 模型的假设，允许决策方程和行为方程的决策机制不同。

在决策方程中，家庭 i 在时刻 t 决定采用某种适应性行为 D_{it}^* 的潜在变量为

$$D_{it}^* = P_{it}^S \alpha_1 + P_{it}^L \alpha_2 + Z_{it} \alpha_3 + \lambda_i + \mu_{it} \qquad (4-6)$$

因此，观察到的是否采用 D_{it} 的二元选择可以表示为

$$D_{it} = \begin{cases} 1 & D_{it}^* > 0 \\ 0 & D_{it}^* \leqslant 0 \end{cases} \tag{4-7}$$

其中，P_{it}^S 和 P_{it}^L 是对气候变化的短期和长期感知，Z_{it} 是影响适应性行为采纳的其他因素，如户主的性别、年龄、受教育程度、打草场和天然草地面积、人情支出和生产性资产价值；α_1、α_2 和 α_3 是待估计参数；λ_i 捕获了个体偏好和风险态度等不随时间改变的不可观测的异质性；μ_{it} 是误差项。

行为方程用以评估适应强度，家庭 i 的期望适应强度 Y_{it}^* 表示为

$$Y_{it}^* = \exp(P_{it}^S\beta_1 + P_{it}^L\beta_2 + X_{it}\beta_3 + \gamma_i + \varepsilon_{it}) \tag{4-8}$$

观察到的适应强度 Y_{it} 设定为

$$Y_{it} = \begin{cases} Y_{it}^* & Y_{it}^* > 0 \text{ and } D_{it} = 1 \\ 0 & \text{其他} \end{cases} \tag{4-9}$$

其中，X_{it} 是影响适应强度的社会人口变量；β_1、β_2 和 β_3 是待估计参数；λ_i 表示未观测到的牧户异质性；ε_{it} 为误差项。

本节分析的适应性行为包括补饲、减畜和非农牧就业。补饲是指补充从饲料市场购买的饲草；减畜是指通过出售牲畜减少饲养的牲畜规模；非农牧就业是指家庭成员从事非农牧业工作（包括当地就业和从农村迁移至城市就业两类）①。对于每个 DH 模型，决策方程中的因变量（D_{it}）是一个虚拟变量，如果采取该项适应性行为，则取值为 1，否则为 0。行为方程中的因变量（Y_{it}）代表适应强度，它由饲料补充量、出售牲畜的比例和每个家庭劳动力在非农牧工作上花费的时间来衡量。假定控制了解释变量条件下，决策方程和行为方程是独立且正态分布（Cragg，1971）。两个方程都采用最大似然（ML）估计。本书还计算了

①　由于当地非农牧工作和农村人口向城市迁移既可以缓解冲击，又可以缓解畜牧业生产的收入冲击，因此本书将其视为一种适应性行为。

解释变量变化对决策变量和行为变量的条件期望值的平均偏效应
（APEs）①。决策方程使用随机效应 probit 模型估计；行为方程使用截断
正态回归估计，因变量表示适应强度的对数。

1. 修正感知的内生性

本节的核心解释变量，即牧户对气候变化的短期和长期感知，可能
是内生的。例如，影响适应性行为的一些随时间变化但不可观察的因素
（如获取信息）可能也会影响人们的感知。本书使用控制函数（control
function，CF）方法来解决内生性问题，因为 CF 是处理非线性模型更
直接、更合适的方法（Wooldridge，2010）。CF 的估计过程是将简化
模型中的内生感知变量的残差，作为额外的协变量放入决策和行为方
程中。

CF 方法要求在简化模型控制严格外生的工具变量（instrument
variables，IVs），但无须在结构模型中控制 IV（Papke & Wooldridge，
2008）。本书使用来自距离牧户所在村庄最近气象站的气象观测数据和
来自同一村庄的其他牧户的平均感知作为工具变量。选择理由是，已有
研究表明牧户的感知部分来源于过去的观察（Bryan et al.，2013），部
分受到社会资本的影响（Deressa et al.，2011）。由于这些工具变量与
潜在的内生变量 P_{it}^S 和 P_{it}^L 相关，而与 μ_{it} 和 ε_{it} 无关，因此它们是有效的工
具变量。

长期感知的简化模型（P_{it}^L）采用多项 logit（MNL）模型进行估
计，因为牧户对气温和降水量变化的感知包括三类，即感知到的减
少、感知到的增加和无变化，分析中以无变化为基准组。短期感知
的简化形式模型（P_{it}^S）使用 probit 模型进行估计，因为短期感知是
一个二元结果，如果牧户感知到当年发生的极端天气事件，P_{it}^S 则取

---

① 在非线性离散模型中，APEs 比在平均值上的偏效应更具有代表性，因为 APEs 是每个
观测结果的实际部分效应的平均值。使用 Stata 中的 margins 指令对 APEs 进行估计。

值为 1，否则为 0。

2. 控制不可观测的异质性

为了得到非线性面板模型的无偏一致估计，方程中控制变量必须独立于不可观测的 λ_i 和 γ_i。这一相对严格的假设可以通过使用相关随机效应（correlated random effect，CRE）框架来建立 λ_i 和 γ_i 的模型（Mundlak，1978；Chamberlain，1984）。

为了应用 CRE 框架，本书设定了一个将未观察到的异质性分布作为所有时变变量平均值的线性函数的模型。这些变量在每年每个家庭中取值相同，但在不同家庭中取值不同。这种方法类似于传统的随机效应模型，可以控制不随时间变化变量的效应（Wooldridge，2010；Rickgilbert et al.，2011）。

三、数据来源及描述性统计分析

（一）数据来源

本节数据采用数据库中 2018 年对内蒙古自治区、新疆维吾尔自治区和西藏自治区三个自治区开展实地调查收集的数据，包含 2016~2018 年非平衡面板数据。最终的面板数据包含 1 514 个观测值，其中 2016~2018 年分别有 474 户、512 户和 528 户，其中 432 户连续追踪了三年①。非平衡面板数据的变量定义和描述统计分别见表 4-13 和表 4-14。

---

① 观察值中缺失值是随机缺失的。

表 4 - 13　　　　　　　　　　　　**变量及定义**

变量	描述
适应性行为	
补饲	
决策：采用概率	如果从市场上购买饲草则为 1，否则是 0
行为：补饲数量	购买饲草数量（千克/羊单位）
减畜	
决策：采用概率	如果销售牲畜则为 1，否则是 0
行为：减畜比例	销售牲畜占总牲畜比例（%）
非农牧就业	
决策：采用概率	如果家庭里有非农就业的成员则为 1，否则是 0
行为：非农牧就业时间	非农牧就业时间（月/劳动力）
长期感知	
感知到气温下降	如果感受到过去 20 年气温下降则为 1，否则是 0
感知到气温上升	如果感受到过去 20 年气温上升则为 1，否则是 0
感知到降水量下降	如果感受到过去 20 年降水量下降则为 1，否则是 0
感知到降水量上升	如果感受到过去 20 年降水量上升则为 1，否则是 0
短期感知	
感知到极端天气事件	如果感受到当年干旱或暴风雪则为 1，否则是 0
气象站气候信息	
年气温变化	从气象站观测到过去 20 年年生长季气温变化均值（℃）
年降水量变化	从气象站观测到过去 20 年年生长季降水量变化均值（毫米）
是否发生极端天气事件	从气象站观测到的干旱或暴风雪的发生
社会人口特征	
户主性别	如果是男性则为 1，否则是 0
户主年龄	户主年龄（岁）
户主受教育程度	户主受教育年数（年）
打草场面积	打草场面积（千公顷）
天然草场面积	天然草场面积（千公顷）
放牧时间	家庭所有成员全年放牧时间（月）
生产型资产价值	家庭中用于牲畜生产的所有机械累计值（千美元）

续表

变量	描述
人情支出	每年花在礼物、婚礼和葬礼上用来维持家庭社交网络的钱
信贷约束	如果家庭报告有未满足的信贷超额需求则为1，否则为0
距离公路的距离	从家到公路的距离（千米）
禁牧政策	家庭如果有禁牧政策则为1，否则为0
草畜平衡政策	家庭如果有草畜平衡政策则为1，否则为0
儿童和老人的占比	家庭中儿童（6岁以下）和老人（65岁以上）的比例

表4-14　　2016～2018年非平衡面板数据的描述性统计分析

变量	2016年		2017年		2018年		所有年份	
	均值	标准差	均值	标准差	均值	标准差	均值	标准差
适应性行为								
补饲								
决策：采用概率	0.669	0.471	0.709	0.455	0.614	0.487	0.663	0.473
行为：补饲数量	73.387	121.848	68.003	110.434	54.948	100.848	65.136	111.190
减畜								
决策：采用概率	0.774	0.419	0.805	0.397	0.790	0.408	0.790	0.407
行为：减畜比例	19.674	16.488	20.124	15.655	16.887	14.163	18.854	15.484
非农牧就业								
决策：采用概率	0.390	0.488	0.434	0.496	0.453	0.498	0.427	0.495
行为：非农牧就业时间	1.064	1.726	1.187	1.778	1.304	1.905	1.189	1.809
长期感知								
感知到气温下降	0.158	0.365	0.148	0.356	0.159	0.366	0.155	0.362
感知到气温上升	0.536	0.499	0.551	0.498	0.542	0.499	0.543	0.498
感知到降水量下降	0.538	0.499	0.561	0.497	0.553	0.498	0.551	0.498
感知到降水量上升	0.224	0.417	0.219	0.414	0.220	0.414	0.221	0.415
短期感知								
感知到极端天气事件	0.236	0.425	0.246	0.431	0.282	0.450	0.256	0.436
气象站气候信息								

变量	2016 年		2017 年		2018 年		所有年份	
	均值	标准差	均值	标准差	均值	标准差	均值	标准差
年气温变化	0.025	0.040	0.021	0.040	0.022	0.040	0.022	0.040
年降水量变化	0.366	0.775	0.328	0.757	0.317	0.757	0.336	0.762
是否发生极端天气事件	1.443	1.149	1.732	1.116	1.176	0.778	1.448	1.048
社会人口特征								
户主性别	0.928	0.258	0.930	0.256	0.922	0.268	0.927	0.261
户主年龄	48.660	12.128	49.670	12.239	50.735	12.264	49.725	12.234
户主受教育程度	5.072	3.620	5.115	3.580	4.962	3.569	5.048	3.587
打草场面积	0.019	0.057	0.016	0.053	0.018	0.054	0.017	0.054
天然草场面积	0.349	0.345	0.370	0.357	0.369	0.353	0.363	0.352
放牧时间	17.528	9.399	17.524	9.544	17.580	9.485	17.545	9.472
生产型资产价值	2.362	4.800	2.402	4.790	2.526	4.899	2.433	4.829
人情支出	0.937	1.207	0.868	1.115	0.864	1.109	0.888	1.142
信贷约束	0.034	0.181	0.045	0.207	0.063	0.242	0.048	0.213
距离公路的距离	6.941	11.715	6.555	11.230	6.756	11.481	6.746	11.465
禁牧政策	0.354	0.479	0.381	0.486	0.419	0.494	0.386	0.487
草畜平衡政策	0.726	0.447	0.730	0.444	0.731	0.444	0.729	0.445
儿童和老人的占比	0.151	0.195	0.168	0.210	0.169	0.216	0.163	0.208
观测值	474		512		528		1 514	

（二）描述性统计分析

1. 适应性行为

本节分析了牧户应对气候变化的适应性行为。2016～2018 年牧户采取的适应性行为主要为减畜（79.0%）、补饲（66.3%）和非农牧就业（42.7%），采取其他适应措施的牧户仅占小部分比例，例如，只有7.6% 的家庭采用了品种改良。因此，本节关注三种主要的适应性行为。此外，本节使用 DH 模型分别研究每种适应性行为，以简化分析，主要考虑到两点原因：一是大多数家庭同时采用了多种适应策略，考虑类别会产生过多分组；二是人为地将适应行为分类，例如"补饲和非农牧就业"，会混淆影响因素的分析，导致分析结果毫无意义。

DH 模型的决策方程中的因变量为虚拟变量，如果采用适应性行为，则为 1，否则为 0。行为方程中的因变量代表适应强度，通过补充饲料的数量、出售牲畜的比例和每个家庭劳动花费在非农工作上的时间来衡量的。如表 4 – 14 所示，平均每个家庭补充饲料 65.1 公斤/羊单位，平均销售 18.9% 的牲畜，平均每个家庭劳动力在非农牧业部门工作 1.2 个月。

2. 牧户气候变化感知和气象站观测气象数据

为识别牧户对长期气候变化的感知，调研人员向牧户提出开放式问题，询问他们对过去 20 年中温度和降水量变化的感知。为识别牧户对短期极端天气事件的感知，该调查询问了有关牧户在前一年感受到的受灾类型信息。内蒙古和新疆的牧户遭受的主要灾害为干旱；西藏的牧户遭受的主要灾害为暴风雪。如果户主意识到遭受灾害，则牧户的短期气候变化感知被赋值为 1，否则为 0。表 4 – 14 中，关于牧户气候变化感知的描述性统计显示，平均而言，超过半数的牧户感知到气温上升（54.3%）和降水量减少（55.1%），而 15.5% 和 22.1% 的家庭感知到平均气温下降和降水量增加，约 25.6% 的家庭感知到当年发生了极端天气事件。

已有研究结果类似，本书发现牧户对气候变化的感知并不总与气象记录的信息一致（Maddison，2006；Dinar et al.，2008；Bryan et al.，2013）。为了将牧户对气候变化趋势和极端天气事件的感知与气象站记录的客观数据进行比较，本书使用经纬度坐标，通过地理距离将每个家庭与最近的国家气象站（国家气象信息中心，2020）匹配。内蒙古、新疆、西藏三区共匹配到 96 个气象站，其中每个样本县至少有一个。

气象站观测数据显示，在过去 20 年，所有样本作物生长季（4～10 月）的平均气温每年增加 0.02℃，这与大多数农户的感知一致；生长季的降水量平均每年增加 0.34 毫米，这与大多数牧户的看法相反。牧户对降水量长期变化的看法与实际气候数据不同，这与扎帕利格等（Zampaligre et al.，2014）和布里安等（Bryan et al.，2013）的研究结果一致。他们指出，牧户对降水量的看法也受到其他环境和社会因素的影响，如人口密度、降水量年际间的大波动以及近年来干旱经历等。图 4-2 显示了 1999～2018 年三省气温和降水量的变化。三个省的年平均气温均呈上升趋势，内蒙古、新疆和西藏的年平均气温变化分别为 0.05℃、0.008℃和 0.004℃。西藏降水量呈减少趋势，年均变化 0.06 毫米，

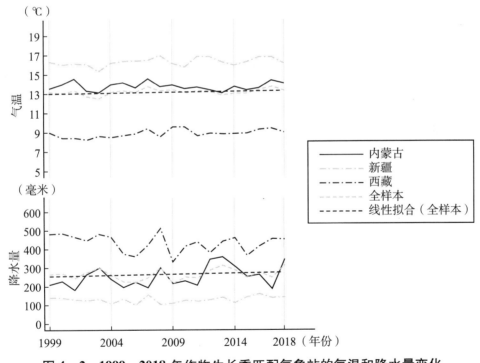

图 4-2　1999～2018 年作物生长季匹配气象站的气温和降水量变化

内蒙古和新疆降水量年均增加 0.98 毫米和 0.03 毫米。所有样本 2016 ~ 2018 年观测到极端天气事件的平均次数为 1.05 次①。

3. 社会与人口特征

基于已有研究（Mishra & Goodwin，1997；Wang et al.，2010；Di Falco et al.，2011；Corsi & Salvioni，2012；Jin et al.，2015；Qiao et al.，2015；Woods et al.，2017），本书控制了影响适应性行为的户主、家庭特征变量。如表 4 - 14 所示，全样本中约 92.7% 的家庭户主为男性。户主的平均年龄为 49.7 岁，平均上过 5 年学。平均一个家庭有 0.8 个孩子和老人，拥有 17 公顷的打草地和 363 公顷的天然草地。所有家庭成员放牧的总时间为 17.6 个月。平均生产性资产价值 2 433 美元。每户每年用于礼物、婚礼和葬礼的支出为 888 美元；鉴于它等于生产性资产价值的 1/3 以上，因此是相对较高的。仅约 4.8% 的家庭对信贷的超额需求未得到满足，表明研究地区的信贷约束不高。从家到最近公路的平均距离为 6.7 公里，距离范围在 0 ~ 60 公里之间，说明牧户间交通便利程度差异很大。

此外，本书还考虑了国家在牧区实施的两项可能影响牧户适应性行为的政策，即禁牧政策和草畜平衡政策。这两项政策与草原生态补偿政策相关（Hu et al.，2019），从 2011 年开始在中国主要牧区实施。禁牧政策指通过补贴牧户的方式，让牧户放弃放牧，转而进行圈养。草畜平衡政策指对在草原承载量范围内放牧的牧户给予补助。数据显示，2016 ~ 2018 年，平均 38.6% 的家庭受到了禁牧政策，72.9%

① 天气冲击在内蒙古和新疆的指短期干旱，在西藏指冬季暴风雪。根据《北方牧区草原干旱等级》（GB/T29366 - 2012）的标准，利用降水距平百分比数据进行干旱发生程度的测定。文件将干旱分为 5 个等级（即 0 级，无干旱；1. 轻度干旱；2. 中度干旱；3. 严重的干旱；4. 灾难性干旱）。本书计算了春季（4 月和 5 月）、夏季（6 ~ 8 月）和秋季（9 月和 10 月）的干旱等级，并计算了作为当年干旱严重程度代理的平均值（Piao et al.，2006）。根据中国气象标准化定义，暴雪为冬季 24 小时降水量大于或等于 5 毫米的事件。

的家庭受到了草畜平衡政策。

四、结果分析与讨论

(一) 影响牧户气候变化感知的因素

为了使用 CF 方法修正牧户对气候变化感知的潜在内生性，本书估计了影响牧户长期感知的 MNL 模型和短期感知的 probit 模型。估计结果见表 4 – 15。

表 4 – 15　　　　　　　　影响短期和长期感知的因素

解释变量	长期感知				短期感知
	感知到平均气温的变化 (基准组：感知到没有变化)		感知到平均降水量的变化 (基准组：感知到没有变化)		感知到极端 天气事件
	感知到 气温下降	感知到 气温上升	感知到 降水量下降	感知到降 水量上升	
从气象站观测到的数据	0.490 (0.298)	– 0.069 (0.374)	0.022 (0.020)	– 0.006 (0.016)	0.034 *** (0.012)
同村人感知到下降趋势	0.501 *** (0.063)	0.123 (0.087)	0.648 *** (0.046)	– 0.133 *** (0.049)	—
同村人感知到上升趋势	0.028 (0.044)	0.693 *** (0.049)	0.038 (0.063)	0.428 *** (0.045)	—
同村人感知到极端天气事件	—	—	—	—	1.447 *** (0.076)
户主性别	– 0.042 (0.036)	0.101 ** (0.047)	– 0.129 *** (0.041)	– 0.001 (0.036)	– 0.065 ** (0.032)
户主年龄	– 0.034 (0.040)	– 0.041 (0.051)	– 0.049 (0.045)	– 0.004 (0.040)	– 0.054 (0.036)
户主受教育程度	– 0.003 (0.003)	0.014 *** (0.004)	– 0.004 (0.004)	0.007 ** (0.003)	0.003 (0.003)

解释变量	长期感知				短期感知
	感知到平均气温的变化（基准组：感知到没有变化）		感知到平均降水量的变化（基准组：感知到没有变化）		感知到极端天气事件
	感知到气温下降	感知到气温上升	感知到降水量下降	感知到降水量上升	
打草场面积	−0.001 (0.060)	0.001 (0.081)	0.001 (0.069)	−0.000 (0.068)	0.009 (0.051)
天然草场面积	0.000 0.010)	−0.000 (0.013)	−0.000 (0.014)	0.000 (0.017)	−0.001 (0.009)
放牧时间	0.002 * (0.001)	−0.001 (0.001)	0.003 *** (0.001)	0.000 (0.001)	0.001 (0.001)
生产型资产价值	−0.000 (0.002)	−0.000 (0.002)	−0.000 (0.002)	−0.000 (0.002)	0.003 (0.002)
人情支出	0.000 (0.007)	−0.000 (0.009)	−0.000 (0.008)	−0.000 (0.009)	−0.003 (0.006)
信贷约束	−0.001 (0.078)	0.001 (0.105)	−0.001 (0.092)	−0.001 (0.076)	−0.006 (0.084)
距离公路的距离	0.000 (0.001)	−0.002 (0.001)	−0.001 (0.001)	−0.001 (0.001)	0.000 (0.001)
禁牧政策	−0.001 (0.078)	0.000 (0.110)	0.000 (0.113)	−0.002 (0.113)	0.100 (0.069)
草畜平衡政策	0.003 (0.134)	−0.003 (0.185)	−0.002 (0.164)	0.001 (0.143)	0.060 (0.143)

注：*、**、*** 表明在10%、5%、1%水平下，系数显著。系数是利用 Stata 中的 margins 命令获得的平均偏效应。括号中的值是标准误。

该模型中，主要关注的变量是作为工具变量的气象站的客观数据和来自同一村庄其他牧户的平均感知。研究发现，来自最近气象站的观测的气象变量对农户的长期感知影响不显著，而发生极端天气事件对农户的短期感知有显著正向影响。这些发现表明，相较于长期的温度和降水量变化，牧户对近期的极端天气事件有更准确的感知。正如预期的那样，同村牧户感知到温度和降水量减少或增加对牧户感知的方向具有显著的影响。当同村牧户感知到降水量减少时，感知到降水量增加的概率降低 13.3% 。同村人感知极端天气显著增加了牧户注意到极端天气事件的概率。这些结果表明，牧户对气候变化的感知与来自同一村的邻居的感知密切相关，这与关于社会互动效应的研究结果一致，即个体的感知受到其社会网络成员的影响（Deressa et al. , 2011；Maertens & Barrett，2013）。研究结果表明，气象站观测值和同村人的感知是有效的工具，因为它们与潜在的感知内生变量存在一定的相关性。

（二）影响牧户气候变化适应性行为的因素

将 MNL 模型和 probit 模型的预测残差作为适应决策模型和行为模型的额外控制变量纳入回归。表 4 - 16 报告了在控制感知的潜在内生性后，影响气候变化适应性行为的三个 DH 模型。结果表明，牧户对温度和降水量长期变化的感知对三种主要适应性行为有不同的影响。感知到温度的升高，牧户增加了 55.9% 的补饲。感知降水量的增加显著减少了补饲和减畜行为，分别减少了 26.4% 和 24.3% ，也减少了 14.6% 的非农牧工作的可能性。觉察到降水量增加的趋势也减少了花在非农就业上的时间。一个有趣的发现是，对极端天气事件的感知与生产适应的采纳决定和采纳强度呈正相关，但不影响非农牧就业的适应性行为。感知天气冲击显著增加牧户补充饲料倾向的 19.5% ，增加减畜比例的 4.4% 。结果表明，生产型适应性行为受短期和长期感知的影响，而寻求非农牧工作的非生产型适应性行为仅受长期气候变化感知的影响。研究结果有力地支持了前面的假说，即牧户对气候变化的短期和长期认知会导致不同的适应性行为。短期感知极端天气事件主要导致牧户采取临时适应性行为，而感知到长期气候变化不仅影响生产型管理策略，而且能导致多样化收入来源的长期适应性策略。

161

表 4 – 16   影响适应行为的 DH 模型（感知作为内生变量）

解释变量	补饲		减畜		非农牧就业	
	决策方程	行为方程	决策方程	行为方程	决策方程	行为方程
	采用概率	补饲数量	采用概率	减畜比例	采用概率	非农牧就业时间
长期感知						
感知到气温下降	0.001 (0.053)	0.062 (0.158)	0.019 (0.042)	−0.001 (0.012)	−0.037 (0.053)	0.057 (0.094)
感知到气温上升	0.100 (0.065)	0.559*** (0.215)	0.065 (0.046)	−0.007 (0.016)	−0.080 (0.065)	−0.006 (0.116)
感知到降水量下降	0.049 (0.049)	−0.066 (0.142)	0.014 (0.029)	0.005 (0.011)	0.031 (0.046)	0.127 (0.078)
感知到降水量上升	0.264*** (0.060)	0.018 (0.390)	0.243*** (0.022)	−0.040 (0.030)	−0.146*** (0.057)	−0.380* (0.228)
短期感知						
感知到极端天气事件	0.195*** (0.038)	0.031 (0.125)	−0.011 (0.034)	0.044*** (0.013)	0.004 (0.040)	−0.008 (0.041)
社会人口特征						
户主性别	0.046 (0.058)	−0.058 (0.192)	0.062 (0.042)	0.016 (0.014)	−0.072 (0.063)	−0.007 (0.099)
户主年龄	−0.023*** (0.007)	−0.037* (0.019)	0.013* (0.007)	−0.012*** (0.002)	0.031*** (0.008)	0.031*** (0.008)
户主受教育程度	0.022*** (0.005)	0.022 (0.018)	0.024*** (0.004)	−0.001 (0.001)	0.005 (0.006)	0.012 (0.010)
打草场面积	−0.102* (0.053)	−0.184 (0.149)	0.089 (0.055)	−0.013 (0.012)	0.005 (0.057)	−0.016 (0.042)
天然草场面积	0.003 (0.007)	−0.001 (0.015)	−0.008 (0.008)	0.000 (0.002)	−0.006 (0.008)	0.002 (0.009)
生产型资产价值	−0.000 (0.001)	0.003 (0.003)	0.001 (0.001)	−0.000 (0.000)	−0.001 (0.001)	−0.001 (0.003)
人情支出	0.016*** (0.006)	−0.018 (0.016)	−0.008 (0.008)	0.002* (0.001)	0.004 (0.005)	0.002 (0.004)

续表

解释变量	补饲		减畜		非农牧就业	
	决策方程	行为方程	决策方程	行为方程	决策方程	行为方程
	采用概率	补饲数量	采用概率	减畜比例	采用概率	非农牧就业时间
信贷约束	0.004 (0.048)	—	−0.054 (0.053)	—	−0.002 (0.038)	—
距离公路的距离	−0.003* (0.002)	—	−0.000 (0.001)	—	0.000 (0.001)	—
禁牧政策	−0.096* (0.058)	0.156 (0.128)	−0.062 (0.054)	−0.012 (0.015)	0.023 (0.059)	−0.030 (0.059)
草畜平衡政策	0.236* (0.123)	−0.263 (0.227)	−0.036 (0.074)	−0.011 (0.038)	−0.047 (0.118)	0.001 (0.088)
儿童和老人的占比	—	—	—	—	−0.136** (0.065)	0.118 (0.091)
残差1	−0.078 (0.060)	−0.526*** (0.203)	−0.083** (0.042)	0.021 (0.015)	0.085 (0.069)	0.116 (0.105)
残差2	−0.256*** (0.074)	−0.133 (0.354)	−0.392*** (0.051)	0.021 (0.028)	0.344*** (0.088)	0.415* (0.215)
残差3	−0.105** (0.042)	0.041 (0.132)	0.049 (0.042)	−0.037*** (0.014)	−0.014 (0.047)	0.038 (0.052)
县级固定效应	—	Yes	—	Yes	—	Yes
观测值	1 514	1 004	1 514	1 196	1 514	646

注：*、**、***表示系数在10%、5%、1%水平上显著。系数是利用 Stata 中的 margins 命令获得的平均偏效应。括号中的值是标准错误。残差1、残差2和残差3分别是对温度变化、降水量变化和极端天气事件感知的预测残差。

户主年龄对三种适应性行为的采纳决策和强度均有显著影响。由于年龄往往与农牧业经验有关，这表明经验在采取适应性行为中扮演着重要角色。其中，年龄与补饲决定和补饲量呈负相关。户主年龄较大的家庭更有可能出售牲畜，出售的牲畜比例较低，花更多时间从事非农工作。户主的教育程度有助于牧户采纳补饲和减畜的策略。正如预期的那样，打草场的大小会对补饲决定和补饲量产生负面影响。人情支出对补饲决策和减畜份额具有显著的正向影响。这意味着拥有更大社会网络的家庭更有可能补充饲料，并出售更多牲畜，以应对气候变化。参与禁牧政策的家庭补充饲料的可能性要低 9.6%，因为畜栏饲养不太容易受到气候的影响。加入草畜平衡政策的牧户，有 23.6% 的农户会补充饲草，以期在气候变化条件下保持草原放牧能力。有更多孩子和老人的家庭不太可能从事非农牧工作。由于缺乏价格数据，本书采用控制县层面固定效应的手段，控制饲料价格对补饲量的影响，销售价格对减畜的影响，以及工资对非农牧工作时间的影响。

（三）稳健性检验

本书从两个角度评估了结果的稳健性。每一种策略是使用替代变量法，即使用适应强度的替代变量来检验结果的稳健性，其中用饲料支出代替补充饲料的数量，用销售价值代替出售牲畜的份额，用家庭成员在非农业部门工作的份额代替非农工作时间。此外，由于不同规模的牧户面临不同程度的气候风险，短期和长期对气候变化的适应性行为可能不同，本书将样本按草地大小分成 3 个子样本，考察不同草地规模下牧户不同感知对三种适应性行为的影响。

1. 更换适应强度衡量变量的稳健性检验

表 4 - 17 展示了在行为方程中针对三种策略使用替代变量表示适应强度的结果。感知在短期和长期对适应强度的影响与表 4 - 16 中的结果一致，除了短期感知对补饲强度变得显著，感知降水量减少对非农牧工作强度变得显著，感知降水量增加对非农牧劳动强度的影响变得不显著。总之，本书使用适应强度的替代变量验证了主要发现，即非生产型策略受到牧户对长期气候变化感知的影响，但不受其对短期极端天气事件感知的影响。

表 4 - 17　　　　　　　　　　使用替换变量的 DH 模型

解释变量	补饲		减畜		非农牧就业	
	决策方程	行为方程	决策方程	行为方程	决策方程	行为方程
	采用概率	补饲支出	采用概率	减畜比例	采用概率	非农牧人数占比
长期感知						
感知到气温下降	0.001 (0.053)	0.030 (0.136)	0.019 (0.042)	0.084 (0.114)	-0.037 (0.053)	-0.014 (0.029)
感知到气温上升	0.100 (0.065)	0.492 *** (0.184)	0.065 (0.046)	-0.164 (0.152)	-0.080 (0.065)	-0.045 (0.036)
感知到降水量下降	0.049 (0.049)	-0.145 (0.122)	0.014 (0.029)	0.046 (0.106)	0.031 (0.046)	0.075 *** (0.024)
感知到降水量上升	0.264 *** (0.060)	0.370 (0.336)	0.243 *** (0.022)	-0.341 (0.288)	-0.146 *** (0.057)	-0.058 (0.070)
短期感知						
感知到极端天气事件	0.195 *** (0.038)	0.659 *** (0.114)	-0.011 (0.034)	0.286 ** (0.112)	0.004 (0.040)	0.006 (0.011)
社会人口特征						
户主性别	0.046 (0.058)	0.143 (0.165)	0.062 (0.042)	0.139 (0.138)	-0.072 (0.063)	-0.008 (0.031)
户主年龄	-0.023 *** (0.007)	-0.087 *** (0.018)	0.013 * (0.007)	-0.083 *** (0.019)	0.031 *** (0.008)	0.005 ** (0.002)
户主受教育程度	0.022 *** (0.005)	0.003 (0.016)	0.024 *** (0.004)	0.005 (0.013)	0.005 (0.006)	0.002 (0.003)
打草场面积	-0.102 * (0.053)	-0.199 (0.136)	0.089 (0.055)	-0.077 (0.102)	0.005 (0.057)	-0.007 (0.011)
天然草场面积	0.003 (0.007)	0.019 (0.014)	-0.008 (0.008)	-0.004 (0.017)	-0.006 (0.008)	0.001 (0.003)
生产型资产价值	-0.000 (0.001)	-0.005 * (0.002)	0.001 (0.001)	-0.002 (0.003)	-0.001 (0.001)	-0.000 (0.001)

续表

解释变量	补饲		减畜		非农牧就业	
	决策方程	行为方程	决策方程	行为方程	决策方程	行为方程
	采用概率	补饲支出	采用概率	减畜比例	采用概率	非农牧人数占比
人情支出	0.016*** (0.006)	0.002 (0.014)	-0.008 (0.008)	0.017 (0.011)	0.004 (0.005)	0.001 (0.001)
信贷约束	0.004 (0.048)	—	-0.054 (0.053)	—	-0.002 (0.038)	—
距离公路的距离	-0.003* (0.002)	—	-0.000 (0.001)	—	0.000 (0.001)	—
禁牧政策	-0.096* (0.058)	0.025 (0.117)	-0.062 (0.054)	-0.003 (0.127)	0.023 (0.059)	-0.009 (0.016)
草畜平衡政策	0.236* (0.123)	-0.071 (0.209)	-0.036 (0.074)	-0.363 (0.312)	-0.047 (0.118)	0.001 (0.024)
儿童和老人的占比	—	—	—	—	-0.136** (0.065)	0.153*** (0.026)
残差1	-0.078 (0.060)	-0.461*** (0.175)	-0.083** (0.042)	0.292** (0.146)	0.085 (0.069)	0.065** (0.033)
残差2	-0.256*** (0.074)	-0.426 (0.305)	-0.392*** (0.051)	0.352 (0.265)	0.344*** (0.088)	0.089 (0.066)
残差3	-0.105** (0.042)	-0.505*** (0.121)	0.049 (0.042)	-0.229* (0.119)	-0.014 (0.047)	-0.000 (0.014)
县级固定效应	—	Yes	—	Yes	—	Yes
观测值	1 514	1 004	1 514	1 196	1 514	646

注：*、**、*** 表示系数在10%、5%、1%水平上显著。系数是利用 Stata 中的 margins 命令获得的平均偏效应。括号中的值是标准错误。残差1、残差2和残差3分别是对温度变化、降水量变化和极端天气事件感知的预测残差。

2. 不同规模的稳健性检验

表4-18显示了不同草地规模下三种适应性行为的 DH 模型的估计结果。以草地大小将样本划分为大、中、小三个规模，本书将小规模定

义为草地面积小于 160.7 公顷的草场，中等规模定义为小于 423.3 公顷的草场，大规模定义为大于 423.3 公顷的草场。

表 4-18　　　　基于 DH 模型的不同规模牧户适应性行为

解释变量	小规模		中规模		大规模	
	决策方程	行为方程	决策方程	行为方程	决策方程	行为方程
补饲						
长期感知						
感知到气温下降	−0.037 (0.113)	0.266 (0.321)	0.091 (0.073)	−0.181 (0.283)	−0.149* (0.090)	−0.322 (0.229)
感知到气温上升	0.260* (0.151)	0.844* (0.455)	−0.101 (0.091)	0.927*** (0.310)	0.137 (0.107)	−0.447 (0.320)
感知到降水量下降	0.089 (0.078)	0.085 (0.268)	−0.001 (0.073)	0.066 (0.231)	0.093 (0.085)	−0.097 (0.234)
感知到降水量上升	0.361*** (0.112)	0.524 (0.729)	0.004 (0.165)	0.472 (0.645)	0.340*** (0.069)	−0.508 (0.641)
短期感知						
感知到极端天气事件	0.228*** (0.077)	0.381 (0.291)	0.137** (0.065)	0.117 (0.236)	0.210*** (0.061)	−0.017 (0.165)
减畜						
长期感知						
感知到气温下降	0.121 (0.084)	0.005 (0.019)	−0.034 (0.069)	−0.049** (0.022)	−0.113 (0.088)	0.019 (0.021)
感知到气温上升	0.120 (0.085)	0.038 (0.024)	−0.004 (0.095)	−0.031 (0.027)	0.106* (0.055)	−0.006 (0.028)
感知到降水量下降	0.049 (0.056)	0.023 (0.015)	0.010 (0.054)	0.013 (0.020)	−0.029 (0.042)	−0.022 (0.021)
感知到降水量上升	0.350*** (0.048)	−0.015 (0.039)	0.203*** (0.048)	−0.102* (0.057)	0.113*** (0.034)	−0.005 (0.061)
短期感知						
感知到极端天气事件	−0.248*** (0.090)	0.073** (0.036)	0.018 (0.048)	0.024 (0.023)	0.064 (0.048)	0.053*** (0.019)

续表

解释变量	小规模		中规模		大规模	
	决策方程	行为方程	决策方程	行为方程	决策方程	行为方程
非农牧就业						
长期感知						
感知到气温下降	0.017 (0.065)	−0.069 (0.156)	−0.134* (0.070)	−0.073 (0.144)	0.061 (0.080)	0.086 (0.179)
感知到气温上升	0.083 (0.076)	−0.302 (0.196)	−0.159** (0.075)	0.144 (0.163)	−0.184** (0.072)	−0.015 (0.215)
感知到降水量下降	0.057 (0.041)	0.153 (0.129)	0.016 (0.045)	0.203** (0.103)	−0.032 (0.079)	0.121 (0.176)
感知到降水量上升	−0.299*** (0.050)	0.084 (0.361)	−0.167** (0.075)	−0.617* (0.319)	0.278* (0.144)	−0.618 (0.495)
短期感知						
感知到极端天气事件	0.010 (0.081)	−0.032 (0.102)	0.095 (0.064)	−0.000 (0.045)	−0.090 (0.061)	0.024 (0.062)

注：*、**、***表示系数在10%、5%、1%水平上显著。系数是利用 Stata 中的 margins 命令获得的平均偏效应。括号中的值是标准错误。残差1、残差2和残差3分别是对温度变化、降水量变化和极端天气事件感知的预测残差。为节省篇幅，本表未展示控制变量估计系数，如有需要可向作者索要。

对于补饲策略，大规模牧户感知温度升高对其没有影响，这与全样本的结果即感知温度升高会增加补饲量完全不同。相比之下，小规模牧户的采纳决定和补饲强度都受到感知温度上升的影响。感知温度下降减少了大规模牧户的采纳决策，感知降水量增加对中等规模牧户的采纳决策没有影响，这也与全样本的结果不同。但无论农场规模大小，感知到极端天气事件都显著提高了补饲量，这与全样本的结果一致。

对于减畜策略而言，相较于短期感知，中等规模的牧户更易受到长期气候变化感知的影响，因为当感知到气温下降和温度升高，他们更倾向于减少牲畜拥有率，但小规模和大规模的牧户则不受长期气候变化感知的影响，相反，他们只受短期极端天气事件的影响。与全样本不同的是，大规模牧户感知到气温增加更可能减畜，小规模牧户感知到极端天气的减畜可能性更小。

对于非农牧就业策略而言，与小规模牧户相比，中等规模和大规模牧户对其更加敏感。降水量感知对非农牧就业的采纳决定和采纳程度因规模表现出异质性。在不同规模间，短期极端天气事件感知既不影响非农牧就业的采纳决定也不影响其采纳程度。不同生产规模的牧户支持了本研究的主要发现。

第三节　气候变化背景下牧户生产行为
研究结论与政策建议

一、研究结论

本章围绕气候变化背景下牧户的生产行为，基于微观调研数据，首先，利用李嘉图模型和 Hsiao 两步法，评估中国草原地区长期气候变化（以年度为代表的温度和降水量）对牲畜净收益、单位牲畜净收益和放牧强度的影响；其次，利用 DH 模型，分析了牧户的不同气候感知对其补饲、减畜和从事非农牧工作三种适应行为的采用决策和适应强度的影响。研究发现：

（1）长期年均气温升高对牲畜净收益有负向的影响，而长期降水量增加对牲畜净收益有正向的影响。气候变化对畜牧生产的影响在大规模牧户和小规模牧户之间存在异质性；具体而言，大规模牧户比小规模牧户更容易受到年气温上升的影响，而小规模牧户比大规模牧户更容易受到年降水量增加的影响。

（2）长期年均气温的升高和降水量的增加都导致了放牧强度的增加，并且小规模牧户的放牧强度比大规模牧户的放牧强度对长期气候变化更敏感。另外，长期年气温的增加不利于单位牲畜净收益的增长，但长期降水量的增加对其有利。同样，小规模牧户的单位牲畜净收益对长期年降水量的变化比大规模牧户更敏感，而大规模牧户的单位牲畜净收益对长期年温度的变化比小规模牧户更敏感。

（3）五种不同 GCM 情景模拟了 2041~2060 年期间预计的气温上升将对单位牲畜净收益和牲畜净收益产生负面影响。然而，降水量的增加将对牲畜净收益、放牧强度和单位牲畜净收益产生正向影响。此外，大规模牧户的净收益和单位牲畜净收益比小规模牧户更容易受到气温升高的影响。因此，降水增加对小规模牧户单位牲畜净收益的影响大于大规模牧户。

（4）牧户在短期和长期的不同感知将导致不同的适应性行为。感知到长期温度和降水量变化将引起牧户采纳生产型和非生产型的适应性行为，感知到短期极端天气只引发牧户采纳补饲和减畜等生产型管理策略，而不会影响其长期多样化收入来源的非农牧就业决策。另外，不同规模牧户的感知对适应性行为的影响不同，这表明农场规模对牧户的适应行为起着重要作用。

二、政策建议

本章研究结论的政策启示如下：

（1）采取措施提高牧户对气候变化的适应能力。关于气候变化及其对畜牧业生产和草地生产力影响的知识应通过教育和推广等方式向牧户传递，特别是拥有大规模牲畜的牧户。首先，地方政府和合作社应通过村级宣传和技术培训，使农户认识到采取适应措施应对气候变化的重要性和必要性。其次，应鼓励牧户通过发展基础设施来适应气候变化。政府需要加大对畜牧业基础设施的投资，包括修建雨水收集井，补贴管井和牛棚的建设等。最后，补饲牧草是应对极端干旱和雪灾的有效措施。然而，由于缺乏一个完整的饲料市场，导致饲料供应不足。因此，应通过减税、贷款等财政措施鼓励地方企业进入饲草生产领域，满足牧户补充饲草的需求。

（2）了解牧户应对气候变化的短期和长期适应性行为，是为其提供有效技术和资金援助的前提条件。提升牧户气候感知有助于采取及时的适应措施，提供气候信息和非农就业培训有助于提高畜牧系统在极端天气事件和气候变化下的适应能力。此外，长期的气候变化可能会持续影响非农牧就业的时间分配和畜牧业劳动力的外流，降低牧户对畜牧生产的依赖，进而放大气候变化对畜牧业的负面影响。

第五章

牧区可持续发展的模式分析
——生态服务型经济[*]

生态文明建设是关乎人民福祉、中华民族永续发展的根本大计（谷树忠等，2013）。继党的十八大报告将"生态文明建设"放在中国特色社会主义"五位一体"总体布局的战略之后，党的十九大报告又将生态文明建设提升到思想层面，与经济思想、外交思想、强军思想共同构成习近平新时代中国特色社会主义思想的重要内容。在这些思想指导下，中国在生态文明建设方面采取了一系列重大举措并取得一定成效，但总体上属于以政府转移支付为主的被动的生态保护方式，耗费了大量的公共财力（王彬彬和李晓燕，2015）。据财政部最新资料显示，2020年中央对地方提前下达的重点生态功能区转移支付资金高达662.17亿元（赵建华，2020）。此外，一些资金被用于传统的开发领域，或者成为直接救济式的补贴，没有建立起与生态保护挂钩的激励机制和正反馈机制。这种来自社区^①外部的经济激励存在挤出内部机制的负面效应，

---

* 本章相关内容发表在期刊《改革》2020 年第 8 期，"生态服务型经济发展：理论、模式与实践"；《农业经济问题》2019 年第 4 期，"深度贫困地区经济发展与生态环境治理如何协调——来自社区生态服务型经济的实践证据"。

① 社区是一种地域概念，指有共同地缘、文化背景、风俗习惯及共同利益，并通过一系列互动关系联系起来的社会共同体，相当于中国的村民小组或村（唐玉清，2017）。

不利于生态保护的长期可持续（Erik and Manuel，2011；Kinalg et al.，2011；Fisher，2012）。为更好地推进生态文明建设，还需重点解决两个问题：一是突破当前面临的经济发展与生态保护的根本矛盾；二是解决生态保护缺少本土社区和企业等社会主体参与的问题。

生态服务型经济为实现经济发展与生态环境治理协调提供了新思路和新方案。自2011年开始，兼顾生态环境保护与经济发展双重目标的新发展模式——生态服务型经济在中国青海、四川等地区开始试点推广。生态服务型经济是以社区及其居民为核心，兼顾生态保护与经济发展两大目标的可持续经济发展模式（Flintan & Huges，2001）。该模式强调社会多主体参与生态保护，政府在其中有所为而有所不为，各利益相关者共同作用，提高社会的福利水平（唐玉青，2019）。它正是以习近平生态文明思想为指引，将区域资源禀赋与社区居民的生产方式和生活方式相结合，形成的集生态、经济、社会效益为一体的生态文明发展之路。已有研究表明，要保护经济落后地区的生态资源环境，社区的参与必不可少，社区公众已成为生态环境保护的重要力量，且其作用越来越凸显（柯伟和毕家豪，2017）。也只有当社区的经济发展需求得到保障时，社区才有意愿参与生态保护（Krüger & Verster，2001；Adams et al.，2004），社区主动参与生态保护能够有效降低政府自上而下的生态环境保护的管理成本，增强社区凝聚力。

目前，在中国部分牧区（如内蒙古草原沙化地区、四川丹巴藏族自治县、大熊猫国家公园、青海玉树藏族自治州、果洛藏族自治州、宁夏西海固深度贫困区等地区）已经开始积极地探索生态服务型经济的发展方式，在当地居民增收与环境改善方面取得了较好的效果。但是，与生态服务型经济的实践推广相比，目前学界尚缺乏系统的生态服务型经济理论与实践经验总结。近年来，更多的学者虽然关注到生态与经济的矛盾问题，但大多数是从生态补偿、协议保护机制的经验与发展方向的角度进行分析，少数学者开始关注生态服务型经济的理论与实践效果，对于普适性的生态服务型经济还缺乏系统的理论与实践经验总结。基于此，本章的结构安排如下：首先，提出生态服务型经济发展的理论基础；其次，归纳了生态服务型经济的概念与内涵，并总结了当前生态服务型经济实践模式及不同模式的适用条件；再次，分析了生态服务型经济不同模式的实践经验，为生态服务型经济经验的总结提供案例支撑；最后，提出进一步推动生态服务型经济发展的对策建议，为解决更广大地区生态保护与经济发展的矛盾提供理论和实践借鉴。

第一节　生态服务型经济的理论基础、概念界定和模式分析

一、生态服务型经济的理论基础

（一）生态价值理论

生态资源的有用性和稀缺性是决定生态系统价值的基础，生态价值就是生态系统对人类社会有用的经济价值。在 20 世纪 80 年代，"生态无价值" 论的基本观点是生态环境并没有凝结人类劳动，因此即使有使用价值也没有真实价值。与西方经济学对生态价值的认识过程相似，随着全球生态环境问题的凸显，许多学者提出了 "生态有价值" 论，并认为生态价值是凝结在生态系统中的人类无差别劳动，其中不仅包括人类为了从生态系统中获得有用的自然物品所付出的劳动凝结成的价值，还包括为了实现社会经济系统与生态系统良性互动所进行的补偿和进行劳动改造所凝结的价值。总体来看，目前许多政治经济

学者也都已经认可了生态环境的价值，并且在尝试运用劳动价值论分析生态价值。

生态系统服务功能理论的发展对更加清晰地认识生态价值具有重要意义。戴利（Daily，1997）将生态系统服务功能定义为生态系统与生态过程所形成及所维持的人类赖以生存的自然环境条件与效用。生态系统服务功能具有多样性，这样就决定了其价值的多样性，目前国内外学者对生态系统服务价值构成的划分主要借鉴了环境经济学家汤姆·蒂滕伯格（Tom Tietenberg）对环境资源价值类型的划分方式，即认为生态系统服务价值由使用价值、选择价值和非使用价值三部分构成。其中，使用价值是指生态系统产品的直接价值（直接使用价值）和未商品化的生态系统服务功能的价值（间接使用价值）；选择价值是人们为了在将来利用某种生态系统服务功能的支付意愿；非使用价值是人们即便不使用某种生态系统服务功能，但也为了确保某种生态系统服务功能可以继续存在而产生的支付意愿。生态系统服务价值评估使生态系统对人类的效用得以量化，并使得将生态价值纳入社会经济分析成为可能。生态价值理论揭示了运用生态服务型经济机制促进生态系统服务功能可持续供给的必要性，对生态系统服务价值的量化评估为生态服务型经济发展过程中的许多具体问题提供了依据。

（二）生态产品交易理论

有偿提供生态服务必然涉及生态产品的交易，区域内的经济活动也不可避免的会与区域内外的生态环境产生矛盾或冲突。生态产品交易理论是指通过市场化交易解决区域内和区域间矛盾与冲突的理论和方法。生态产品交易主要包括附加值交易、跨生态区交易和生态产权交易三个方面。其中，附加值交易与跨生态区交易对生态服务型经济的发展起着指导作用。

（1）附加值交易。大多数生态产品由于具有外部性，很难直接进行交易和消费，需要以传统产业为载体，例如增加传统产业生态附加值。作为载体的传统产业，一般是第三产业，如住宿、餐饮、旅游、娱乐等。这些产业以生态资源为基础来组织经营，向生态需求较高的居民提供生态资源。这些载体虽然是传统产业形态，但是其服务内容是基于生态资源展现的。如生态旅游，通过提供干净的空气、宜居的环境以及特有的生态文化吸引特定人群。在适当的控制下，这些经济活动并不会对当地生态环境产生负面影响，而且能够降低当地居民对生态资源的依赖程度，减少过度开发对生态环境的破坏。

（2）跨生态区交易。生态支持产品是一个生态区对生态上相关联的另一生态区的支持功能，即生态供给区域对生态消费区域的生态支持功能，因此，它属于集体消费，与享受产品的个人消费模式有较大差异。这种区域之间的交易必须通过交易中介（如政府部门）来实现，而交易双方实质上是两个区域间的居民。生态补偿属于跨生态区交易的范畴。庇古理论认为，凡是出现外部性的问题，均可由政府进行干预解决，具体办法就是针对造成生态破坏的一方征税，如征收排污费，使外部效应内部化。同时，为了鼓励生态破坏区域放弃一定的发展，进行生态修复，政府也会通过转移支付的方式对该区域居民进行生态补偿，如我国的草原生态补奖政策。

（三）利益相关者理论

利益相关者理论的核心思想是综合平衡所有利益相关者的利益要求，最早用于公司治理。公司的发展都要涉及各种利益相关者，各种利益相关者之间存在着相同或相异的利益要求，公司不可能满足所有利益相关者的利益诉求，只能选择最佳策略，尽可能实现各方利益主体的利益最大化。对于企业而言，主要的利益相关者包括股东、消费者、债权人、员工、供应商等，也包括当地的政府部门、居民、新闻媒体、社区等集团，甚至还包括人类的子孙后代、地方区域的自然环境等与企业的经营活动有着直接或者间接关系的客体。企业要实现自身的发展，在各种决策和具体执行过程中必须要考虑到其利益相关者的权益，甚至还要为这些利益相关者提供一定的报酬或利益损失补偿款。只有考虑到利益相关者的要求，企业才能做到伦理经营，才能实现可持续发展。

基于利益相关者理论，生态环境治理涉及的利益相关者主要包括：（1）生态环境保护者和破坏者。这两类人群是对生态环境产生直接影响的人群。这种影响可以是主动的或被动的，也可以是正面或负面影响，而且这两类人既可以是生态环境的受益者也可以是生态环境的受害者；（2）政府。当市场机制无法解决生态环境问题时，政府会出面干预，设计相关制度解决环境污染问题，并对生态环境破坏者进行惩罚；（3）其他社会组织。社会中的其他组织也会对生态环境的治理产生影响，主要包括环保 NGO 组织、宗教组织和其他社会团体。

（四）环境外部性理论

由于生态环境治理涉及利益相关主体较多，其中某个经济主体必然会对另一个经济主体产生外部影响。当一部分人或企业的某项活动对另外一部分人或企业产生了预期之外的福利增加或损失，而对这部分增加或损失的福利并没有得到或付出额外的补偿，就产生了外部性。如果福利增加了，就是正外部性；如果福利损失了，就是负外部性。由于当事人不会因为提供正外部性而得到补偿，也不用为负外部性而付出补偿，因此，在其决定开展这项活动时，就不会考虑这些外部性带来的收益或成本。对于负外部性而言，当事人行事时无所顾虑；对于正外部性而言，当事人减少活动。如果从事这项活动的当事人将得到或付出合理的补偿，外部性就被内化；换言之，只有当从事这项活动的当事人和整个社会的边际收益等于其边际成本，才不会产生外部性。经济学家一直认为赋予产权可以消除外部性问题。科斯认为，由于交易成本的存在，初始产权的界定对最终经济效果会产生剧烈的影响。如果界定成本或交易费用过高，产权的界定将难以实现。因此，政府应通过行政机构及各项政策实现产权交易的低成本、高效率。

环境污染和资源浪费的一个重要原因就是外部性，这一点受到大多数学者的研究与认可。随着环境问题所带来的负面效应越来越多，许多市场经济国家纷纷开始探究如何将外部效应内部化的问题，以及实现的具体路径。如何通过合理的产权安排设计，使这些生态服务提供的外部经济内部化，就是我们必须要研究的问题，研究好这个问题，能更好地协调生态效益服务与生态利益主体之间的利益关系。此外，生态服务型经济的运行过程中，将生态资源市场化，能够实现制度运行的低成本与高效率，是"科斯理论"在保护环境方面的具体应用。

二、生态服务型经济的概念界定与模式分析

（一）概念与内涵

生态服务型经济（ecosystem service-based economy，ESBE）是与政府提供转移支付这种"输血式"生态保护方式以及以经济利益最大化为目的的传统市场经济相对应的一种"造血式"的可持续经济发展模式。具体而言，是以生态保护和经济发展为目标，以多主体参与为基础，以生态资源市场化为手段，建立以生态产品或生态服务为主的生态友好型产业的新型可持续经济发展模式。

实现生态保护与经济发展的统一是生态服务型经济的根本目标。现有的以工业文明为主导的经济发展模式未能较好地兼顾生态环境和经济发展，生态保护与经济保护往往处于此消彼长的矛盾状态。部分地区为

了经济发展过度开发当地生态资源，造成环境污染和生态破坏，如牧区居民过度放牧导致严重的草原退化（王云霞等，2015）。同时，也存在部分地区生态环境保持良好，拥有丰富的生物物种和旅游资源，但因为保护压力而经济水平落后、发展能力明显不足。生态服务型经济立足于实现生态保护与经济发展的双重目标，对于过度开发区域，在保障经济发展的同时恢复生态环境，巩固经济发展和生态文明建设的物质基础和空间载体；对于生态资源丰富而经济水平落后的区域，充分利用生态资源，提升生态经济发展能力。

多主体参与是生态服务型经济的基础。与政府主导的转移支付为主的生态保护方式相区别，生态服务型经济注重多主体发挥自身力量，共同参与到生态保护与经济发展中去。首先，政府为社区项目生态发展提供政策保障与激励；其次，社区成为生态保护的主要受益者，社区居民应积极承担生态保护责任，使社区的生态保护与经济发展成果惠及农户，形成良性循环；再次，社会组织为社区提供必要的技术和能力建设的支持与帮助，并对社区生态环境保护成效进行监督和评估，承接政府服务；最后，企业的资金与项目支持也为生态经济发展服务，形成生态文明建设最具活力的新经济增长点。

生态资源价值市场化是生态服务型经济的手段。习近平总书记提出"绿水青山就是金山银山"的重要论断，指出要充分利用生态资源优势发展经济。从生态资源到生态资产的转化，需要通过价值化和市场化来实现（胡咏君和谷树忠，2015）。生态资源价值市场化是向社区提供经济发展可持续支持和参与生态保护动力的有效方式，把社区拥有的丰富自然资源转化为有经济价值、能在市场上交易的生态产品和生态服务，让社区从中获得长期经济效益（Salafsky & Wollenberg，2000；Wunder，2008），从而保证自然资源环境保护的可持续性（葛剑平和孙晓鹏，2012）。社区依赖良好的生态环境，通过向市场提供高质量的生态产品和生态服务发展社区经济，让社区居民从保护生态中受益，提高社区经济发展水平，从而激励居民积极参与生态环境保护中，履行生态环境保护义务，进而实现经济和生态环境协调发展。

（二）以社区为核心的模式

1. 参与主体及其特征

以社区为核心的生态服务型经济强调社区参与，其参与主体主要包括社区内居民、中央及地方政府和社会组织等。

（1）社区内居民。社区内居民是社区经济发展与生态保护中最关键的群体，是社区经济持续发展的决定因素。社区内居民既享受生产生态产品带来的经济利益，同时又要承担保护社区生态环境的责任。社区及其居民作为社区资源所有权的主体，理所当然成为发展社区经济的利益相关者中最关键的群体，参与社区发展与利润分配（唐晓云和赵黎明，2006），其他利益相关者都需要紧紧围绕社区及内部居民做出决策。社区居民利用社区内的生态资源优势，包括旅游资源以及生态附加值等，销售给社区外居民，或者吸引社区外居民前来消费，实现生态资源的经济价值。因此，社区内居民成为实现社区经济发展与生态保护的主力军，是发展生态服务型经济的中坚力量。

（2）中央及地方政府。中央及地方政府主要承担保护生态环境与发展经济的双重责任。一方面，对于极度贫困地区，中央及省级政府可先提供部分资金作为社区发展生态友好型产业的启动资金，资金来源于社区外居民的税收，可以看作对社区内生态资源正外部性的一种支付机制（如生态补偿）。另一方面，中央政府应为生态服务型经济建立制度保障，保证该模式的有序运行。地方政府可以为社区内发展的经济项目提供一定的优惠支持，扶持生态服务产业，同时向社区外居民推广社区内的生态服务，催生生态服务经济市场。因此，中央及地方政府是生态服务型经济的引领者与保障者。

（3）社会组织。社会组织主要起到技术支持、监督与协调各利益相关主体的桥梁作用。社会组织借助自身能够利用有限资源撬动更多社会资源的优势，一方面，为社区居民的生态服务提供专业技术指导、培训和资金支持，提高社区内居民的技术水平和管理能力，以更专业的方式提供生态服务。另一方面，为社区居民拓展市场渠道，引入外部资金和其他资源，推动经济和生态环境共同发展。此外，还能为政府提供专业的社区组织及服务。因此，社会组织是生态服务型经济中帮助社区和政府解决困难、实现经济发展的优秀伙伴。

2. 运行机制

社区既是发展社区经济的主体，又是生态环境保护的参与主体，要保证生态环境保护的实施效果，需要各利益相关者相互配合。具体而言，其运行机制主要围绕社区与政府、社区与社会组织、社区与社区外市场之间的互动展开。

（1）社区与政府：政府对社区的作用主要有三个方面。首先，中央及省级政府为生态服务型经济建立制度保障，界定各利益相关者的权利、责任和利益，保证以社区为核心的生态服务型经济模式能够有序运行。其次，对于经济发展有困难的地区，中央及省级政府可先为其提供一部分引导资金作为项目启动经费，鼓励社区内发展生态友好型产业。最后，地方政府要对社区内发展的生态经济项目给予一定的优惠政策，并利用自身资源帮助推广社区内生产的生态产品，提高知名度并扩大销路。社区在政府的支持下，能够依靠社区内部的自然资源与人才禀赋，利用政府的引导资金，提高自身的生态经济服务技能，开发有利于社区经济发展与环境保护的项目。建立社区居民参与的合作组织，由社区内居民承担项目工作，如生产生态产品或提供生态旅游服务等，达到提高社区居民收入、改善社区生态环境的双重目标。

（2）社区与社会组织：社会组织对社区的作用主要有两个方

面。第一，社会组织为社区提供专业的技术支持和服务。例如，为社区生态产品的生产提供技能培训，引入资金和人才，提升管理和运行能力，搭建社区与外部市场的链接桥梁，拓展生态产品的市场渠道，吸引社区外的居民认可和消费生态产品，从而带动社区内部的经济发展。第二，非政府组独立或与政府等利益相关方联合，对社区及其居民保护行为进行有效监督，监督和督促居民正确参与生态环境保护活动，建立激励机制对在生态服务经济发展中表现优秀的居民进行奖励，以示范和引导更多社区积极参与生态服务和生态环境保护。基于此，社区要接受专业社会组织的监督，及时处理社会组织提出的有关生态保护的问题，把握生态服务型经济的正确方向，避免对生态环境造成危害。

（3）社区与社区外部市场：社区内居民作为生产者，对社区外消费者、中间商和政府等市场需求主体起到提供生态产品或生态服务的作用。社区居民对社区内的资源进行加工形成社区外政府和居民需要的产品，流入消费市场。社区外政府和居民是生态产品的消费者。一般而言，在空间上，社区外的政府和居民在其活动范围之内经济较为发达，但优质的生态产品较为稀缺，对生态产品和服务需求较高。因此，通过消费市场向社区购买生态服务和生态产品，以满足对高质量生活的需求。由社区外的政府和居民购买生态产品或者享受生态服务，为社区内的生态经济项目进一步发展提供资金反馈，这部分收入将作为社区内发展生态经济的主要资金来源，使社区获得了发展生态产品和服务的更大动力，从而促进生态经济市场的繁荣（见图5-1）。

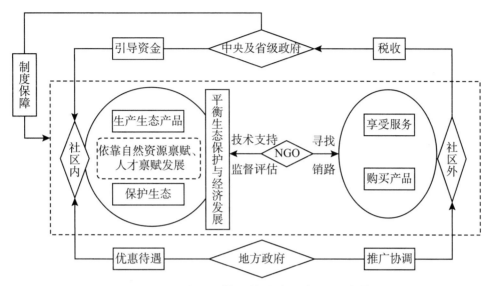

图 5 - 1　以社区为核心的生态服务型经济模式

（三）以社会企业为核心的模式

1. 参与主体及其特征

以社会企业为核心的发展模式主要依托社会企业在管理、资金、信息、技术等方面的优势，用创新性的思维和市场化的手段，解决环境保护与经济发展的平衡问题。该模式参与主体主要包括社会企业、社区内居民、中央及地方政府和社会组织等。

（1）社会企业：社会企业的社会责任决定了其与普通企业不同，并不以利益最大化为目标，而是以解决社会问题、使社会效益最大化为最终目标①。社会企业扮演着举足轻重的角色，既有保护生态环境的公共使命，又有促进社区经济发展的职责。其具有的资金、管理、技术和信息等方面的优势是其处于该模式核心地位的主要原因。具体体现在两

---

①　根据《管理学大辞典》（2013），社会企业是旨在解决社会问题、增进公众福利，而非追求自身利润最大化的企业。投资者拥有企业所有权，企业采用商业模式进行运作并获取资源，投资者在收回投资之后也不再参与分红，盈余再投资于企业或社区发展。中国部分地区，如北京、成都等都专门出台了关于社会企业登记和注册的相关文件。

个方面，一是在内生发展动力不足的社区，社区内居民无法通过自身资源和能力发展经济。社会企业的进入可以弥补社区内资金、管理、技术、信息等方面不足。在社区前期经济发展中，发挥核心作用，支持社区居民开展环境保护，在社区内部建立经济发展与环境保护的正反馈机制。二是社会企业在弥补公共部门提供服务能力不足和私人部门造成社会公益"市场失灵"方面发挥着越来越重要的作用（谢家平和刘鲁浩，2016）。生态环境作为一种公共物品，私人部门生产虽有利于经济的发展但不利于环境保护目标的实现，而完全依靠政府提供服务存在效率低下的问题。因此，引入社会企业能够用市场的力量为社区激活内生动力，能有效带动社区内经济发展并实现环境保护。

（2）社区内居民：社区内居民有保护社区生态环境的职责，需要与社会企业合作做好社区发展经济的工作。一方面，社区内居民有保护生态环境的职责。他们是社区生态环境的天生守护者和责任者，但他们只有在得到理解、支持、尊重后才能在家乡安居乐业，并传承自然和文化遗产，而非被迫离开家乡去谋求生计。另一方面，社区内居民需要借助社会企业发展社区经济。在内生发展动力不足的地区，社区内居民往往无法依靠自身资源和能力独立开展推动经济发展和环境保护双重目标的活动，因此，他们需要外部的"推力"以实现经济发展。借助外部社会企业的力量，社区内居民能够成为生态服务型经济的高效追随者。

（3）中央及地方政府：政府具有实现社区经济发展与环境保护的双重责任。但生态保护的经济领域具有高风险、低回报的特征。一方面政府有实现当地经济可持续发展的责任。这就需要政府严格监督社区外部的社会企业，审查其是否能够正确有效地帮助社区发展经济。另一方面，政府也有职责为子孙后代保护好生态环境，为社会企业提供政策保障和资金等，帮助其降低风险，使其成长壮大，与社区合作提供更高质量的公共物品。

（4）社会组织：社会组织对整个经济机制的运行发挥重要的协调作用。社会组织在协助政府制定政策、把握保护目标、社区组织构建及能力建设中至关重要。他们在做好环境保护和带动社区经济发展、社区居民参与到环境保护中表现良好（王晓民和李妙然，2014）。因此，社会组织是生态服务型经济的守护者和润滑剂。

2. 运行机制

社会企业与单一追求"利润最大化"的企业不同，它兼具企业运营特性与非营利组织属性（邓汉慧、涂田和熊雅辉，2015）。实践证明，要在内生发展动力不足的地区实现环境与经济的协同发展，需要注重两方面的内容：一是通过持续教育改变社区居民的环境保护意识；二是借助外部动力带动当地社区发展。而以社会企业为核心的发展模式可以很好地满足这两个方面的内容。其运行机制主要围绕社会企业与社区内居民、社区企业与政府、社会企业与社会组织、社会企业与社区外部消费者的关系展开。

（1）社会企业与社区内居民：社会企业对社区居民的作用主要有两个。一是带领社区内居民发展社区经济。社会企业具有企业运营属性，作为与市场经济接触最多的主体，它了解顾客的特点与需求，能够为社区内居民提供有效信息和发展路径，甚至是资金、人力和技术支持。二是培育强化社区居民环境保护意识和保护动力。通过社会企业可持续发展思想与社区自然生态文化结合，从而建立起更科学合理的社区环境保护意识和行动。社区居民对社会企业的作用主要也有两个。一是为社会企业提供发展社区经济的文化资源。社区文化根植于每个社区居民心中，社区居民是社区文化最好的承载者，通过社区居民挖掘社区特色有利于发展社区经济，促进社会企业的成长。二是为社区企业实现环境保护使命提供群众基础。社区生态环境保护与社区居民息息相关，他们是最好的环境保护践行者。

（2）社会企业与政府：社会企业对政府的主要作用是协助政府完成"造血式"的经济发展与环境保护目标。与以政府为主导的"输血式"环境保护不同，社会企业用市场手段在保护环境的同时带动当地经济发展，以环境带发展，以发展促环境，形成经济发展与环境保护的良性循环。政府对社会企业的作用因政府层级而异。于中央与省级政府而言，主要为社会企业提供制度保障和激励，使其有空间发展壮大，在社区扶贫和环境保护中带来最大效益。于地方政府而言，主要是为社会企业提供支持和认可。社会企业只有融入社区才能有更好的发展，而社会企业的融入需要地方政府的支持和认可。

（3）社会企业与社会组织：社会组织对社会企业的作用主要有两个。一是向社会企业传授环境保护模式和经验。社会组织依托于自身环境保护的技术优势，为社会企业提供技术指导、培训等支持，提高社会企业的技术水平和管理能力，保障社会企业的公益目标。二是对社会企业起协调和监督作用。社会组织作为主要协调和监督方，组织协调政府、社区和社会企业关系，并定期对社会企业的活动、社区保护生态环境和社区发展的成效进行监督和评估，重点考察经济和保护活动对当地生物多样性及环境质量等方面的影响和效果。

（4）社会企业与社区外部消费者：社会企业通过市场将社区内居民提供的生态产品或生态服务与社区外消费者对接。通过销售生态产品与服务的盈利保证社会企业的运营并支持社区经济发展与环境保护。社区外居民通过社会企业了解到社区的生态产品与服务，为满足自身需求购买社区内提供的生态产品与服务，实现外部对社区生态保护价值的转移支付（见图5-2）。

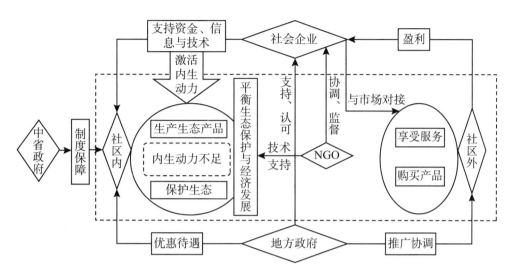

图5-2 以社会企业为核心的生态服务型经济模式

（四）不同模式的环境保障与适用条件

1. 环境保障

以社区为核心的生态服务型经济需要人才、政策及非政府组织三方面的环境保障。

（1）社区内的后备人才。

专业技术人才是社区持续发展的动力源泉，应当予以重视。一方面，社区应当加强专业技术人才的培养，提高人才队伍质量。合作社应当注重内部人员的各类管理技能与技术培训，包括理事长、经营管理人员、财会人员、营销人员等，切实提高他们的人力资本水平；同时吸纳农技人员、农村能人、返乡大学生等人才参与进来，为社区提升自我管理水平和发展能力提供人才保证。另一方面，社区应当发挥在生态环境保护行动中的引领和示范作用。生态环境保护需要广泛的社区和居民参与，因此，应当发挥参与项目的社区的引领和示范带头作用，吸纳更多社区和居民加入到巡护社区保护地、观察野生动植物状况、监测社区水沟水质状况、清理水源地及社区周边垃圾等环保队伍中来，为保护生态系统贡献力量。

（2）政府的相关激励制度。

政府作为生态服务型经济的参与主体之一，应当从以下两个方面做起：一是加强资金、政策等方面的支持。政府部门应当增加社区或农民合作社的发展资金，支持农民合作社开展信息、技术、培训、市场营销、基础设施建设等服务，引导金融机构向合作社提供优惠金融产品，为合作社发展提供资金和政策的支持。同时，引导合作社农民专业合作社依法建立组织机构，按照法律和章程制定盈余分配方案，建立合作社与社员的利益联结机制。二是设立相应的补偿激励机制。为进一步激励社区和居民积极参与生态环境保护行动，政府应当设立相应的补偿激励机制，向在生态环境保护行动中表现较为突出的社区和居民给予一定物质或资金奖励，在勉励他们的同时，激励其他社区、居民的响应，使更多的社区和居民参与进来，从而实现生态环境保护的集体行动。

（3）非政府组织的引导和支持。

首先，非政府组织作为社区发展能力的资助方，应当进一步加强对社区发展能力的建设。非政府组织应当帮助社区或合作社在产品设计、产品营销等方面进行拓展，尤其是要推进合作社信息化建设，利用物联网等现代信息技术开展生产经营、技术培训等，积极发展电子商务，努力实现产品营销网络化，提高产品的市场竞争力和产业发展水平，进而增强社区内生发展能力和动力，为开展生态环境保护活动奠定经济基础。其次，作为生态环境保护的监督方，应当建立完善的生态环境保护监督机制。非政府组织应当根据社区发展阶段的特征建立生态环境保护监督机制，对社区和居民的生态环境保护行为进行监督和管理，确保社区和居民能够履行生态环境保护的职责，并定期对社区和居民的生态环境保护成效进行评估；同时也可建立相应的激励机制，诱导更多的社区和居民加入到生态环境保护队伍中来，为实现生态环境保护目标奠定客观基础。

以社会企业为核心的生态服务型经济成功推行的环境保障需要两方面保障，分别是有适合的社会企业加入与政府对社会企业给予认可。

（1）有适合社区的社会企业加入。

适合社区发展的社会企业的加入对于社区经济发展与生态保护双重目标的实现至关重要。一方面要求存在一个与当地社区相适应的社会企业；另一方面又要求社会企业有一定的动机加入到该社区中。社会企业的成功在地化经营需要与中国特定乡村社会结合，因此，以乡村社区为基础进行经营的本地企业，想要实现社会生态的可持续发展，就必须照顾到本地的福祉，并考虑社会企业的"资源节约环境友好"的特征。

（2）政府对社会企业的法律制度的认可。

政府对社会企业的认可是社会企业能够在社区开展活动的基础。社会企业开展项目往往需要当地政府的认可与授权，因此，需要在法律制度上明确社会企业的定位并给予社会企业一定的活动空间，这一举措在明确自身定位的同时也提升了消费者认可度。

2. 适用条件

以社区为核心的生态服务型经济适用于拥有自然资源、人才资源潜力的社区。社区内拥有的自然资源是社区居民实现生态价值转化的基础，社区内拥有的人才资源是社区居民实现生态价值转化的重要条件。具体而言，以社区为核心的生态服务型经济是以社区作为发展的内生动力，社区内人才资源通过整合社区内自然资源，将生态资源和生态系统服务转化为生态价值，其在保护自然资源环境的同时就是利用自然资源发展社区内经济。在发展社区经济后更有动力投入到社区自然资源环境保护中，以实现更大的保护价值。

以社会企业为核心的生态服务型经济发展模式适用于拥有自然资源，但内生发展动力不足的社区。社区内拥有自然资源说明社区具有将生态资源和生态系统服务转化为生态价值的基础条件。但社区内生发展动力不足则说明社区内缺乏人才或信息资源，无法依靠内生动力建立起一种可持续的生态经济发展模式，因此需要外部的力量作为引导和助推。面对资源约束趋紧、环境污染严重、生态系统退化的严峻形势，社会企业把"资源节约环境友好"和"可持续发展"作为重要目标，且可以发挥其在资金、管理、技术和信息等方面的优势。因此，社会企业的参与对于社区内居民起到重要的引导作用，指引并带领当地社区进行生态服务型经济发展。

（五）两种模式的对比分析

由于各地资源禀赋与经济基础的不同形成了以社区为核心的生态服务型经济模式和以社会企业为核心的生态服务型经济模式，两种发展模式既有个性又有共性。

两种发展模式的共性体现在两个方面。第一，发展目标相同，最终目的都是实现经济发展与环境保护。生态服务型经济的目标就是借助环境获得发展，同时在发展中进一步保护环境，最终实现经济发展与环境保护的协调统一。第二，最终发展状态相同，最终都由社区居民作为社区经济发展和环境保护的主体。以社区为核心的生态服务型经济模式中，带动社区发展的主体始终是社区内部人员。而以社会企业为核心的生态服务型经济模式虽然最初由社会企业负责运营，但在项目开展过程中，社会企业会帮助社区居民提高参与到社区经济发展中的能力，当社区具备独自经营的条件时，社会企业即实现了自身的使命，退出项目，将经营项目交还社区，社区依靠自身力量独立发展经济并保护生态环境。

两种发展模式的个性体现在两个方面。第一，所处外部环境不同。发展以社区为核心的生态服务型经济模式需要社区拥有自然资源与人才资源，因此社区内部能够依靠自身能力发展，社区居民充分发挥主观能动性，培养当地政府或者当地能人带头，共同致力于社区的经济发展与环境保护目标；而以社会企业为核心的生态服务型经济发展模式则适用于拥有珍贵的生态资源，但交通不便、社区内部极端贫困的地区，它们无法依靠自身力量发展社区经济，因此需要借助外部市场力量发展以社会企业为核心的生态服务型经济模式。第二，各主体间互动机制不同。在政府与社区的互动上，以社区为核心的生态服务型经济模式主要由政府提供引导资金，支持生态服务经济项目顺利开展；而以社会企业为核心的生态服务型经济模式主要由社会企业提供项目发展资金，政府作为监督规范社会企业行为的主体，主要提供政策帮助；在社区内部与社区外部消费者的互动上，以社区为核心的生态服务型经济模式下，社区内部生产的生态产品直接交给政府或流入消费者手中；而在以社会企业为核心的生态服务型经济模式下，居民们生产的生态产品由社会企业连接进入市场，再由消费者选购。

第二节　牧区生态服务型经济的实践案例

一、以社区为核心的模式

（一）案例1

1. 基本情况

青海省毛庄乡位于囊谦县东北部68公里处，总面积815.9平方公里，下辖5个村23个社，三座寺院，23个农民合作社。2016年全乡共有1 592户，总人口8 974人，其中农业人口427人，牧业人口8 547人。2016年末，全乡共有耕地面积5 316.8亩（约354.45公顷），总播种面积 4 300 亩（约 286.67 公顷），其中粮食耕地面积 3 820 亩（约 254.67 公顷），养殖牛 30 847 头，马 622 匹，羊 26 只。

毛庄乡具有鲜明的特点：一是丰富的生态环境资源。毛庄乡属于澜沧江源头汇水区，是典型的高原森林、湿地和草原生态系统，有着丰富的生物多样性和自然资源，包括珍稀野生动物雪豹、林麝、麋鹿和白唇鹿等；拥有 13 条大小不一的融雪溪流，这些融雪溪流汇入杂曲河，是澜沧江重要源头之一。二是贫困程度深。2016 年末，毛庄乡贫困人口总数 695 户 2 488 人，占人口总数的 26.7%，其中一般贫困户 326 户 1 356 人，低保贫困户 369 户 1 132 人。

从 2013 年开始，全球环境研究所（Global Environmental Institute, GEI）在毛庄乡进行生态服务型经济的试点工作，经过四年的发展，该模式的特征、运行机制、问题等都很鲜明，为系统探讨生态服务型经济的运行逻辑、实施效果、发展困境及完善建议提供了较完备的素材。

2. 运行逻辑

（1）社区：成立生态巡护团队与农民专业合作社。

组建生态巡护队保护生态环境。依托长期形成的村规民约等非正式制度，社区履行生态环境保护责任，组建生态巡护团队，定期开展生态巡护和生态环境保护活动，并收集水质、野生动物数量等数据。依托社区的奔康利民合作社与半边天妇女合作社，组建生态巡护团队，带动其他居民参与生态环境保护活动，于每年的 10 月下旬组织捡垃圾活动 2 次，收集草场、道路等公共区域的垃圾，并由社区组织垃圾车将垃圾运输到县里垃圾处理厂集中处理，垃圾收回成本则由社区自己负担；按照生态巡护路线对野生动植物进行巡护，并利用红外相机、水质检测器等设备收集水质、野生动物数量等数据。参与合作社的居民自愿捐赠利润的 5% 组成环保基金，用于开展生态环境保护、公益事业等活动，如垃圾收集、回收废旧电池、关爱孤寡老人等。此外，社区与当地小学合作，出资 5 000 元，设立环保基金，向参与捡垃圾的小朋友授予环保小卫士，从小培养他们的环保意识，提高生态环境保护的群众基础。通过组建生态巡护队的方式建立基层社区生态保护机制，依托社区文化的约束力、凝聚力，形成的生态环境保护的集体行动，代替政府自上而下的生态环境保护方式。

建立手工艺品专业合作社发展社区经济。毛庄乡拥有丰富的藏族传统文化，包括特有民俗和宗教符号等，为生产具有特色的传统手工艺品奠定文化基础。依托生态服务型经济框架，社区在政府组织和非政府组织的帮助下，吸引社区居民成立半边天妇女合作社，并扶持合作社从事传统手工的生产经营活动。该社区采用本地天然牦牛毛、牦牛绒、羊毛等材料，结合民俗和宗教符号等文化特色，通过编织、缝纫等方式制作居民生活八件套、羊毡帽、羊毛包等手工艺品，向市场销售以获取利润，拓展居民收入来源渠道，提高居民经济发展能力。2017 年，合作社共有 13 妇女参与，每位妇女每年获得约 6 000～8 000 元收入，收入水平得到改善，收入来源得到丰富，自身发展能力有所提升，达到明显的减贫效果。通过发展生态友好型产业带来社区经济发展，提高社区居民收入提高，之后居民再通过共享一部分收入来反哺生态环境保护，这也是促进生态服务型经济持续发展的动力所在。

（2）政府：下放生态环境保护权并支持社区发展。

①政府赋予社区当地生态环境的保护权利。地方政府将水源、野生动植物、草原等生态环境保护权赋予社区，通过将生态环境保护权下放，让社区有权利参与当地生态环境保护，从而改变传统的自上而下的政府生态治理模式。②政府为社区合作经济组织提供场地支持。当地政府为社区建立的奔康利民合作社和半边天妇女合作社提供办公和手工艺品生产的场所，为社区合作经济组织发展提供便利的办公和生产条件。③政府为社区提供资金、政策支持。中央政府通过转移支付将草原生态

补助奖励金发放给社区居民，平均每户奖励 0.43 万元，激励居民进行生态环境保护；县政府奖励社区合作社 5 万元，用于社区合作社日常生产管理；县总工会每年对社区合作社社员进行手工艺品技术培训 1 次，每次资助 2 万元经费，用于合作社日常管理；中国农业银行向社区合作社提供贴息贷款 70 万元，支持其发展手工艺品。

（3）非政府部门：提升社区发展能力并监督保护效果。

通过资金、技术和能力建设等方式，提高社区经济发展能力。非政府组织为手工专业合作社捐赠手工艺品制作机器，为提高合作社的手工品生产效率奠定基础；对合作社社员进行机器使用、手工艺品制作等方面的技术培训，提高社员手工艺品制作的技术水平，为改善手工品质量提供技术保障；邀请知名手工艺品设计专家，为合作社设计具有民族和宗教特色的手工艺品，帮助社区提高手工艺品的艺术价值，从而提高产品的市场竞争力；帮助社区居民拓展手工艺品的销售渠道，提高居民可获得的经济利润；邀请学术机构等第三方组织对社区的经济发展现状及潜力进行综合评估，以监督社区经济发展进度。

监督与管理社区开展生态环境保护活动。一方面，非政府组织帮助社区建立生态巡护团队，并根据当地野生动植物、水源等生态资源分布情况划定生态巡护路线，对巡护队员进行红外相机、水质监测仪器等设备使用的技术培训，确保队员能准确收集水质、野生动物数量等生态环境数据。另一方面，非政府组织定期邀请水质检测机构等第三方机构对社区开展的垃圾收集、水源保护等生态环境保护活动的成效实施科学监测和管理。

3. 实践效果

（1）经济效益。

从表 5-1 可以看出，2016 年参与居民的家庭总收入平均为 4.39 万元，比未参与居民的家庭总收入平均值（3.46 万元）高 0.93 万元，说明参与居民的家庭总收入高于未参与居民。进一步分析生态服务型经济对家庭各个收入来源①的影响发现，参与居民的家庭畜牧业收入为0元，低于未参与居民的家庭畜牧业收入（0.41万元）；参与居民的家庭药材销售收入平均为1.20万元，低于未参与居民的家庭药材销售收入（2.11万元）；参与居民的家庭转移性收入平均为0.42万元，和未参与居民的家庭转移性收入（0.50万元）差距较小；参与居民的家庭其他收入平均为2.78万元，远高于未参与居民的家庭其他收入平均值（0.44万元）。

表5-1　　　　　2016年参与居民和未参与居民的收入对比分析　　　单位：元

收入类型	参与居民	未参与居民
总收入	43 928.57	34 632.55
畜牧业收入	0	4 120.88
药材销售收入	11 955.36	21 102.34
转移性收入	4 187.50	5 006.87
其他收入	27 785.71	4 402.47

由此可见，生态服务型经济对社区居民家庭总收入和其他收入产生积极影响。值得注意的是，参与居民的畜牧业收入和药材销售收入均低于未参与居民，这至少反映了社区的居民通过生态服务型经济发展手工艺品来增加家庭收入，也促使居民从单纯依靠传统的畜牧业和药材挖掘转向依靠第二、第三产业转变。通过发展生态友好型产业带动社区经济发展，多样化居民的收入来源，降低其对传统农牧业生产的依赖程度，

---

①　按照收入来源，将收入划分为畜牧业收入、药材销售收入（冬虫夏草）、转移性收入及其他收入，其中畜牧业收入包括牦牛及其副产品（酥油、牦牛奶、酸奶、牦牛毛等）的销售收入，转移性收入包括草原生态补助奖励资金、低保金等，其他收入包括工资性收入、手工艺品收入等。

进而带动社区居民提高自我发展能力，实现脱贫致富目标，具有较为显著的经济效益。

（2）生态效益。

①对生态环境质量的影响。主要从野生动物数量、水质、草场质量三个方面评估生态服务型经济对生态环境质量的影响。由于缺乏野生动物数量、水质及草场质量的科学监测数据，仅能通过居民对生态服务型经济实施后野生动物数量、水质及其草场质量的变化的主观认知来描述，结果见表5-2。结果表明，在生态服务型经济实施后，100%的居民认为野生动物数量有所增加；93.33%的居民认为当地水质得到改善；100%的居民认为草场质量明显改善，说明生态服务型经济实施后，野生动植物数量、水质及草场质量得到了改善。在此基础上，询问野生动物数量、水质、草场质量等改善的原因时，居民认为生态巡护、垃圾收集是野生动物数量增加的主要原因，其中选择生态巡护的居民占80%；分别有53.33%、46.67%的居民认为垃圾收集、减畜是水质改善的主要原因；93.33%的居民认为垃圾收集是草场质量改善的主要原因，而6.67%的居民认为减畜是影响草场质量的主要原因。值得注意的是，近一半的居民认为水质改善与减畜密切相关，因为通过发展生态友好型生态产品，替代了传统的依靠畜牧业生产的生计方式，使得社区居民饲养的牲畜数量大幅度减少，实现当地草原生态系统的保护和可持续利用。

表5-2　　　　　　　　　居民对生态服务型经济的生态效益评价　　　　单位：%

项目	选项	野生动物数量	水质	草场质量
影响程度评价	改善	100	93.33	100
	基本没变	0	6.67	0
	恶化	0	0	0

续表

项目	选项	野生动物数量	水质	草场质量
	生态巡护	80	0	0
原因	垃圾收集	20	53.33	93.33
	减畜	0	46.67	6.77

②对居民生态环境保护活动的影响。生态服务型经济对居民生态环境保护行动的影响结果见表5-3。结果显示，所有参与生态服务型经济的居民均参与了生态环境保护活动，而85%的未参与居民参与了生态环境保护活动，活动的主要内容是垃圾收集、水资源保护、野生动植物保护等。参与居民的家庭平均每次参与生态环境保护活动的人数为1.3人，明显高于未参与居民的家庭平均每次参与人数（0.85人）；参与居民的家庭平均10天参与一次生态环境保护活动，显著高于未参与居民的家庭平均35天参与一次生态环境保护活动；参与居民的家庭平均每次参与生态环境保护活动的时间为1天，明显多于未参与居民平均每次参与生态环境保护活动的天数（0.5天）。由此可见，生态服务型经济通过下放生态环境保护权，发挥基层社区居民在生态环境保护中的基础性作用，提高居民的生态环境保护活动的参与程度，为更好地保护当地生态环境奠定基础。

表5-3　　　　　　　社区居民参与生态环境保护活动情况

项目	是否参与		均值差异	活动内容
	参与居民	未参与居民		
参与比例（%）	100	85	15	垃圾收集、水资源保护、野生动物保护
每次参加人数（人）	1.3	0.85	0.45 ***	
参与频数（天）	10	35.31	-25.31 ***	
每次参与时间（天）	1	0.5	0.5 ***	

注：*** 表示在1%统计水平上显著。

（二）案例 2：草原沙化治理

1. 基本情况

内蒙古天然草场面积占全国草场面积的 27%，是中国最大的草场和天然牧场，也是中国主要的畜牧业生产基地。随着气候干旱及人为活动对草原的影响，草原沙化和退化不断出现。2011 年永续全球环境研究所（GEI）将"草原协议保护"首次引入内蒙古草原，鼓励政府和牧民签订草原管护协议，利用生物物理综合治沙措施和围栏封育相结合的措施，治理草原沙化区域，恢复草原植被。项目实施地点在乌力吉图嘎查，位于中国著名的浑善达克沙地北部，属半荒漠草原，亩产可食性饲草 25.26 公斤，盛产乌冉克羊。乌冉克羊体长个大、抗寒能力强、出肉率高、肉质鲜嫩无膻味，是享誉区内外的羊肉佳品。

但由于近年来气候干旱和人为影响，乌力吉图草原退化面积达 18 万亩（1.2 万公顷），沙化面积达 20 万亩（约 1.33 万公顷），占嘎查总面积的 45% 左右。该项目以社区合作社为载体，扶持牧民联合发展规模化养殖及饲草料技术，以期在保护草原的同时，改善牧民的经济状况。

2. 运行逻辑

本项目主要是由社区内原本单户经营的牧民们建立合作社，从政府获得草原保护"授权"，种植柠条治理土地沙化，并将柠条作为牲畜精饲料，节约牧民成本，实现社区经济发展与生态治理的目标。社区中牧民起主导作用，后期的维护和管理也由牧户负责。此外，嘎查政府、社会组织也与牧民们合作，项目得到盟级和旗级政府的支持与帮助。

（1）社区：提供生态产品并治理草原沙化。

乌力吉图嘎查社区主要负责生产生态产品，并承担治理草原沙化的责任。在嘎查书记特木勒的带领下，几户牧户联合成立了"阿巴嘎旗乌力吉图肉羊育肥养殖专业合作社",以牲畜入股,联合进行乌冉克羊的育肥和销售。示范牧户需要提供种植柠条所需要雇用的劳力,还需要自己配套必要的网围栏设施,围封和自我管理项目区域。柠条成熟期后,需要定期收割,配置所需饲料。合作社购入割草机、粉碎机、压块机等,聘请专家根据乌冉克羊的体质配置优质饲料,补充乌冉克羊体内缺乏的营养物质,减少成羊的出栏时间,增加其肉质的鲜美程度,扩大其销售市场。由此可见,社区内部通过肉羊育肥养殖专业合作社,实现了乌力吉图嘎查社区提供生态产品并保护生态环境的功能。

（2）社会组织:负责整个项目的设计、技术培训和监督工作。

社会组织在整个项目实施过程中,为乌力吉图嘎查草原沙化治理提供了有力的技术支持与监督。项目运行之初,社会组织设计项目框架,并与研究性机构、盟政府和旗政府开展技术合作,对项目的实施给予技术指导,与专家一起选购柠条苗木,并负责运送到当地并分配给示范户。同时,邀请阿旗林业局的技术专家亲赴现场指导柠条栽植技术,对牧民进行沙化治理和养殖能力培训。此外,社会组织还对项目实施情况进行监督,项目实施两个月后,社会组织赴乌力吉图嘎查,检查柠条的成活状况,成活率达90%以上。若排除受到夏季洪水的影响,成活率可达98%～99%。由此可见,社会组织通过框架设计引入专业知识,对当地牧民进行技术培训,并对项目实施情况进行监督,帮助社区生态服务型经济的发展。

（3）当地政府:提供资金支持作为项目运行的保障。

阿巴嘎旗政府为项目的运行提供资金支持,并对该项目给予政策上的支持与帮助。为保障项目运行有足够的资金,阿巴嘎旗政府配套投资近50万元治理草原沙化,扩大沙化治理面积,以保证基本遏制沙化蔓延。由此可见,当地政府为当地社区提供的资金支持是生态服务型经济得以有序运行的保障。

3. 实践效果

（1）经济效益。

该项目种植的柠条营养价值高，为牧民节省了饲料成本。柠条的枝叶与种子均可经过加工作为牧区饲料，尤其是在自然灾害多发期，柠条更是作为一种主要的饲草饲料，解决牧区饲料的短缺问题。生长五年以上的柠条草场，其可食的枝叶部分折合成干草为 200 公斤/亩。乌力吉图嘎查主要养殖乌冉克羊，一亩柠条就可以养殖 1 头羊，可作为冬季主要牧草来源。据统计，如果冬季有 500 头羊存栏，需花费 10 万元购买牧草。如果种植 200 亩（约 13.33 公顷）柠条，每年就可喂养 200 头羊。如果只作为冬春季饲料，再添加其他一些辅料，则可喂养约 500头，每年至少为牧民节省 10 万元左右。

（2）生态效益。

该项目经过 4 年的实践，使社区退化的草原环境有了明显的改善。由于柠条是固沙植物，可以减少大风对土壤的侵蚀，减缓沙子对周围草地的掩埋，植被群落得以重建，沙化草地恢复健康。乌力吉图嘎查通过种植柠条，带动了全村牧户利用牧草科学治理沙化草原，走出一条生态恢复、生产发展、生活改善的道路。截至 2015 年底，项目共治理沙地约 1 700 亩（约 113.33 公顷），扭转了草原生态环境继续恶化的趋势。

二、以社会企业为核心的模式：森林学校

（一）基本情况

森林学校位于四川省甘孜藏族自治州丹巴县中路乡，该地具有鲜明的自然文化和社会经济特点。第一，中路乡历史文化丰富、自然环境优美。森林学校距四川甘孜丹巴县城 12 公里，是独具特色的交融藏羌文化的原生型文化村落，正对中路乡的墨尔多神山吸引了来自全国各地的

游客。第二，中路乡的社会经济发展落后且居民环境保护意识淡薄。墨尔多山位于自然保护区试验区，自然资源被限制利用，阻碍了当地社会经济的发展。虽然墨尔多山能够吸引游客，但由于可体验内容缺乏，游客停留时间短暂，通过旅游为社区居民带来的收益微乎其微。同时，由于社区居民对经济利益的追求，不适当的自然资源开发使得环境发展问题日益突出。社会经济的落后也导致当地传统文化的消失和年轻人的流失，使社区发展陷入恶性循环。

为解决中路乡经济发展与环境保护的问题，登龙云合作为一家社会企业，在当地建立了森林学校，并决定经营该社区 30 年。森林学校通过建立环境教育与社区发展中心的模式，在向社区内外部居民推行环境教育的同时，拉动当地经济发展，最终达到环境保护与经济发展平衡的目标，形成"环境教育 + 社区发展中心"的生态保护与经济发展模式。

（二）运行逻辑

1. 社会企业：建立森林学校并为社区持续注入活力

社会企业作为核心力量主要发挥三点作用。第一，建立森林学校。登龙云合在中路乡进行了为期 7 个月的调研工作，在全面了解保护区内社区的发展困境后，决定在当地建立一座具有当地文化特色的森林学校。森林学校不仅成为藏区第一个研学旅行基地，也成为藏区乡村建筑改造的实验平台。第二，为社区设计发展项目。登龙云合立足社区自然资源、风俗文化特色，开展包括改造建筑、研学旅行在内的发展项目。具体来看，一是改造建筑。考虑到藏区气候具有日照时间长、辐射强、昼夜温差大等特征和社区居民居住分散、供电供热、排污处理和垃圾收集等基础设施薄弱的现状，在保持藏式民居风貌的前提下，登龙云合着力解决采光、通风、保温和采暖等问题；同时充分利用自然资源，减少对环境的污染，使传统民居成为低碳环保的绿色建筑，进而改善村落整体的生态环境。其具体做法包括：利用太阳能、风能等新能源建造学校主体，使用垃圾处理、净水装置等。二是开展研学旅行活动。登龙云合依据社区自然文化特色开展包括"漫步云端藏寨""疯狂玉米节"丰收节日游学、中英志愿者共建生态旱厕等多种原创主题研学活动。第三，为森林学校做宣传推广。作为甘孜州独家海外旅游推广代表，登龙云合利用其信息和市场优势，多次将丹巴县的旅游资源向世界推广，并利用州政府旅游公众号和自身公众号发布森林学校相关介绍。截止到 2017 年，登龙云和已经进行 21 次主题宣讲，拥有 5 000 多人次听众，发布 68 条网络帖子，获得 60 000 人次的阅读量。

2. 社区发展中心：帮助居民实现就业的同时尝试环境保护

社区发展中心由社区居民组成，是社区居民利益的代表，其主要发挥四个作用。第一，锻炼社区独立发展能力。目前森林学校被租下 30 年，等到社区能独立经营时就改变发展模式，登龙云合便将森林学校交还给社区。若要独立经营，社区能力建设就显得至关重要。成立社区发展中心的目的是通过该平台锻炼社区独立发展的能力。第二，组织社区居民加入森林学校工作。森林学校中校舍的改建全部聘用当地工匠，来参加森林学校活动的研学旅行者也全部分派到各家民宿，并通过深入的生态旅行活动设计，让更多村民参与其中提供服务。除此之外，还推动成立了丹巴县第一个以生态旅游为主的农旅合作社，并继续帮助合作社完善管理机制，让在地旅游从过去农户个体的自发参与，升级为有组织、有管理的集体参与。第三，为社区居民提供培训。社区发展中心定期为村民组织生态旅游培训、村落自然导赏培训与在地餐饮培训，并重点培养大学毕业选择返乡的年轻人。第四，鼓励社区居民保护环境。在经济得到发展的基础之上，登龙云合选择性地让承诺做水源保护、垃圾分类、对土地友善的村民率先进入合作社分享经济收益。

3. 当地政府：为森林学校的发展提供支持

森林学校的发展得到政府的认可和支持是其顺利发展的保障。2018

年 12 月，森林学校获得四川省林业和草原局授牌，正式成为四川省森林自然教育基地。中路乡也成为甘孜州乡村振兴项目试点，获得了政府资金支持。同时，教育部门与森林学校共同研发校园课程，让自然艺术、生态保护等内容进入义务教育体系，让自然教育成为每个孩子的权利与义务。

4. 社会组织及志愿者：监督社会企业并支持社区发展

社会组织的作用主要体现在两个方面：对社会企业进行监督和协调、对社区居民给予帮助指导。具体而言，一方面，社会组织对社会企业带动社区经济发展和环境保护工作起监督作用，协调森林学校和社区发展中心关系，并监督其开展生态环境保护活动；另一方面，社会组织通过多年发展经验，给予社区技术和能力建设等方面指导，提高社区自身发展能力，并邀请各领域专家前来指导。志愿者的参与使森林学校获得持续的活力。截止到 2017 年 10 月，登龙云合已经组织过 5 次志愿者活动，有 200 多名外界志愿者与 100 多名村民志愿参与。他们共同修复了村里的水磨、修建了生态旱厕、设计了云端图书馆并尝试融合传统与创新的艺术创作。除此之外，登龙云合还联合当地非物质文化遗产传承人和不同领域的专家学者，共同研发了包括在地智慧、户外教育、自然艺术、自然科学和社区共建在内的五个主题数十个课程。

（三）实践效果

1. 经济效益

森林学校为社区带来经济效益的同时，尽量让经济利益都流向当地村民。森林学校的建设与发展充分调动社区居民参与其中，在校舍进行现代化改建时，聘请了 45 位当地工匠参与，让他们收获薪酬的同时，也有了和优秀的设计师们交流学习的机会。此外，每次举办研学旅行时，森林学校都会将参与者全部分派到各家民宿，并通过深入的生态旅行活动设计，让更多村民参与其中提供服务。据统计，森林学校吸引了来自全球四大洲的访客，将访客平均停留时间从 2 天增加至 5 天，最长的达到 10 天。截止到 2019 年 11 月，森林学校通过招募来自国内外的学生，累计为村民创收 400 多万元，并创造了 1 000 多个就业机会。

2. 生态效益

在经济得到发展的同时，森林学校对当地的生态保护也贡献了一份力量。在与访客的接触和交流中，当地人也重拾了文化自信，对于传统文化和生态环境的保护意识也有所提升。通过志愿者和当地村民的共同努力，利用新能源和新技术将传统民居改造成为低碳环保的绿色建筑，例如生态旱厕等，充分利用自然资源，并减少对环境的污染，带动其他村民按照生态标准，从事生态旅游服务，从而改善了村落整体的生态环境。

第三节　进一步推动生态服务型经济发展的对策建议

生态服务经济能够平衡生态环境与经济发展的问题。相对其他经济发展模式而言，以社区为核心和以社会企业为核心的生态服务型经济模式主要有以下三点优势：第一，生态服务型经济模式能够发挥市场引导的作用。政府扶持在生态保护中起着基础性的作用，但完全依靠政府支持进行生态保护建设会导致持续性的转移支付，给政府造成极大的财政负担。生态服务型经济通过提供生态产品与服务，将市场资金引入，充分发挥市场的资源配置作用。在政府监管的前提下，发挥市场引导的作用对于解决生态保护与经济发展的矛盾具有重要意义。第二，生态服务型经济模式能够凝聚社区、社会企业等多个主体的力量。生态保护关乎整个社会的持续发展，不仅需要政府，还需要社会各界发挥自身力量。社区是生态退化的直接受害者，也是生态保护的主要受益者，生态服务型经济模式注重激发社区参与生态保护的积极性，使社区的生态保护与经济发展成果惠及农户，形成良性循环。同时，企业的资金与项目支持也为生态经济发展服务，转变了政府作为生态保护的单一角色，形成生态文明建设最具活力的新经济增长点。第三，生态服务型经济模式能够为社区注入内生动力。在以社区为核心的生态服务型经济模式中带动社区发展的主体是社区内部人员，先由有能力的社区内部人员指导社区居民，使社区中大部分居民掌握发展社区经济的能力。而在以社会企业为核心的生态服务型经济模式中，虽然社区本身缺乏推动发展的内部动力，但是外来的社会企业可以为社区提供资金、信息与技术支持，通过培养社区居民发展技能，为社区注入后续独立发展的内生动力。

目前以社区和以社会企业为核心的两种生态服务型经济发展模式虽然在一些地区进行了实践并取得了不错的成效，但还面临一些现实困境。第一，相关法律法规尚不健全，未能向生态服务型经济提供有力的制度保障。目前，中国仅有一些国家层面针对环境保护和社区共管原则性的规定，缺乏专门针对生态服务型经济的规定，无法为生态服务型经济在实践中的构建提供很好的法律保障。第二，对于以社区为核心的生态服务型经济模式，还存在社区集体力量薄弱、社区公众缺乏可持续发展意识的问题，造成部分社区能人难以带动其他社区成员共同开展生态服务型经济项目。第三，对于以社会企业为核心的生态服务型经济模式，目前国家对于社会企业的重视和扶持不够，生态服务市场尚未形成，未形成有效的监督管理机制，社会企业健康成长的环境尚未完全成熟，成功带领社区实现经济发展与生态保护的目标的社会企业不多。

为了更广泛地推广生态服务型经济，可采取如下措施：

第一，建立健全相关法规制度。生态服务型经济作为一项近年来逐步投入实践的经济发展模式，若要进一步扩大推广范围，还需要有完善的制度保障。一是要引导和鼓励生态服务型经济模式的投入和发展，建立市场保障机制，为社区提供的生态产品与服务构建良好的市场环境；二是在地方法规中应规定社区中各利益相关主体的职责、利益的划分与平衡、冲突如何解决等，使各方利益相关主体明晰自身的权责关系，避免出现多头领导、管理效率低下的问题，保证生态服务型经济能够稳定、持续地发展。

第二，加强社区示范的推广。选择 2～3 个生态服务型经济模范社区进行宣传，让更多社区了解生态服务型经济这一模式为社区带来的变化，潜移默化地改变社区居民传统的观念。同时，可以组织部分社区居民与附近的模范社区开展交流与学习活动，使社区内的居民自觉学习模范社区的先进经验，推动社区经济可持续发展。

第三，培育社区居民可持续发展的意识。对社区居民进行多方面、多渠道的环境教育，使社区居民认识到参与社区可持续发展是每个人的责任与义务，使其树立起"绿水青山就是金山银山"的可持续发展观，并建立起"金山银山"对"绿水青山"的反哺机制，避免社区公众陷入过于重视社区经济发展而忽略生态环境保护的陷阱中去。

第四，建立生态服务经济的激励机制。一是要完善地方政府激励机制和监管制度，强化地方政府的扶持力度和监管行为，为社区发展生态服务项目提供经济支持与环境保障；二是对社区生态保护效果好的主体给予奖励，对于利用政府扶持资金牟利的主体严格惩罚，从而调动社区与社会企业的积极性，使社会资本能够得到充分利用。

随着中国生态文明建设的不断推进，政府和社会对生态环境的保护越来越重视，如何统筹不同地区，特别是深度贫困地区的生态环境保护和社区经济发展也逐渐成为政府和学术界关注的焦点问题，而以社区协议保护机制为核心的生态服务型经济为其提供了可持续经济发展道路的经验借鉴，事实也证明生态服务型经济的实施效果较为明显，应用前景广阔。

第六章

"粮改饲"政策实施的模式与效果分析

长期以来，我国始终坚持"谷物基本自给、口粮绝对安全"的粮食安全战略。随着我国经济不断快速增长，消费者对畜产品的需求快速增加，饲料粮安全问题已经成为目前及未来一段时期影响我国粮食安全的重要因素。与此同时，我国饲料粮仍然存在严重的供需矛盾，其中结构性短缺矛盾尤其突出。在片面追求粮食安全的政策指引下，粮食非优势产区的粮食种植面积不断增加，特别在农牧交错带、南方山区等耕地上的扩张，造成农业供给侧结构性矛盾突出，粮经饲结构亟待调整。在国家全面开展农业供给侧结构性改革的战略导向下，2015～2017年连续三年中共中央一号文件中提及要"协调发展三元种植结构"。由此，以"减粮增饲"，促进农业种植结构改革为目标的"粮改饲"政策从2015年起开始实施，到2017年政策试点推广至全国19个省100个县市。

因此，本章围绕"粮改饲"政策的实施现状及其影响，利用"粮改饲"政策试点地区的典型案例调查与农牧户实地调查数据，分析"粮改饲"政策的实施现状、实施流程、实施模式及其实施效果，从经济、社会及生态三个方面评估"粮改饲"政策对农户的影响，并依据上述研究结论，总结"粮改饲"政策试点过程中存在的问题，最后提出进一步完善"粮改饲"政策的对策建议。

第一节 "粮改饲"政策实施背景和现状

一、"粮改饲"政策实施背景

"粮改饲"是指立足于种养结合循环发展，引导优质饲草料种植，将现有的种植业粮、经二元结构提升为粮、经、饲（草）三元结构，发展草食畜牧业，将单纯的粮仓变为"粮仓＋奶罐＋肉库"，使土地资源在农牧业间进行合理配置，有效提高土地生产效率，推进农牧业融合发展，促进农牧产业优化升级。"粮改饲"政策是在以下背景下提出的：

（一）饲料粮安全是影响我国粮食安全的重要因素

国家粮食安全观念亟待革新，饲料粮安全成为影响中国目前及未来一段时期粮食安全的重要因素。"民以食为天""粮为天下先"，粮食安全历来是中国执政最重视的民生问题。长期以来，中国坚持"谷物基本自给、口粮绝对安全"的粮食安全战略。三大主粮品种——小麦、玉米、稻谷，被视为中国粮食安全的生命线。随着中国经济持续增长，城镇化水平逐步提升以及人均收入水平不断提高，不仅人均油脂类食物摄取量快速增加，而且居民食物消费结构正在从低能量的谷物、蔬菜等碳水化合物向高能量的畜产品等蛋白质食物转变，中国居民肉类总需求量呈现稳步增长态势。畜产品需求量的不断增加直接导致中国饲料需求量不断扩张，呈"刚性"增长态势。尽管中国非粮食性饲料资源有很大的开发潜力，但受自然与人为因素的制约（耕地面积、环境承载力及饲料供应等），饲料粮才是影响中国畜禽养殖业发展的主导因素。中国粮食能否供需平衡的关键在于饲料用粮能否平衡（朱希刚，1997；陈永福，2004；李国祥，2014）。因此，国家粮食安全观念亟待革新，饲料粮供给是否安全对国家粮食安全有着重要的影响,粮食安全的问题本质上是在口粮绝对安全的前提下解决饲料粮的问题。

(二)饲料粮供需矛盾仍然存在,结构性短缺矛盾尤为突出

中国畜牧业对饲料粮的需求不断提高。20 世纪 80 年代初期,中国饲料粮需求无足轻重,但 2000 年后一路突飞猛进。2017 年饲料粮需求在中国粮食总需求中的占比高达 35%,相较于 80 年代初期的 15%,增长了约 133%。中国饲料粮需求日益增长的原因主要有以下三点:

(1)畜产品需求增长带动饲料粮的需求增长。从总的趋势看,中国人民的食物结构正由温饱型向营养型过度(黄佩民,1995),一个直接的体现就是对牛羊肉和奶类的需求快速增加。中国人均牛羊肉和奶类占有量分别约为世界平均水平的 2/3 和 1/3,是今后市场需求增长最有潜力的品种(胡向东,2017)。1987 年中国牛羊存栏量分别为 7 039.8 万头和 16 135.7 万头,到 2015 年牛羊存栏量已大幅增至 10 817.30 万元和 31 099.70 万头,并且仍在稳步增长(沈辰和孟阳,2016)。伴随着畜产品需求的持续增长,中国畜牧业对饲料粮的需求不断提高。

(2)畜牧养殖逐渐偏向耗粮方向,单位产品的耗粮量逐年上升。中国草食家畜发展迅速,集中育肥和规模化养殖成为主流,饲料粮消耗量也大幅上涨。如表 6 - 1 所示,以中国散养肉牛为例,2009 ~ 2018 年平均每头牛的饲料消耗量呈上升趋势;2018 年散养肉牛的饲养粮消耗量为 430.57 公斤/头,相较于 2009 年 344.16 公斤/头,增长了约 25%。

表 6 -1　　　　　　　　2009 ~ 2018 年我国平均每头散养

肉牛的饲料消耗量　　　　　　单位:公斤/头

年份	精饲料	饲料粮	饲料总量
2009	490.58	344.16	834.74
2010	474.38	332.91	807.29

续表

年份	精饲料	饲料粮	饲料总量
2011	496.41	347.44	843.85
2012	503.49	364.1	867.59
2013	512.05	367.08	879.13
2014	529.32	375.6	904.92
2015	528.32	378.21	906.53
2016	547.94	388.37	936.31
2017	558.11	397.61	955.72
2018	592.86	430.57	1 023.43

资料来源：全国农产品成本收益资料汇编。

（3）饲料粮比精饲料更优质，饲料消耗中饲料粮占比不断提高。如图6-1所示，2009～2018年，中国平均每头散养肉牛饲料消耗中饲料粮占比呈现上升趋势。这主要是因为青贮、苜蓿等饲料粮的使用能在一定程度上提升草食家畜饲料结构合理性与饲喂效率，畜产品质量提升

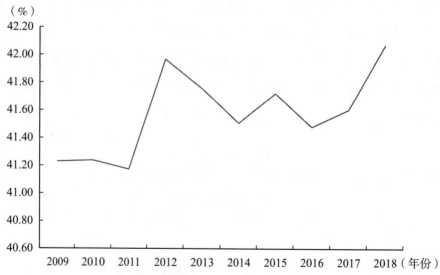

图6-1 2009～2018年我国平均每头散养肉牛饲料消耗中饲料粮占比

明显。饲喂青贮饲料，奶牛多产奶，肉牛肉羊膘情好且饲料消化率高，能减少疫病发生。另外饲料粮还解决了牲畜冬春饲草短缺的难题，实现了冬草秋贮、长年利用和草食畜牧业稳定发展，实现了"粮变肉"与"草变乳"的优质转化。据农业部畜牧业司测算，与秸秆黄贮相比，667平方米全株青贮玉米提供给牛羊的有效能量和有效蛋白可增加约40%；饲喂全株青贮玉米，奶牛的平均单产从6 000公斤提高到7 000公斤，并且肉牛肉羊的出栏时间明显缩短。

然而，在需求不断增长的情况下，中国饲料粮存在严重的供给不足问题。伴随着中国饲料粮需求的不断增长，饲料粮供求缺口已经开始显现。广义饲料粮消耗自2002年后占精饲料的比重稳定在60%~70%，而狭义饲料粮占精饲料的比重自2002年后不断下降至40%左右。山东、河南、云南和辽宁等牛羊养殖大省饲料粮的供需差额为1 000吨左右，河南和甘肃也存在500吨的缺口，反映出中国食草型畜牧业养殖存在严重的饲料粮供需不均衡问题（张英俊等，2014）。为了满足日益增长的饲料粮消耗需求，中国的谷物严重依赖进口。以2002年为转折点，中国谷物净进口量逐年增加。以狭义饲料粮中的玉米为例，玉米及其加工残渣玉米酒糟（DDGS）呈净进口态势。中国已经从2010年起变为玉米净进口国且2017年的净进口量达到274.02万吨。

（三）"三高"现象日益严重，粮食种植结构亟待调整

扭曲的支持政策导致种植结构偏差，不仅带来了"高库存、高价格、高进口量"难题，而且破坏了生态环境。为了保障饲料粮安全，2008年中国实施了玉米临时收储政策，即通过不断提高价格支持促进玉米生产。在该政策的激励下，中国玉米生产面积和产量快速增长，面积从2008年的2 986万公顷增长到2017年的3 544万公顷，增幅18.7%，产量从2008年的1.66亿吨增长到2017年的2.16亿吨，增幅30%。玉米总产量从2012开始超过水稻，成为第一大作物。然而，这

种扭曲性的支持政策也导致中国玉米出现了"高库存、高价格、高进口量"的现象。"三高"现象日益严重，已经成为国家性难题，不仅给国家财政带来沉重负担，并且提高了下游的玉米加工产业和畜禽养殖业的成本，降低了下游产业的国际竞争力。另外，在片面追求粮食安全的政策指引下，粮食非优势产区的粮食种植面积不断增加，特别在农牧交错带地区，草原被大量开垦成耕地，草地等生态用地数量减少、质量变劣，生态服务功能下降。

种粮出现利润瓶颈，较大的市场潜力使种草能获得高于种粮的经济效益。当前粮食种植成本逐年上升，且存在由于粮食价格波动造成的市场风险，粮食生产呈现利润不稳定趋势，出现利润瓶颈。而由于饲草料具有存在较大的市场潜力，在保证良好的土地资源和合理的田间管理条件下，种植饲草料具有较好的收益前景。因此，基于促进农户增收的目标，应当引导农民适应市场需求合理调整种养结构。因此，不论是消费端还是生产端，都对饲料粮生产提出了迫切的需求。

在上述背景下，中央重要文件和会议多次提及要大力推行和切实落实"粮改饲"政策。为了突显中央政府对"粮改饲"政策的重视程度，本章梳理了 2015～2017 年涉及"粮改饲"政策的重要文件和会议。如表 6－2 所示，2015 年起中央一号文件连续三年提出开展和推进"粮改饲"试点，2017 年中央政府报告提出了将"粮改饲"试点面积扩大到1 000 万亩（约合 66.67 万公顷）以上的工作目标。

表 6－2　　　2015～2017 年涉及"粮改饲"的重要文件和会议

时间	重要文件/会议	要点描述
2015	中央一号文件	加快发展草牧业，支持青贮玉米和苜蓿等饲草料种植，开展"粮改饲"和种养结合模式试点，促进粮食、经济作物、饲草料三元种植结构协调发展
	中央农村工作会议	在有条件的地方开展"粮改饲"试点，把二元结构改成三元结构

时间	重要文件/会议	要点描述
2016	中央一号文件	继续推进和扩大"粮改饲"试点
2017	中央一号文件	继续推进和扩大"粮改饲"试点
	政府工作报告	粮改饲试点面积扩大到 1 000 万亩（约 66.67 万公顷）以上

二、"粮改饲"政策实施现状

（一）试点范围及实施内容

农业部于 2015 年在 10 个省 30 个县启动"粮改饲"政策试点，2016 年增加到 121 个县，覆盖河北、山西、内蒙古、辽宁、吉林、黑龙江、安徽、山东、河南、广西、贵州、云南、陕西、甘肃、青海、宁夏、新疆等 17 个省区，2017 年进一步扩大到 474 个县。对于试点县的选择方面，由省级农牧部门同财政部门遴选符合条件的县，试点选择原则：一是草食家畜养殖基础好，规模化程度较高；二是气候、水土条件适宜发展规模化饲草料种植；三是政府重视种植结构调整和草食畜牧业发展；四是农民粮改饲积极性高、养殖场户收贮条件好。并且，为确保"粮改饲"试点成效，农业农村部先后制定了《粮改饲工作绩效评价办法》以及《粮改饲工作绩效评价指标表》，将粮改饲工作任务纳入政府绩效评估中，从饲草料收储量、粮改饲面积完成情况、产业化发展水平、种养结合紧密度以及种植养殖效益提升的角度来监督、考核粮改饲任务完成情况。

粮改饲主要采取以养带种方式推动种植结构调整，促进青贮玉米、苜蓿、燕麦、甜高粱和豆类等饲料作物种植，收获加工后以青贮饲草料产品形式由牛羊等草食家畜就地转化，引导试点区域牛羊养殖从籽粒玉米饲喂向全株青贮饲喂适度转变。中央财政补助资金主要用于优质饲草料收贮工作，支持对象主要为规模化草食家畜养殖场户或专业青贮饲料收贮合作社等新型经营主体。

（二）资金投入及补贴方式

2015年中央投入资金3亿元，2016年和2017年补贴资金进一步扩大到10亿元和20亿元。中央财政补助资金主要用于优质饲草料收贮工作，支持对象为具有优质饲草料收贮和使用能力的规模化草食家畜养殖场户、具有稳定饲草料供销订单的专业收贮企业（合作社），兼顾提供收贮服务的社会化服务组织。

实际操作中补贴可以分为两种方式：一是依托一定数量的养殖大户、合作社等完成饲草加工任务，根据完成的任务量确定项目补贴金额，一般在20万~100万元之间。补贴对象主要是规模较大的青贮饲草加工企业、使用饲草的养殖场或合作社。这种补贴方式的优点在于项目易于实施与监管，短期内推广饲草种植较快。但缺点在于，只对青贮饲料加工和消费大户进行补贴，对小规模青贮和饲草加工及消费者不公平；二是不区分大户和小户，一律按照饲草加工和使用数量进行补贴，补贴标准一般为50~60元/吨。这种补贴方式的优点在于所有参与饲草青贮加工的主体均可享受补贴，带动范围较广。缺点在于，由于参与主体较多，大幅增加了补贴核查和实施的难度。

（三）政策任务落实情况

根据农业农村部2015年印发的《全国种植业结构调整规划（2016~2020年）》（以下简称"《规划》"）的通知内容，中国计划到2020年玉米种植面积调减5 000万亩（约333.33万公顷），青贮玉米面积达到2 500万亩（约166.67万公顷），饲草面积达到9 500万亩（约633.33万公顷）。

由农业农村部公开信息显示，2015年试点地区实际种植面积达286万亩（约19.07万公顷），超过目标任务136万亩（约9.07万公顷），实际收储量达995万吨。2016年试点地区落实粮改饲种植面积678万亩（45.2万公顷），约减少籽粒玉米339万吨，占试点地区玉米总产量的

7.3%。改种的饲草料中，全株青贮玉米占 613 万亩（约 40.87 万公顷），高粱、苜蓿、燕麦等其他优质饲草料 64.9 万亩（约 4.33 万公顷）。2017 年试点地区实际粮改饲种植面积已达 1 334 万亩（约 88.93 万公顷），完成目标的 133.4%，调减籽粒玉米 2 000 万亩（约 133.33 万公顷）。2018 年的"粮改饲"试点工作和 2017 年相比基本保持稳定。试点规模进一步扩大，任务是 1 200 万亩（80 万公顷），比去年增加 200 万亩（约 13.33 万公顷）。

以 2017 年为例，分析"粮改饲"试点省区的政策落实情况，见表 6-3。由表 6-4 可以看出，在调查涉及的省区中，除贵州之外，所有的"粮改饲"试点省区均超额完成饲草种植任务面积，且以内蒙古实际饲草种植面积完成率最高。内蒙古的实际饲草种植面积占全区耕地面积的比例达到 10%，新疆次之，为 7.6%，其余省区饲草种植面积占全省/区耕地面积的比例基本在 1% 左右。从饲草种植的种类来看，所有省区的青贮玉米种植面积占比明显较高，其中内蒙古种植的青贮玉米种植面积占比最高（100%），新疆的青贮玉米种植面积占比最低，仅为 46.85%，贵州省青贮玉米种植面积占比次之，为 65%。新疆的饲草种植面积占比最高的是苜蓿，远大于其他省区苜蓿的种植面积，而贵州种植甜高粱的面积占比达到 34%，远高于其他省区的种植情况。

表 6-3　　　　　　2015~2017 年全国粮改饲政策落实情况

年份	目标任务（万亩）	实际种植面积（万亩）	实际收储量（万吨）	目标完成率（%）	调减籽粒玉米
2015	150	286	995	91	—
2016	600	678	—	113	339 万吨
2017	1 000	1 334	—	133.4	2 000 万亩
合计	1 750	2 298		131.3	4 000 万亩

资料来源：中华人民共和国农业农村部。

表6-4　　　　　　　　各个试点省区的饲草种植情况

省区	饲草种植任务面积（万亩）	实际饲草种植面积（万亩）	占全省/区耕地面积的比例（%）	青贮玉米种植面积占饲草面积的比例（%）	其他饲草种植面积占饲草面积的比例（%）
河南	80	215	1.8	95	5（苜蓿）
贵州	28.3	28.3	1	65	34（甜高粱）
山西	47.8	80.43	1.12	98.3	—
内蒙古	111.6	1 412.8	10	100	0
山东	119.5	135.24	1.18	94.50	3.51（燕麦）
黑龙江	86	150	0.6	95	3（苜蓿）
新疆	64.5	143	7.6	46.85	53.15（苜蓿）
甘肃	46.4	64.5	1.2	64.7	10.9（苜蓿）

综合来看，"粮改饲"政策取得了初步成效，具体而言：

从产业发展水平来看，"粮改饲"政策促进了牛羊养殖增产增效。试点地区共补贴青贮玉米等优质饲草料1 923万吨，覆盖奶牛213万头、肉牛90.7万头、肉羊202万只。据调查，原年产奶6吨左右的奶牛饲喂青贮玉米后，日均产奶量增加3公斤。肉牛饲喂青贮玉米后，日增重提高约0.4公斤，出栏时间缩短30天以上，饲料成本降低900元左右。肉羊饲喂青贮玉米后，饲料成本降低40元左右。

从种养结合紧密度和种植养殖效益来看，落实的粮改饲面积中，养殖场流转土地自种、种养一体化经营的比例达到30%，辽宁、新疆等省区超过60%。养殖场利用一体化经营优势，将牛羊粪便还田用于青贮饲料种植，减少化肥用量40%以上。试点地区青贮饲料联合收获机等现代装备加快普及，"耕、种、收、贮"全程机械化作业水平大幅提高。总的来看，粮改饲在种植和养殖两个环节都体现出了明显的优势，对提高土地资源利用效率、提升粮食安全保障能力、减轻粮食收储压力等方面具有重要作用。

由此可见,"粮改饲"政策实施三年以来,农业农村部每年给各试点地区下发的种植目标都已经按计划完成,多数地区超额完成,每年政策目标的完成率均在100%以上,并且对种养结合和产业发展都起到良好的作用。由于各试点地区所种植饲料作物最主要的就是青贮玉米,若按照每年实际完成面积的80%计算每年青贮玉米的政策完成量,目前已实现《规划》中对于青贮玉米的政策目标的73.53%。可以说在全国范围上,粮改饲政策的实施进度已超预期完成。

第二节 "粮改饲"政策实施模式及效果分析

一、"粮改饲"政策的实施模式

2014年以来,随着农业供给侧改革的不断推进,国家出台了大量的支持政策。通过典型案例调研发现,"粮改饲"政策试点的实施模式主要包括以下几类:

(1)合同订单模式。

以合同订单的模式在养殖场与农民之间形成了契约式的利益联结机制,将饲料作物种植任务与多个养殖场签订购销合同。如朔州市朔城区南榆林乡青钟村通乐奶牛养殖专业合作社是一家种养结合的合作社。目前,合作社理事长与成员之间是托管的关系,即合作社成员将奶牛寄存在合作社,由合作社董事长代为管理,理事长按照每年3 000元/头的价格结算。根据奶牛的出奶周期,一般按照三年一个周期进行托管。该合作社自2015年即开始参加粮改饲试点,主要是通过与农户签订订单的模式。2016 年，与 70 多户签订了 1 700 亩（约合 113.33 公顷）的青贮玉米订单；2017 年，与 100 多户签订了 2 000 亩（约 133.33 公顷）的青贮玉米订单。合作社为订单农户统一购买种子、化肥和有机肥（有机肥即为农场生产的奶牛粪便），收取成本费用；订单农户只进行田间管理，由合作社进行收割。

（2）"养殖户 + 牧草服务组织 + 农户"模式。

社会牧草服务组织在种养之间架起了合作桥梁。如朔州市组建了150 多家青贮玉米收获服务组织，拥有收获机械 533 台，解决了农民收割难、运输难的问题，也解决了养殖场无力购买机械、无力组织收贮的困难。组建了 32 家苜蓿和燕麦草收获服务组织，机械多为进口，总价值 5 000 多万元。

（3）畜产品龙头企业 + 养殖园区模式。

畜产品养殖龙头企业与多个奶牛园区建立了价格稳定、质量稳定的合作模式，在奶价持续低迷的情况下，保持与奶牛园区的合作关系。这些园区以整乡整村种养结合专业养殖户、家庭牧场、农牧民合作社和规模养殖场为主，适当兼顾具有较大规模青贮饲料收贮能力的规模化养殖场（企业、合作社）以及具有稳定青贮饲料供销订单的专业收贮企业（合作社）。

二、"粮改饲"政策的实施效果分析

为了解"粮改饲"政策的实施效果，项目组选取 11 个"粮改饲"试点县农户进行了微观调查。样本省区主要包括吉林、河南、河北、山西、内蒙古、甘肃 6 个饲草和粮食作物分布较多的地区。调查内容主要包括，2014～2017 年间，农户种植所有作物的播种面积和各项投入成本，以从微观层面分析"粮改饲"政策实施效果及其制约因素。

(一)政策实施以来作物种植结构的变化

"粮改饲"政策实施后,对粮食作物和饲草作物的种植结构影响显著。降低籽粒玉米的种植比重是"粮改饲"政策的目标之一。从表6-5中可以看出,样本中籽粒玉米占种植面积的比例逐年下降,从2014年的62.52%下降到54.74%;而且种植面积每年的增加速度明显放缓,2015年与2014年相比,籽粒玉米种植比例增长了12.4%,而2016年减少至1.1%,2017年增长速度仅为0.5%。但是由于籽粒玉米种植基数较大,目前样本中籽粒玉米仍然是种植最为广泛的作物,种植面积占比最高,且远远高于排在第二的小麦,2017年其种植面积占比仅为14.41%。

表6-5　　　　　主要粮食、饲草和经济作物种植面积变化

作物	2014年		2015年		2016年		2017年	
	面积（亩）	比例（%）	面积（亩）	比例（%）	面积（亩）	比例（%）	面积（亩）	比例（%）
小麦	2 613	11.23	3 038.6	11.45	3 623.52	12.91	4 377.72	14.41
籽粒玉米	14 553.9	62.52	16 362	61.67	16 535.8	58.90	16 626.3	54.74
青贮玉米	2 846	12.23	3 018	11.37	3 573	12.72	3 856	12.69
苜蓿	1 276	5.48	1 398	5.27	1 449.5	5.16	1 687.5	5.55
水稻	1 120.55	4.81	1 334.6	5.03	1 535.55	5.47	1 707.25	5.62
高粱	339	1.46	498	1.87	587	2.09	763.5	2.51
谷子	184	0.79	186	0.70	171	0.60	266	0.87
绿豆	189	0.81	476	1.79	450	1.60	677	2.22
向日葵	157	0.67	218	0.82	149	0.53	409	1.34

在"粮改饲"政策的支持下,饲草作物占总种植面积的比重呈现明显增加的趋势,而且种植面积每年增幅保持在较高水平。首先,青贮玉米占总种植面积的比重从2014年的12.23%增加到2017年12.69%,

种植面积每年也均保持在 6% 以上的增幅，特别是 2016 年，增幅达到 18.4%。其次，尽管苜蓿占总种植比例较低，大约 5%，但总体保持增长的趋势，从 2014 年的 5.48% 增加到 2017 年的 5.55%。而且苜蓿种植面积也在逐渐增加，平均每年增速大约为 9%，且 2017 年增速达到 16.4%。这是因为在"粮改饲"政策支持下，青贮玉米和苜蓿等饲草作物的种植收益相对提高，激励农户种植更多饲草作物。

从表 6-5 中也可以看出，高粱、谷子、绿豆等其他杂粮和经济作物的种植面积也出现了不同程度的增加，且增长速度也明显快于籽粒玉米。这可能主要是因为在"粮改饲"政策在增加饲草作物收益的同时，也降低了籽粒玉米的比较优势，特别是玉米临时收储政策的取消，籽粒玉米种植优势进一步降低，部分农户更愿意选择增加杂粮和经济作物的种植。

（二）主要粮食和饲草作物成本收益比较分析

经济效益是推动作物面积增加的最主要因素。上述分析发现，饲草作物种植面积快速上涨，表明与粮食作物相比，饲草作物可能在经济效益方面具有比较优势。为了解两种作物的经济效益，需要对比分析粮食作物与饲草作物之间的成本收益情况。在样本区域，玉米、小麦、青贮玉米和苜蓿是主要的粮食与饲草作物，因此本节选择上述四种作物比较经济效益。

从每亩净收益来看（见表 6-6 ~ 表 6-9），2017 年青贮玉米和苜蓿的每亩净收益明显高于籽粒玉米。青贮玉米和苜蓿作物 2017 年的每亩净收益分别为 519.20 元和 635.14 元，比籽粒玉米高 160 多元和 200 多元，这解释了青贮玉米和苜蓿种植面积增速显著高于籽粒玉米这一现象。但是，小麦的每亩净收益均高于其他三种作物，主要是因为国家对小麦实施最低收购价政策，小麦价格明显高于其他作物，而且小麦的投入成本较低。但小麦的种植比例并不高，主要是因为调查区域并不是中国小麦主产区，仅在部分适宜生长区域有小麦种植。因此，尽管小麦的净收益最高，也无法超过籽粒玉米。

表 6-6　　　　　　　**2014～2017 年籽粒玉米成本收益变化**　　　　　单位：元/亩

指标	2014 年	2015 年	2016 年	2017 年
收入	923.20	814.00	699.50	700.80
产量	978.35	968.88	992.33	949.34
单价	0.94	0.83	0.71	0.73
化肥投入	111.71	108.95	110.64	108.64
机械投入	73.42	71.06	77.06	78.38
农药投入	18.02	18.28	18.50	19.03
灌溉投入	40.21	38.32	39.75	40.14
地膜投入	6.40	5.46	6.58	6.77
种子投入	44.94	46.48	49.22	49.55
雇佣劳动成本	52.72	44.82	48.06	62.56
自有劳动成本	90.99	70.41	90.20	218.54
净收益	643.86	544.26	415.92	386.19

表 6-7　　　　　　　**2014～2017 年小麦成本收益变化**　　　　　单位：元/亩

指标	2014 年	2015 年	2016 年	2017 年
收入	1 072.00	1 122.00	1 153.00	1 168.00
产量	968.81	981.70	996.95	989.08
单价	1.11	1.14	1.153	1.18
化肥投入	156.70	155.40	155.00	151.60
机械投入	98.08	100.20	106.50	107.80
农药投入	32.26	33.26	33.16	33.45
灌溉投入	65.76	64.10	64.11	62.37
地膜投入	0.00	0.00	0.00	0.00
种子投入	78.89	78.54	76.36	75.74
雇佣劳动成本	14.17	15.24	37.69	68.40

续表

指标	2014 年	2015 年	2016 年	2017 年
自有劳动成本	4. 52	45. 22	56. 30	151. 60
净收益	664. 00	712. 58	739. 38	728. 01

表 6 - 8 　　　　　　　**2014～2017 年青贮玉米成本收益变化**　　　　单位：元/亩

指标	2014 年	2015 年	2016 年	2017 年
收入	757. 20	636. 50	767. 10	755. 20
产量	3 133. 51	2 820. 84	4 088. 92	3 789. 46
单价	0. 26	0. 24	0. 22	0. 21
化肥投入	126. 30	110. 20	96. 03	95. 96
机械投入	73. 15	73. 32	82. 98	77. 85
农药投入	17. 64	19. 46	18. 63	17. 02
灌溉投入	19. 98	24. 30	27. 62	23. 51
地膜投入	1. 47	1. 82	1. 41	1. 14
种子投入	59. 18	60. 20	61. 39	59. 67
雇佣劳动成本	10. 00	9. 70	9. 59	13. 50
自有劳动成本	61. 01	52. 91	55. 34	62. 89
净收益	487. 15	389. 60	524. 68	519. 20

表 6 - 9 　　　　　　　**2014～2017 年苜蓿成本收益变化**　　　　单位：元/亩

指标	2014 年	2015 年	2016 年	2017 年
收入	812. 20	827. 30	960. 90	1 208. 00
产量	1 095. 11	1 027. 28	1 141. 91	1 304. 00
单价	0. 81	0. 85	0. 85	0. 93
化肥投入	70. 68	112. 40	58. 78	49. 93
机械投入	66. 29	137. 60	66. 30	93. 20
农药投入	6. 79	15. 03	5. 92	3. 67
灌溉投入	82. 31	89. 90	93. 31	93. 20

续表

指标	2014 年	2015 年	2016 年	2017 年
地膜投入	21.67	54.58	23.79	9.85
种子投入	75.29	105.50	52.14	25.37
雇佣劳动成本	17.89	21.75	49.79	49.44
自有劳动成本	80.00	226.70	285.80	371.40
净收益	391.28	390.99	325.07	635.14

从净收益的变化趋势来看，从 2014～2017 年籽粒玉米净收益逐渐下降。2014 年籽粒玉米的净收益显著高于青贮玉米和苜蓿，可能受2016 年国家取消玉米临时收储、实施生产者补贴政策的影响，籽粒玉米价格大幅下降，净收益也随之减少。与此同时，在政府大力推行"粮改饲"政策的背景下，青贮玉米和苜蓿等饲草作物的净收益总体呈上升趋势。青贮玉米净收益从 2014 年的 487.15 元/亩增加到 2017 年的519.20 元/亩，增幅为 6%左右，苜蓿作物的净收益增幅更大，从 2014年的 391.28 元/亩增加到 2017 年的 635.14 元/亩，增幅达 62%左右。由于小麦的产量和价格较为稳定，且受"粮改饲"政策影响不大，因此，小麦的净收益稍有波动，但总体稳定。

除了产量和收益之外，成本也是影响作物净收益的主要因素。从表 6-6～表 6-9 中，可以看出，饲草作物与粮食作物之间成本结构差异较大。首先，青贮玉米与籽粒玉米的成本差异主要体现在劳动力投入方面。无论是自有劳动力还是雇佣劳动力投入，籽粒玉米均显著高于青贮玉米。2017 年，青贮玉米的雇佣劳动力和自有劳动力投入分别为13.50 元/亩和 62.89 元/亩，均远远低于籽粒玉米的 62.56 元/亩和218.54 元/亩。在 2014 年和 2015 年期间，玉米价格较高，种植收益相对较高，尽管生产成本不低，却能保证较高的净收益。但 2016 年玉米价格下跌后，净收益也随之下降。值得注意的是，苜蓿的劳动力投入要稍微高于籽粒玉米，2017 年雇佣和自有劳动力投入分别为 49.44 元/亩和 371.40 元/亩，但其净收益仍然远远高于籽粒玉米。主要原因是苜蓿价格和单产均明显增加，以致其种植总收益远远高于籽粒玉米。

在其他投入成本方面，四种作物的灌溉投入相差不大，可能主要是因为灌溉投入主要与天气条件和特定土壤质量、地形的地块相关，与作物相关性不大；在种子投入方面，青贮玉米与籽粒玉米相差不大，均在 60 元/亩左右；小麦的种子费用要明显高于其他三种作物，这可能与小麦价格较高相关；四种作物相比，苜蓿的种子投入最低，且逐年下降，从 2014 年的 75.29 元下降至 2017 年的 25.35 元/亩，这可能是因为苜蓿是多年生作物，不需要每年重新播种；在机械投入方面，籽粒玉米与青贮玉米相差不大，每亩均为 70 多元，主要原因是籽粒玉米和青贮玉米的机械化程度差别不大；小麦的机械投入成本最高，可能主要是因为小麦生产的机械化程度较高，需要投入更多的机械。同时，小麦的劳动力投入总体上相对较低。在地膜投入方面，只有苜蓿相对较高，平均每亩 50 元左右，而小麦地膜投入为 0，青贮玉米与籽粒玉米较为接近，地膜投入主要与区域气候和具体农艺相关，并不是导致作物间收益差距的主要因素。

需要注意的是，由于调查区域大部分为自有土地，在缺乏土地流转市场的情况下，难以计算土地价格，因此，本章计算的成本收益不包括土地成本。但由于地区间的平均土地价格差别不大，这对本章的分析不会产生较大的影响。

通过上述分析可以看出，饲草作物与粮食作物之间的净收益差距主要取决于收益与成本两个方面的变化。在收益方面，导致籽粒玉米收益变化的主要原因是市场价格下降，导致其每亩收益与青贮玉米相差无几。而在"粮改饲"政策的支持下，饲草作物产出及价格较为稳定且有增长趋势。在收益相对发生变化的同时，饲草作物的成本，特别是劳动力投入成本相比籽粒玉米较低，最终在净收益方面具有一定的比较优势。

（三）饲草作物种植对养殖结构及数量的影响

促进草食畜牧业的发展也是"粮改饲"政策实施的主要目标之一。通过推广饲草作物种植面积，提升饲草质量，降低养殖成本，提升草食家畜养殖效率。同时，草食家畜养殖效率和规模的增加，也能进一步增加饲草需求量，引导饲草作作物种植面积的进一步增加，调整种植结构，促进"粮—草—畜"的协调与良性发展。为了分析在"粮改饲"政策背景下，草食家畜养殖结构的变化，本节内容选择了牛、羊和猪等家畜养殖数量及结构的变化。

表6－10列出了2014～2017年牛、羊、猪和其他家畜的养殖结构及变化情况。其他家畜主要包括为马、驴、骆驼以及鹿等。从表中可以看出，"粮改饲"政策实施之后，家畜养殖数量总体呈增长趋势，而且所有类型的牲畜养殖数量均以较快速度增长。特别是在2015年牛和羊养殖数量的增幅最大，均达到了200%以上，同期猪和其他牲畜的养殖数量分别增加了52.86%和10.54%，远远低于牛和羊的增长速度。可能是由于饲草作物是牛和羊的主要饲料，饲草作物数量的增加更加有利于牛羊养殖规模的增加。这也表明"粮改饲"政策在实施的当年取得了一定的效果。在2016和2017年，增幅虽有放缓，但也保持一定的增长趋势。尽管在2017年羊的养殖数量出现下降，但仍然远远高于"粮改饲"政策实施之前的水平。

表6－10　　　2014～2017年样本区域养殖数量及结构变化情况

牲畜	2014 年		2015 年		2016 年		2017 年	
	数量（头）	比例（%）	数量（头）	比例（%）	数量（头）	比例（%）	数量（头）	比例（%）
羊	2 864	16.94	10 011	35.61	12 292	38	8 697	28.75
牛	660	3.90	2 084	7.41	2 389	7	2 578	8.52

续表

牲畜	2014 年		2015 年		2016 年		2017 年	
	数量 （头）	比例 （%）	数量 （头）	比例 （%）	数量 （头）	比例 （%）	数量 （头）	比例 （%）
猪	2 904	17.18	4 439	15.79	4 608	14	5 883	19.45
其他	10 477	61.98	11 581	41.19	12 656	40	13 095	43.28

在家畜养殖数量快速增长的同时，养殖结构也出现了显著变化。特别是牛和羊的数量占家畜总量之比，分别从 2014 年的 3.90% 和 16.94% 增加至 2017 年的 8.52% 和 28.75%。猪的养殖比例有所增加，但增长幅度较小，仅从 2014 年的 17.18% 增加到 2017 年的 19.45%，而且数量也已明显低于羊的养殖数量。以马、驴、骆驼、鹿等为主的其他家畜比例大幅下降，从 2014 年的 61.98% 减少至 2017 年的 43.28%。这进一步表明以饲草为主要饲料来源的牛和羊受"粮改饲"政策影响最大，草食畜牧业得到较好的发展。

（四）饲草作物种植对环境的影响

除了经济效益外，"粮改饲"也有显著的生态效益。由于长期以来农业价格政策的支持，以籽粒玉米为代表的粮食作物在北方农牧交错带等玉米非优势区域快速增加，使用大量化肥农药，农业结构失衡、水资源过度开发，给当地的生态环境带来较大的压力。在此背景下，政府通过"粮改饲"政策鼓励减少玉米面积，增加饲草种植，在调整种植结构的同时，解决该区域的生态问题。

饲草作物的生态效益首先体现在化肥和农药使用量方面。表 6-11 列出了 2014~2017 年，籽粒玉米、小麦、青贮玉米和苜蓿四种作物的化肥和农药使用量。可以看出，饲草作物的化肥和农药等化学药品使用明显低于粮食作物，对于减少农业面源污染具有一定作用。2017 年，每亩青贮玉米化肥使用数量为 52.7 斤，每亩苜蓿化肥使用量为 45.4

斤,而每亩籽粒玉米的化肥使用量将近90.0斤,几乎是苜蓿化肥施用量的2倍。而小麦的化肥使用量达到了124.5斤/亩,更是远远高于青贮玉米和苜蓿的化肥使用量。在农药方面,每亩青贮玉米和苜蓿的农药投入分别为17.02元和3.67元,也均低于籽粒玉米的19.03元/亩和小麦的33.45元/亩。从时间趋势上来看,籽粒玉米的化肥使用量、农药施用成本均呈现增加趋势;小麦的化肥使用量有所下降,而农药施用成本有所上升;青贮玉米的化肥使用量和农药施用成本均有所下降,且前者的下降幅度高于小麦;苜蓿的化肥使用量有所增加,增加幅度小于籽粒玉米,而农药使用成本下降明显。可以看到饲草作物的化肥和农药使用量有所减少,而籽粒玉米的化肥和农药投入均总体上处于增加的趋势。

表6-11 2014~2017年主要粮食和饲草作物化肥农药使用情况

作物	化学药品使用量	2014年	2015年	2016年	2017年
籽粒玉米	化肥(斤/亩)	84.460	83.352	82.592	89.913
	农药(元/亩)	18.018	18.281	18.499	19.034
小麦	化肥(斤/亩)	129.207	128.738	129.216	124.467
	农药(元/亩)	32.26	33.26	33.16	33.45
青贮玉米	化肥(斤/亩)	58.716	58.641	58.193	52.662
	农药(元/亩)	17.64	19.46	18.63	17.02
苜蓿	化肥(斤/亩)	43.475	62.564	46.367	45.415
	农药(元/亩)	6.786	15.03	5.923	3.674

这一结果表明随着饲草作物种植面积的增加,农药和化肥投入将会减少,这有利于缓解"粮改饲"区域的生态压力,特别是对于农牧交错带等生态较为脆弱的地区,化肥农药施用量的减少,有助于控制面源污染,维护生态平衡。

在环境效益方面，除了减少化肥和农药使用量外，种植饲草作物也对土壤植被和草原植被恢复发挥一定作用。草地具有防风固沙、蓄水保土、涵养水源、净化空气、保护生物多样性的生态功能，随着饲草种植面积的增加，有助于减少生态脆弱区域的土壤流失，恢复区域植被覆盖率；而且粮草轮作的种植模式，也有利于土壤肥力的恢复。另外，饲草种植量的增加，为家畜养殖业提供优质饲草料，减轻天然草地的载畜压力，促进天然草地自然恢复。此外，随着"粮改饲"试点范围的扩大，已经覆盖山东、河南、安徽、四川等南方农业省份，农区饲草种植不仅能够减缓化肥农药等化学药品过度使用的趋势，也能减少秸秆焚烧等污染行为，生态效益显著。

第三节　"粮改饲"政策实施的典型案例分析：甘肃环县

在分析政策实施效果的基础上，本章以甘肃省环县为研究对象，对其"粮改饲"政策的实施情况进行系统的实际访谈和问卷调研，分析了受补贴主体种植粮食作物和饲料作物的成本收益情况、粮改饲对农户种植决策的影响。环县"粮改饲"政策研究案例的数据主要以在当地开展的从环县畜牧兽医局草原站到随机抽取的 2016 年参与粮改饲项目实施的 6 家合作社或草业企业为对象的案例访谈实录所得。

一、环县"粮改饲"政策实施流程

（一）政策补贴设计

在中央部门的文件指导和任务目标下，各省政府会根据各区县上报的粮改饲任务目标分配补贴资金，并根据本地区具体的农业情况制定互有差异的实施细则，体现在补贴方式和标准上各地存在差异。甘肃省"粮改饲"政策补贴发放对象是青贮玉米、燕麦草、苜蓿等标的青贮饲草料作物的收贮主体，主要为各试点县的养殖企业或者养殖合作社。为了促进粮改饲的规模效应，省级文件要求对特定饲草作物和规模化种植予以额外支持，当地草业公司和种草大户分别以土地流转 500 亩（33.33 公顷）和 300 亩（20 公顷）为起奖线，每增加转入一亩土地额外奖励 20 元，若是种植苜蓿则奖励 30 元。

将环县畜牧兽医局 2015～2017 年上报省农业厅的实施方案，将每年粮改饲的种植任务和补贴金额整理如表 6-12 所示。其中，单个受补贴主体的补贴金额根据当年上报的收贮量确定，补贴金额范围一般在 20 万～100 万元。

表 6-12　　　　　　　　　环县"粮改饲"任务与补贴额

任务与补贴额	2015 年	2016 年	2017 年
饲料作物种植面积（万亩）	3.58	6.50	3.00
饲料作物收储量（万吨）	10.00	15.6	9.00
中央补贴资金金额（万元）	1 000	1 000	600

在访谈中了解到，由于合作社和养殖企业是饲草料市场的最重要的购买者，他们的采购需求对周围普通农户的种植意愿起到了决定性的影响，因此将补贴的主体设定为青贮饲料的消费者。这种补贴种植业环节下游以通过激励需求来引导生产的方式，并不对生产的投入水平产生影响，但是专业化经营的下游组织能更好避免单个农户的盲目生产行为，更好地落实"以需定种"的补贴目标。可以说补贴收贮方的政策设计也正是为了达到推动草食畜牧业"降成本、补短板"、促

进农牧结合的目标。

（二）政策实施流程与补贴发放情况

根据对环县畜牧兽医局粮改饲政策实施负责人——环县草原站张站长的访谈内容，每年"粮改饲"政策补贴发放都会严格遵照既定的政策实施流程，从前期的政策宣传到补贴对象筛选，再到最后的作物验收，整个政策实施过程跨度 3～4 个月。而由于政策繁多且局里人手有限，所有的政府方面的工作都仅由 2 人操办，导致每年整体的政策落实进度会落后于预期。环县"粮改饲"政策实施的基本流程可大致归纳如下：

第一步：政策宣传。在每年 6～7 月省里下达粮改饲政策实施文件后，环县按照省市相关文件精神及粮改饲相关政策，及时召开会议进行动员、印发相关工作文件，将该年粮改试点建设项目实施对象、规模、补助标准等政策宣传到乡镇、草业公司、合作社、养殖大户。同期，县畜牧兽医局将邀请各乡镇分管乡镇长、部分企业（合作社）、养殖大户代表参加了全县"调整农业结构开展粮改饲和种养结合模式试点工作"座谈会，为制定本年粮改饲实施方案提供基础数据，并可通过会议议程认识到了开展粮改饲工作的重要性和必要性，提高了合作社和企业参与的积极性。

第二步：制订实施方案，确定补贴金额。各乡镇按照公平公正的原则，从农业种植规模效益的经济规律出发、结合养殖企业和养殖合作社的养殖规模及饲料需求情况，筛选政策实施企业或者合作社，并上报环县畜牧兽医局。县畜牧兽医局根据上报企业、合作社养殖规模、基础设施、硬件配备等基本情况，制订补贴方案，下达各实施企业、合作社本年青贮饲草的收贮任务量。在向各实施单位下达任务的同时，也会鼓励各实施企业、合作社与周围农户签订饲草作物的订单合同，明确种植范围、面积、牧草品种、补助金额以及完成时间、质量要求、管护责任等，通过合同切实保障农户利益，对当地普通农户的种植结构的调整起到广泛的带动作用。

第三步：政策实施监督。每年 6～7 月还处于青贮玉米等饲料作物生长初期，县畜牧兽医局成立督查小组，按照政策实施方案要求，对实施企业、合作社的播种、出苗、长势、产量等牧草种植情况跟踪督查指导，确保种植任务落实到位。到 9～10 月青贮玉米的收割、青贮期间，环县政府部门会抽调人员组成技术服务督察小组，分片区赴各乡镇进行全程督查指导服务，保障青贮饲料收贮工作的顺利开展。各乡镇分管领导、包村干部、兽医站、农机中心人员也会进村入户，确保青贮任务落实到位。

第四步：完成验收。到年底各实施企业、合作社收贮任务基本完成后，县畜牧兽医局抽调人员会同县发改、财政、审计等单位组成验收小组，以"现场勘查、翻阅账务、听取汇报、核对合同"等方式，对粮改饲项目各个实施企业、合作社的建设任务落实、资金账务、饲料青贮、干草储备等情况进行现场查验。对通过验收的企业（合作社），账务明细、票据管理审核无误后，尽快兑付资金。对未通过验收的合作社，要求尽快完善基础设施和青贮设备，延期一年实施粮改饲项目，完成后由畜牧兽医局验收小组进行复验，验收达标后，拨付资金。

第五步：补贴发放。由于甘肃省农业厅要求本省各粮改饲试点县对当地单个实施合作社或企业补贴的发放设置明确上下限，在中央专项补贴资金总额一定的情况下，受补贴主体的数量将由补贴平均额决定。2015 年和 2016 年环县获得粮改饲项目补贴的生产主体分别为 27 个和 33 个，每年总补贴金额为 1 000 万元。补贴资金发放时间为每年县畜牧兽医局等部门人员根据项目实施计划对粮改饲项目验收达标后划入发放对象提供的银行账户。该笔补贴通常被政策实施企业和合作社用于交付合同欠款、购置牲畜、农用设备或补充其他流动资金的需求。

二、环县"粮改饲"政策的实施效果

由于需要购置专业的机械和新建青贮窖，饲料作物的种植的资金投入较大，而中央补贴资金仅占总投资的一小部分，政策落实中合作社或企业的资金自筹率均在75%以上。2015年环县"粮改饲"政策涉及总投资3 574.87万元，其中中央投资资金1 000万元，自筹经费2 574.87万元。2016年环县粮改饲政策涉及总投资4 581.606万元，其中，中央补助资金1 000万元，自筹经费3 581.61万元。合作社的自筹经费基本来源于向当地信用社或银行等农村金融机构的贷款，部分规模较小的合作社能享受到贴息政策优惠。

从2016年验收结果来看，33个参与"粮改饲"政策的合作社或养殖企业中，验收合格的30个，未通过验收的3个。县畜牧兽医局将督促其尽快按上报任务量完成饲料作物的收贮指标，将对未通过验收合作社在当年底或第二年初组织第二次验收，目的是确保资金全部发放到位，并完成政策目标。2016年环县粮改饲实际实施项目总支付4 173.98万元，其中中央投资资金835万元（剩余165万元用于2016年采购青贮打包膜、麻绳105万元，未验收通过3个合作社60万元）。30个企业、合作社自筹资金3 338.98万元。合作社或企业过高的负债率将增加政策的实施风险，而合作社的偿债资金来源的充足性最终取决于牛羊价格对其养殖业销售效益的影响，可见"粮改饲"在促成种养产业协调发展的同时，进一步加强了两种产业之间的风险联系。

环县在"粮改饲"政策的引导和支持下，截至2016年底全县当年共生产饲草14.50万吨，可供饲养羊单位5.89万个，全县粮—经—饲种植结构由68∶8∶24调整到65∶7∶28，饲草种植比例提高4个百分点，促进了当地农业的"粮经饲"三元种植结构改善与协调发展。除此之

外,"粮改饲"政策实施带来了较好的经济、社会和生态效益:

在经济效益方面,2016年政策实施后,完成各类饲草种植面积60 125亩(约4 008.33公顷),生产各类饲草145 040吨,其中带棒玉米青贮97 695吨,收贮各类饲草47 345吨。饲草按照市场均价360元/吨计算,产生经济效益5 221.44万元,除去项目前期投入4 078.98万元,产生利润1 142.46万元,投入产出比为1:1.2。按照青干比4.5:1计算,生产各类干草32 231吨,按每只羊每天进食1.5千克计算,每年可饲喂58 869个羊单位。另外,粮改饲实施形式主要为农社合作,既合作社订单收购农户的饲料作物,这样既实现了养殖合作社与周边种植户之间的互利双赢,同时也促进了种植业与养殖业之间经济的良性循环。在农社合作下,一方面合同订单为农户种植饲料作物提供了稳定的收入来源,提高了种植效益。另一方面,当地饲草产业的发展也能帮助合作社降低饲料的外购物流成本,稳定饲料供给,最终带动养殖业效益的提升。

在社会效益方面,由于种草规模扩大,饲草收割、运输、加工各环节需要大量劳动力,同时,丰富的饲草资源可以带动和促进当地养殖业的发展,因此,粮改饲项目的实施在种、养、加多个行业除可使专门化企业和合作社实现盈利外,还可带动周边大量农村劳动力就地实现就业,增加农民经济收入,带动农民转变经营方式,调整农业经济结构,提高生产效益。

在生态效益方面,粮改饲政策的实施由于增加了大量的一年生和多年生饲草,土壤植被覆盖度显著增加,土壤蓄水能力增强,水土流失明显减少,还可起到防风固沙、涵养水源、净化空气、保护生物多样性等生态功能,因此,项目实施对改善当地生态环境具有十分重要意义和作用。

三、环县"粮改饲"参与合作社的成本收益分析

本次共走访调研了 6 家参与了粮改饲的合作社和企业。为了使调研结果更具代表性，调研对象我们尽可能选取了不同类型主体，既选取了专业合作社也选取了工商企业、既包括了仅是收购饲料的企业也包括了种植与收购相结合的企业或合作社、既包括了只参与了一年的也包括了两年都参与的。6 家参与主体在 2015 年和 2016 年签订了任务目标且均已通过验收，按计划完成，具体的任务计划、补贴等基本情况如表 6 - 13 所示。

对于合作社或企业而言，收购饲草的成本均高于自种的成本，见表 6 - 14。补贴收益属于收购方的纯收益，用以补充其流动资金、垫付合同费用或偿还银行贷款。在访谈的合作社中，自种饲草的产量平均仅为其全年饲草需求量 30% 左右，大部分饲草是通过收购途径获得，制约合作社扩大自种面积最主要的原因是土地流转困难。由于当地部分农民思想观念较为落后，"重粮轻草"的现象普遍存在，企业与合作社流转土地进行集中连片种植比较困难，流转的土地一般为山地或没有耕种的闲置地块，耕地开发难度大，不利于大型机械作业，增加了种养结合经营的成本，减少了经济效益。

然而，在合作社扩大养殖规模，且粮食价格逐步下降的形式下，对于周边饲草种植户而言，种植饲料作物并按出售给当地养殖合作社能一定程度提升种植业收入。种植户出售收益的衡量一般以收购金额为标准，以收购合同为前提条件。虽然收购订单是在种植前期提前签订的，但是由于一般没有具体的收购价格，所以是在饲草料的收获期再协商的，因此，出售收益会受当年农作物价格波动的影响。虽然合作社或者饲草企业每年都会按照订单合同规定进行收购，但合同对于农户而言约

表6-13　参与"粮改饲"的合作社情况

项目	任务		2015年		2016年	
	2016年	2015年	补贴金额（万元）	占总投资比例（%）	补贴金额（万元）	占总投资比例（%）
甘牧源奶牛养殖专业合作社	收购青贮玉米8 125亩	收购青贮玉米700亩，收购甜高粱300亩	100.00	81.30	100.00	17.58
甘肃荟荣草业有限公司	—	收购苜蓿2 220亩，租赁种植苜蓿3 000亩	100.00	24.74	—	—
汇博养殖专业合作社	种植青贮玉米50亩，收购青贮玉米712亩，种植甜高粱20.5亩，收购燕麦505亩，种植苜蓿50亩，收购苜蓿480亩	种植青贮玉米156亩，租赁种植青贮玉米124亩，收购燕麦70亩，收购甜高粱30亩，租赁种植苜蓿600亩	20.00	42.51	30.00	17.34
世强养殖专业合作社	收购青贮玉米2 650亩，种植甜高粱450亩，种植苜蓿150亩	收购青贮玉米490亩，租赁种植苜蓿584亩	100.00	74.88	40.00	18.18
维莱特养殖专业合作社	种植青贮玉米942亩，种植甜高粱30亩，种植燕麦70亩，种植苜蓿200亩，收购300亩	—	—	—	20.00	18.35
青明养羊牧民专业合作社	种植青贮玉米70亩，收购青贮玉米300亩，种植燕麦285亩，收购青高粱270亩，种植苜蓿240亩，收购苜蓿460亩	种植青贮玉米55亩，收购青贮玉米300亩，收购燕麦90亩，收购甜高粱150亩，种植豆类20亩，租赁种植苜蓿450亩	20.00	24.27	20.00	19.67

表 6 – 14　　　　　　　　　　饲草成本与价格对比

成本与价格	青贮玉米	苜蓿	燕麦草
自种成本	400 元/亩	340 元/亩	350 元/亩
收购价格	600 元/亩	1 000 元/亩	560 元/亩

束性小很多，大多数农户往往依旧会选择种植籽粒玉米品种，在收割季节根据饲草和粮食的价格优势进行选择性出售。

根据调研情况，虽然种植饲草料比种植传统粮食作物多一道贮藏程序，但存在生产产量上的比较优势，因此在总体投入—产出上相差不大。但合作社，尤其是单个农户是否愿意种植饲料作物，种植规模的大小都取决于当地养殖业的发展情况，养殖业规模扩大对饲草料的需求就增加，与饲草种植户签订收购合同就对其收益形成保障。

第四节　"粮改饲"政策存在的问题与对策建议

一、"粮改饲"政策存在的问题

（一）畜产品和饲草价格波动风险较大，降低农民种植牧草积极性

相对于籽粒玉米，牧草难以存储，因此，一旦出现销售困难，牧草种植农户将遭受较大损失。而最近几年牛羊肉价格波动较大，导致牛羊生产数量在年际间波动较大，也影响了牧草的需求和价格。因此，大多数农户在没有收购订单或牧草生产保险保障的情况下，一般不愿意选择种植牧草。在我们对 6 省/区农户的调研中也发现 2017 年种植青贮玉米的农户占样本总数的 16%，而种植苜蓿的农户仅占样本总数的 6%。特

别值得关注的是，饲草种植的结构比较单一，除了苜蓿和青贮玉米，调研样本中没有农户种植燕麦草等其他牧草。

（二）补贴内容设计不合理，制约了饲草种植规模增加

从补贴内容来看，现有补贴政策仅对饲草的加工和消费进行了补贴，而缺乏对种植方面的补贴和技术指导。饲草作物，尤其是青贮饲草对相关农艺、农机技术均有较高要求，并且农民普遍缺乏饲草种植技术和经验，因此需要对优良饲草品种的补贴和推广、对农户的技术指导等配套政策支持。

另外一个亟须解决的问题是，饲草种植机械缺乏。由于饲草的种植需要机械设施的大量投入，加上饲草收获和存储对时限性要求较高，如果不在合适的时间内完成收贮，易造成质量损失。饲草作物的收割、打捆以及青贮工艺都需要大型农业机械设备，普通农户缺乏相关设备，存在牧草收割、揉丝、装填等环节费时费力的问题，影响了农民种植饲草作物的积极性。

补贴区域划分不合理。在黑龙江和内蒙古的部分"粮改饲"政策试点区域，玉米种植具有较大的比较优势，改种饲草作物并不会给农户带来更多收益，因此这些区域"粮改饲"能否持续发展值得怀疑。但在西南岩溶地区的部分区域，特别是山区或丘陵地区，适合"粮改饲"发展，却没有被纳入试点之中。

（三）不同政策相互冲突，补贴效果打折扣

"粮改饲"政策的目的是通过提供补贴鼓励农民种植饲草作物，减少籽粒玉米种植面积。但是，在部分地区政府实施"粮改饲"补贴后，却取消了对改种饲草地的种粮补贴（即耕地质量补贴等），导致"粮改饲"政策补贴的效果被抵消。

部分地区将"粮改饲"政策与扶贫政策相结合，要求"粮改饲"补贴必须向贫困地区倾斜。但这些地区的养殖户（合作社）往往缺乏

扩大养殖和饲草收贮能力，无法完成饲草种植和收贮任务，给"粮改饲"的开展带来不利影响。

（四）政策实施的稳定性有待加强

到 2017 年底，"粮改饲"的补贴试点即将结束，后期的"粮改饲"政策怎么执行还不明确，也导致各地方政府在试点过程中畏首畏尾，担心很多工程投资如青贮窖的建设等后期缺乏政策支持，制约了"粮改饲"的可持续性。

另外，农业部在每年 5 月才公布各省区"粮改饲"任务，进入试点名单的省区大约在 6~7 月才公布试点县名单和任务数量。但大部分地区在 4 月或 5 月就进入饲草种植期，"粮改饲"任务公布时间晚于饲草种植时间，导致地方任务开展较为困难。

（五）饲草产业流通体系有待健全

牧区牲畜养殖对饲草料供给的数量、质量和及时性都有很高的要求。由于中国牧区四季分明，生长季节短，加上近年来的干旱、雪灾等自然灾害频发，导致天然草地的饲草供给存在着极大的波动性，很难满足牲畜对饲草料的需求，只能依靠购买饲草料来维持饲养。

但当前饲草产业流通体系尚不健全，饲草供给市场发育缓慢且不够活跃，导致半农半牧区生产的饲草料销售难而牧区饲草料供给严重不足，造成牧区饲草料价格大幅度增加。因此，从饲草料资源的可供给性和可保证性来看，饲草产业流通体系有待进一步完善。

二、完善"粮改饲"政策的对策建议

总体来看，"粮改饲"政策实施在优化中国农业生产结构、提高农民收入、生态保护、提高畜禽产品质量等方面发挥了重要作用。但是，2017 年试点结束后，"粮改饲"政策将如何开展是目前亟需解决的重要

问题。根据实地调研,本报告提出了进一步完善"粮改饲"政策的对策建议:

(一) 在全国范围内长期实施"粮改饲"政策

实现粮经饲、种养加、一二三产业融合发展是新时代中国乡村振兴战略的重要组成部分。草牧业与种植、养殖、加工、农业可持续发展紧密相连,草牧业现代化是农业现代化的必然要求。

农区草业发展不仅对保障中国食物安全具有重要意义,而且对改善农区生态环境具有重要价值。我们的研究表明中国农区适宜于种草的土地资源丰富,具有较大的饲草生产潜力。如果科学地引草入田,实现草田轮作,利用农闲田、中低产田发展牧草种植,可以使中国新增饲草产量4 500万吨左右,增加牛羊肉产量增加450万吨、奶类产量增加2 800万吨。模拟分析结果表明,如果中国未来充分重视农区草业,可以使中国未来牛羊肉、奶类的消费实现完全自给,使玉米进口量下降1 000万吨左右。

建议在全国范围内推行"粮改饲",按照自愿参与、合理补贴的原则构建"粮改饲"长效发展机制。尽快出台"粮改饲"的系统政策,使饲草种植者、加工者以及市场收购主体有明确的政策预期。

将目前的试点政策推广到全国范围实施,一方面有利于减少补贴在不同区域间分配的不公平;另一方面,发挥市场在资源配置中的作用,筛选和引导有比较优势的地区主动开展"粮改饲"种植结构调整,而不是人为划定相关地区鼓励种植饲草料。考虑到范围扩大后,将有更多的土地转为饲草生产,如果按照现行的补贴标准,补贴的总额将可能出现大幅增长,所以可以根据"粮改饲"的发展目标,增加"粮改饲"政策补贴的总预算。

(二) 强化对苜蓿、燕麦草等牧草种植的支持力度

由于苜蓿、燕麦等饲草的产品市场波动较大,且不易存储,所以

在"粮改饲"过程中，对增加这类具有良好生态价值的牧草种植较为谨慎。很多农户更愿意增加青贮玉米种植，一旦饲草市场不景气，可以收获籽粒玉米。针对这种情况，我们建议：

（1）加强对苜蓿、燕麦草等具有明显生态效益的饲草作物的补贴力度，弱化对青贮玉米的补贴力度。进一步引导其他饲草作物的种植和发展。（2）重视推广牧草良种，特别是耐旱、适合机械收割的饲草品种，提升饲草种植效益。补贴品种不应局限于青贮饲草，干草作为牛业等牲畜的重要饲草料，也应被纳入补贴范围。（3）提高用于饲草收获和加工机械的购置的补贴比例，特别是价格低、易于推广的小型机械。

（三）增强政策合力，加强不同政策间的协调性

随着草食畜牧业的发展，饲草对于中国食物安全的影响越来越大，加大优质饲草的生产和利用，补充饲料粮缺口或替代部分饲料粮，是减轻中国食物安全压力的有效途径之一。因此，饲草也应与其他粮食作物一样，享受粮食生产补贴政策，不能因为粮食改种饲草而减少农民的补贴力度。

此外，将"粮改饲"政策补贴资金与信贷政策相结合，为饲草种植户、养殖户、饲草企业提供信贷担保，通过金融杠杆撬动发展资金，推动饲草产业发展。同时，针对饲草种植自然灾害风险、价格波动风险较大这一问题，为农民提供饲草作物农业保险，以规避饲草生产风险，稳定饲草种植收益。

（四）降低饲草种植与加工成本，提升草牧业竞争力

加强"粮改饲"配套技术开发与推广。技术进步是提升饲草产业竞争力和降低生产成本的根本出路。因此，必须强化技术创新与推广，加强适宜不同地区的牧草新品种、机械化收获、标准化加工和调制、青贮收储标准等关键技术的研发与应用；加强牧草种植和加工技术指导，通过向种植大户开展技术服务、举办优质牧草种植现场观摩会等形式，使农户掌握牧草种植的技术要点；强化不同区域草田轮作模式的研究，因地制宜建立合理、高效的轮作制度，全方位提高饲草生产能力。

加强农区草业基础设施建设。建议实施饲草种植区域基础设施建设工程，加大综合生产能力建设投资，增加农田水利基础设施、中低产田改造、土壤质量改善、饲草青贮与仓储设施建设等投资，提升饲草综合生产能力，降低饲草生产与加工成本。

鼓励构建社会运作的饲草产业服务中心。优质青贮和牧草生产离不开农机、仓储等设施，针对饲草种植与加工基础薄弱地区、产业链条不完善问题，尝试搭建社会化运作的牧草为农服务中心，为农户提供农资、农机租赁、仓储和销售服务；扶持发展专业化社会服务组织，为广大种植户提供专业的种植、机械收获、青贮调制、运输、饲喂等配套服务。加大对饲草流通和加工环节的补贴力度，设立饲草运输的绿色通道，优化区域间饲草调配供给，加大对饲草加工环节特别是饲草青贮窖建设等的补贴力度。

搭建饲草料供需交易平台。建立饲草料交易平台和物流体系，通过平台、系统的建立完善市场运营机制，完善饲草料产业链条。特别是要加强粮改饲试点县与纯牧业县在饲草料流通领域的合作与交流，促进饲草料从生产地到销售地的流通，解决牧区饲草料购买难问题，降低牧民购买饲草料的成本。同时，应当建立应急饲草料储备库，应对牧区冬季雪灾、风灾为主的自然灾害和突发事件。应当建立应急饲草料储备库，及时有效地向牧民提供应对突发事件的饲草料，减少突发事件对牧民带来的不利影响。

第七章

农区草牧业发展模式及效果分析

粮食安全问题是事关中国经济发展、社会稳定和国计民生的重大问题。随着人均收入水平的不断上升，中国居民对畜产品（特别是牛羊肉、奶等食草动物产品）的需求显著增长（黄季焜，1996），从长远来看，饲料用粮将持续较快增长（肖玉，2017）。2015 年中央一号文件明确提出："加快发展草牧业，支持青贮玉米和苜蓿等饲草料种植，开展粮改饲和种养结合模式试点，促进粮食、经济作物、饲草料三元种植结构协调发展。"发展农区草牧业是促进中国畜牧业饲草稳定供给的有效途径，是中国农业结构现代化的必由之路，也是中国食物安全和生态安全的重要保障。

中国农区气候和宜、草资源丰富，拥有大量生态环境脆弱和生产力水平较低的中低产田，以及部分农闲田、林（果、茶）间地，蕴藏着发展草牧业的巨大潜力。农区草牧业通过农牧系统耦合，将植物生产与动物生产相结合，使传统农业由二元结构向三元结构转变，充分利用农区丰富的资源优势，以农养牧、以牧促农。发展农区草牧业一方面增强种植业和养殖业间的物质循环利用，提高系统内物质与能量的转化率，减少系统废物的产生，从而改善环境，提高土壤肥力，有利于治理农业面源污染难题，符合节约资源、高效产出、生态和生产兼顾、可持续发展的现代农业特征。另一方面能够有效促进粮食生产结构优化调整，提升饲料粮自给能力，提高产业多样化指数与产业群之间的关联度，是对农区农业与牧业融合发展、实现农牧产业良性循环的积极探索，有利于提升畜产品的产量与质量、推动畜牧业养殖结构向多元化方向演进。

本章内容主要是分析中国目前农区草牧业的发展模式及效果，包括四节内容：第一节，描述了中国农区草牧业发展现状，在农区发展草牧业的潜力，探索农牧耦合如何提高和促进各自经济的生产力发展，并推动农业生产结构转型和区域的协调发展；第二节，"粮改饲"政策的实施模式与效果分析，包括政策背景、实施情况、实施效果、典型案例和存在的问题；第三节，通过黑龙江、四川与山西省草牧业发展的案例，研究中国草牧业发展模式；第四节，提出完善中国农区草牧业发展的对策建议。

第一节　农区草牧业的发展历史及潜力分析

一、农区草牧业发展历史

（一）中国农田种草历史悠久

利用绿肥及豆科作物轮作、间作、套种养地在中国传统农业中曾发挥过重要作用，是中国农业能够持续五千余年地力不衰的一个重要原因。早在西汉时期，张骞出使西域带回苜蓿，种植在长安附近用作战马饲草。到了魏晋南北朝时期，中国农田种草的形式主要是草田轮作，将牧草与作物在一定的地块、一定的年限内按照规定好的顺序进行轮换种植，当时苜蓿在关中、天水等地种植较广泛。民国时期，草田轮作的目的除养地外，主要是为了缓解人口的快速增长而引起的人地矛盾，如阴山北麓农牧交错带的草田轮作制度，主要是用来满足人口增加的口粮需求和饲养牲畜（龚晨等，2007）。

1949年以后，中国农区种草一直以绿肥为主，20世纪50年代大约为333万公顷，60年代中期达400万公顷，70年代开始超过666.7万公顷，最高年份接近1 000万公顷，之后开始下降，到2000年左右一直保留在666.7万公顷上下。

20世纪80年代以来，根据著名科学家钱学森先生"立草为业"的理念，中国在研究农业"稳粮增收调结构"的过程中，提出了要加大力度发展农田种草。为了发展农田种草，开发农区草料资源，中国相继开展了优良牧草引种筛选试验。"六五"期间在南方农区开展了较大规模的草山改良，取得了很大成绩，如1984年和1985年每年各增加人工草地和改良草地2 500万亩（约166.67万公顷），1985年累计飞播牧草面积达680万亩（约45.33万公顷），成苗率在78%以上。但由于草地建植成本高以及草地易退化等种种原因，这些人工草地保留至今的并不多。"九五"期间农业部还组织开展了"利用冬闲田种草养畜综合配套技术"等一系列示范研究。1996年，"休闲地种草养畜技术"被确定为全国推广的"百项农业实用技术"和全国"十大"畜牧技术之一，开始在全国普及与推广。当时四川、广东、广西、江西、江苏、福建等省区已逐步确立了稻田冬种多花黑麦草的农田种草模式，安徽、湖北、湖南也都开展大量的试验示范工作。

进入21世纪，随着经济水平的不断提高和消费结构的改变，中国饲料粮供需矛盾日益激化，结构性短缺矛盾尤为突出，因此不断出台一系列政策以促进农田种草。随着中国实施农业产业结构调整以及草食畜牧业迅猛发展，农区种草迅速回升，南方农区逐步形成以一年生黑麦草为主的牧草产业，北方农区则形成以紫花苜蓿为主的牧草产业。2011年以来，在国家草原生态保护补奖政策的激励下，各地积极开展农田种草。以云南为例，2012 年云南全省农田种草面积达到 16 万公顷，进一步巩固和强化了饲草饲料的基础地位。2015 年，中央一号文件针对农田种草的进一步发展提出了"粮改饲"的方针政策。2016 年和 2017 年不断强调全国要加大开展和推进"粮改饲"的力度，指出要加快发展农田种草，支持青贮玉米和苜蓿等饲草料种植，开展"粮改饲"和种养结合模式试点，促进粮食、经济作物、饲草料三元种植结构协调发展。

（二）中国农田种草整体呈现快速发展态势

从农区整体上看，农田种草逐步推进，部分区域将加快发展。在农区，那些可利用草地面积较大、草食畜牧业有良好传统和一定基础的山地区、农牧交错区的农田种草快速发展。受农业结构调整、产业优化升级需要以及农牧民寻求新的致富门路的原动力影响，很可能会首先在这些地区出台农田种草的地区性扶持政策。并且，随着对农田种草认识的逐步深入，一些企业和个人在看准农区草业发展潜力和优势后，投资和发展农田种草产业的积极性会有所提高，进而带动地区性农田种草的发展。

从草业类型上看，天然草业发展受限，农田种草潜力巨大。目前，农区天然草地资源开发要实现全局性的大突破显然还存在很大的困难和局限，但在农田种草能在一定程度上克服这些局限。由于保障粮食安全是中国的重要战略，生态型、循环型农业是中国农业发展的根本方向，而农田种草则是实现粮食增产与维护生态环境有机结合的最佳契合点，也是当前世界农业发展的主体形式。因此，在未来的农业发展中，农田种草必然前景看好。可以预见，通过发展草地型农业，推行引草入田，实施农田种草，能从时间和空间上更加充分、有效地利用现有耕地资源，实现粮食增产与草业发展双赢。

从草地畜牧业生产看，畜牧产品需求将带动农田种草进一步发展。

农区省份（主要是黄河以南的省/区）消费不断增加，畜牧业不断进步，促进了农田种草的发展。农区省份是中国畜牧产品消费的主要地区，但却又是畜牧业目前还比较落后的地区，畜禽饲养数量少、畜禽生产性能较差、优质青饲料严重不足、精饲料主要依靠调入、畜禽产品加工企业发展水平低。然而，农区在经济、区位、市场、技术、人才等方面较其他地区明显优越，对于畜牧行业来说具有很大优势。因此，随着人们对畜牧产品消费需求的不断增加、畜牧业良好效益的持续驱动以及国家对畜牧业扶持力度的不断加大，农区畜牧业发展速度很会加快，发展水平也会较快提高。同时，也会相应带动农田种草的进一步发展。

从产业功能上看，农田种草与规模化养殖有机结合是新的发展模式。农田种草是草食畜商品生产的重要物质基础，草食畜基地及规模化养殖又推动和加快了农田种草步伐。开展规模养殖和商品牛、羊、商品奶基地建设，仅依赖农作物秸秆和天然牧草是远远不够的，大力发展农田种草，不但给草食家畜提供量多质优的牧草，而且有利于精、青、粗合理搭配，产生最佳的经济效益。因此，农田种草和规模化养殖有机结合，将成为农田种草的主流发展模式，以带动农业经济的进一步发展。

二、农区草牧业潜力

农区气候和宜草资源丰富，适宜草业发展。中国幅员辽阔，地域差异明显，南北跨越热带、亚热带、温带、寒温带等多个气候区。传统农作物种植以收获籽粒为目的，受气候、地域、季节条件制约，在中国北方部分地区一年只能种植一季粮食作物，在南方则一般种植两季，造成了光、热、水资源的浪费。而牧草生产则是以收获茎叶等营养体为目的，不需要经历完整生育期，在整个生长期内任何时候都可以通过加工处理产出饲料，获得经济收益。同时，牧草在生长期内对于水、热、光、气等气候资源和土地资源的时间性匹配要求不高（贠旭疆，2002），可通过单播、混播、草田轮作及林间草地等方式充分利用气候和土地资源，生产较多的有机物质产品。

丰富的土地资源为草业发展提供有利条件。据统计，当前全国耕地面积为 18 亿亩（1.2 亿公顷），据原农业部《关于全国耕地质量等级情况的公报》，中国超七成耕地质量属于中低产田，面积达 13.28 亿亩（0.89 亿公顷）（高树琴，2020）。中低产田土壤有机质含量平均仅为 1.8%，作物产量只有高产田的 40% ~ 60%，种植传统作物存在产量和收益低且不稳定的问题。根据已有研究，在中国中低产田采取 6 年草—田轮作制度（即种植 5 年作物轮作 1 年牧草），每年可生产牧草干物质 2.25 亿吨，年净增加牧草干物质 0.59 亿吨，相当于每年可额外生产牛羊肉 1 798 万吨（高树琴，2020）。在未来加大对中低产田的利用，扩大优质牧草种植面积，不仅可以提高中国食物安全保障程度，而且有助于中国农业可持续发展。

中国南方地区以热带亚热带季风气候为主，具有丰富的水热资源，十分益于牧草生长。但是长期以来，中国南方草地资源未得到有效的开发利用，仍存在把草地当成荒山荒坡的现象。同时，部分省区农田复种指数不断下降，冬农闲田利用率低。因此，发展农区草业，以草代粮，能更好地发挥中国南方地区的潜在优势。李向林（2007）研究发现，以饲料生产为目的简单推算，每公顷冬闲田黑麦草、青储玉米和人工草地的农田当量分别为 1.34、2.8 和 0.78，若在南方地区能够发展 1 000 万亩（约 66.67 万公顷）冬闲田黑麦草、200 万亩（约 13.33 万公顷）青储玉米和 2 000 万亩（约 133.33 万公顷）多年生人工草地，按代谢能产量核算，相当于新增 3 184 万亩（约 212.27 万公顷）农田当量，由此可见南方草牧业的巨大潜力。南方地区目前已经探索出多样的农区草业发展模式，如水稻 - 黑麦草、玉米 - 光叶紫花苕轮作模式；在南方草地分布区鸭茅＋白三叶或绒毛草＋白三叶优良混播牧草模式；大麦开发冬闲田与玉米预留行的种植模式等（王国刚，2015）。

三、农牧系统耦合

农牧系统耦合就是将农耕系统和放牧生产系统在人为调控下，通过能流、物流和信息流在系统中的输入和输出，形成新的、高一级的结构—功能体，即耦合系统。农牧耦合将农区牧区两大经济生产系统有机结合，建立"前植物生产（环境景观）—植物生产—动物生产—外生物生产（产品流通与加工）"包含四个生产层的多功能、多层次和多系统耦合的产业链。扩大能流、物流、信息流、价值流规模，通过产业的整合效应，最大限度地提高和促进各自经济的生产力发展，推动农业生产结构转型和区域的协调发展。

（一）牧区育成，农区育肥

利用农区与牧区饲草生产在时空方面的差异，将草原牧区繁殖的架子畜，转移到农区进行快速育肥，实现及时出栏。牧区冬春季节寒冷，饲草供应不足，而农区进入大量农副产品生产、收获和贮存期和劳动力农闲期，因此可以将牧区牲畜转移到农区，充分利用农区丰富的饲草料资源和劳动力资源，对饲料进行初、精加工，利用科学的饲草料配方进行快速舍饲育肥后及时出栏。农区夏秋季进入作物播种、生长与收获期，饲草料和劳动力紧缺，而牧区牧草丰裕，因此可将农区新繁殖的过剩幼畜转移到牧区进行饲养。通过农区与牧区牲畜的时空双向转移，既弥补了冬春季节天然牧草的不足和牧草的季节不平衡问题，又减轻牧区草地的放牧压力，恢复草地生产力，保持牧草生产和放牧植物群落的长期稳定；高效利用农区饲草资源，降低生产成本；牲畜的粪便等废弃物中含有的有机质能够提高农田土壤肥力，促进土壤有效养分循环。易地育肥不仅提高畜牧业的经济效益，增加农牧民经济收入，而且避免了牲畜因饲草短缺而造成的掉膘损失，有利于形成牲畜的规模经营和专业化生产。

（二）改变种植结构，实现系统内种间耦合

农田种植牧草增强了种植业和养殖业间的物质循环利用，提高系统内物质与能量的转化率，减少系统废物的产生，从而改善环境，提高土壤肥力。相关研究表明，在干旱区种植牧草后再种小麦，其蛋白质含量为 11.7% ~ 15.8%，而连作的小麦为 8.0% ~ 9.4%；在新疆高冰草与豆科牧草混播产草量比高冰草单播提高 10% ~ 27%，且对后作小麦产量影响较小（胡玉昆，1999）；在果园中套种牧草或间种牧草，0 ~ 20 厘米土层的有机质、全氮、全磷分别提高 3.8 ~ 5.5、0.23 ~ 0.35 和 0.02 ~ 0.03 克/千克，速效氮、磷、钾亦有所增加（陈圣林，2004）；果园生草栽培能够提高土壤微生物的生物量碳和生物量氮含量，提高南方酸性土壤 pH，降低北方土壤的 pH（杜丽清，2015），土壤的物理结构也有明显改善；在玉米地种植牧草，可以改善土壤团聚体的稳定性，与单作玉米和休耕地相比，"玉米 + 豆科牧草"及"大麦 + 苜蓿"能够明显改善土壤团聚体稳定性（张英俊，2003）。

系统内的种间耦合包含植物、动物的种群和种群的耦合。由于不同植物和动物的生态位存在差异，利用这种差异，构建良好的天然群落或种群结构可形成和谐的生态场，能够改善生态环境，提高草地的生产能力和经济效益。农区通过发展农牧耦合系统，已经形成了众多经济和生态可持续发展模式。如南方农区水稻—黑麦草、水稻—紫云英、玉米—紫花苜蓿等粮草结合的种植模式、黑麦草为核心的"猪（牛）—沼—草"治理养殖污染模式；南方山区和牧区多年生混播草地栽培；黄土高原粮草轮作兼套种模式、西北绿洲农区"公司 + 养殖区 + 农户"肉牛养殖；农牧交错带多年生牧草栽培"粮 + 草 + 牲畜养殖系统"等草牧业创新模式（旭日干，2016）。

（三）治理农业污染，提升土壤质量

因饲料粮需求持续增加，粮食生产并没有因口粮消耗量下降而减少，主要农区通过不断提高土地的集约利用程度和增加农业生产资料的投入量来获得作物的高水平单产，导致中国农药重金属污染的耕地面积近 2 000 万公顷，土壤污染问题日益严峻（刘宇庆，2020）。多次用药和施肥的结果不仅使农业生产成本增加，而且导致耕地质量严重下降，特别是南方山地丘陵区和黄土高原区的水土流失，以及北方农业灌溉区的土壤盐渍化等。而且由于忽视农业生态系统建设，导致病虫害频繁发生，威胁中国农区的生态安全。草—田轮作则能使寄主植物种类单一及迁移能力差的病虫大量死亡，有效控制传染性作物疾病，减少农药的使用。稻田冬季种植黑麦草，不仅可以抑制杂草，而且可以抑制下茬水稻的稻纵卷叶螟的发病率，减少虫害（黄国勤，2006）；收获豆科牧草后种植青稞，其条纹病发病率比青稞连作田降低 21.0% ~ 29.0%，黑穗病发病率降低 17.0% ~ 38.0%（魏军，2007）。

饲草具有很强的固土、涵养水分和培肥地力的能力，对维护生态系统健康、提升生态系统服务功能具有重要作用。土地在长期耕作种植一年生作物的情况下，理化性质不断恶化，造成土壤退化，将豆科牧草引入作物轮作系统可以有效地改良土壤，增加氮的固定，提高土壤肥力，减少氮肥的使用。根据已有研究，豆科牧草根瘤菌的固氮量为 56 670 千克/公顷。紫云英 1 年可以固氮 80 千克/公顷，相当于 200 千克尿素（张英俊，2003）；苜蓿种植 3 ~ 5 年后可以扎 2 米左右，将苜蓿纳入轮作将有效改良土壤，防止土壤板结，显著提高土壤通透性和后茬作物的水分利用效率（张英俊，2013）。此外，牧草根系在土壤中会积累大量残体，增加土壤细菌、真菌和放线菌的数量，增强微生物的总体活性，发达的根系能够促进土壤理化性质的改善和团粒结构的形成，

进一步提高土壤有机质含量。

（四）提高农业经济效益，促进农户增收

中国农业产业一直为传统的"猪—粮"结构，种植业属于典型的"粮食—经济作物"二元结构，缺少饲草这一产业。农牧耦合系统根据宜农则农、宜草则草、宜林则林的开发原则，调整传统的占主导地位的农业种植结构，与单纯的粮经作物生产相比，建立起一个多元化、种养结合的整体，实现农业生产系统内不增加甚至减轻资源压力的前提下增加农产品产出，满足社会日益增长的对食物的需求，从而实现农业的可持续发展。例如，在同等土壤条件和灌水施肥条件下以及同等政策条件下，农民种植苜蓿的收益显著高于种植小麦和玉米。通过对河北、吉林、黑龙江、山东和云南等地种植苜蓿和小麦玉米收益比较发现，五个地区种植玉米和小麦的净利润的平均值分别为 2 672 元/公顷和 1 104 元/公顷，而种植苜蓿的净利润的平均值高达 11 283 元/公顷（王明利，2011）。张英俊（2013）依据对内蒙古、河北、山东和宁夏等地调研和奶牛技术专家咨询后发现，与传统的"秸秆＋精料"饲喂模式相比，对于单产 5 吨以上的奶牛，在日粮中添加 3 千克干苜蓿，可以减少 1.5 千克精料，日产鲜奶可增加 1.5 千克，鲜奶质量等级每千克提高价格 0.4～0.6 元，同时奶牛的发病率明显降低，每年每头奶牛至少减少疫病防治费用 1 000 元，综合各项奶农每年每头产奶牛可增加纯收益 3 561.5 元。河北省黄骅市盐碱地种植牧草的实践经验表明，在小麦—玉米一年二熟制下，按照黄骅市 2011 年每公顷小麦平均产量 3 750 千克、玉米 5 250 千克和市场价格计算，综合种子、化肥农药、机械能耗、劳动力等生产成本，3 300 千克以下的小麦产量是亏损的或收支平衡，按照黄骅市每公顷紫花苜蓿青干草产量 15 吨计算，生产成本远低于小麦和玉米，每公顷效益在 15 000 元左右，远高于种植农作物。

第二节　农区草牧业发展的典型案例分析

随着中国农业供给侧结构性改革进入深水区，农业农村发展也进入新的历史阶段，内在动因和外部环境都发生了重大而深刻的变化，农业主要矛盾由总量不足转变为结构性矛盾，一方面粮食价格处于低位徘徊，国内外粮食价格倒挂严重，农民种植收益下降，同时全球环境气候变化以及生物能源产业的兴起给世界粮食供应带来了新的挑战；另一方面市场对奶制品和牛羊肉品质的要求提高以及数量需求的增加，由此带来对饲草料原料，尤其是高品质粗饲料原料的需求也显著增加。进入21世纪，如何应对经济水平的不断提高和消费结构的改变以及中国饲料粮严重的供需结构性矛盾，推动农牧业有效融合发展是中国农业面临的主要问题。

近年来，中国已基本实现粮食的自给自足，但苜蓿、燕麦草等饲草仍高度依赖进口。为此，有必要发展草牧业，适当调减粮食种植规模，引导种植业粮、经二元结构向粮、经、饲（草）三元结构转变，进而推动农牧业融合发展，促进农牧产业优化升级。草牧业是传统农牧业生产的一次跨越，是促进农区畜牧业饲草均衡稳定供给的有效途径，能够有效促进粮食生产结构进行优化调整，提升饲料粮自给能力，是对农区农业与牧业融合发展、实现农牧产业良性循环的有益探索，不仅有利于提升畜产品的产量与质量、推动畜牧业养殖结构向多元化方向演进，同时也有利于治理农业面源污染难题。

本节选择黑龙江齐齐哈尔市、山西省朔州市、四川省洪雅县作为典型案例调研区域，分析探索中国草牧业发展政策、现状与问题，并总结草牧业发展模式及其适宜条件与所需支持政策。

252

一、黑龙江省草牧业发展模式分析

为全面了解黑龙江省草牧业发展实施情况，课题组选取黑龙江齐齐哈尔为典型案例调研地区，对齐齐哈尔下辖的昂昂溪区、富裕县、克东县的北大荒牧草种植合作社、马岗牧草种植专业合作社、飞鹤乳业等组织主体进行深入调研，重点围绕其发展模式、运行机制、成本收益、带动农户情况，制约因素及发展建议等内容展开深度访谈。

（一）黑龙江省草牧业发展的历史及现状

1. 农区发展草牧业的历史演进

齐齐哈尔市位于松嫩平原西部，是黑龙江省重要的畜牧业和草业生产基地，至 2019 年底共有草原 452.9 万亩（约 30.19 万公顷），主要分布在龙江、甘南、泰来、富裕及城郊等县区，约占全市现有草原总面积的 73% 以上。齐齐哈尔市草原类型丰富，植被种类繁多，共有草原类、草甸类、草甸草原类、沼泽草甸类和沼泽类五个种类，生长着 55 科、171 属、242 种野生植物。其中具有较高饲用价值野生植物 100 多种，可药用植物 60 多种。丰富的草原资源为动植物的多样性提供了基础，也为全市畜牧业发展提供了良好的饲草资源，更重要的是在保持水土、涵养水源、净化空气、防治污染、美化环境等综合功能方面发挥了重要作用。而黑龙江省作为具有种植苜蓿优势的省份，在 21 世纪初期苜蓿发展还处于较低水平，而随着《黑龙江省苜蓿产业"十二五"发展规划》的提出，齐齐哈尔市作为现代畜牧业的试点城市之一，大力发展苜蓿奶工程以及苜蓿生态治沙项目，于 2012 在泰来县设立紫花苜蓿种植专业合作社，实施了万亩紫花苜蓿生态治沙项目，同时克东县于 2013 年推进苜蓿奶工程，苜蓿干草产量由 2010 年的 2 万吨增长到 7 万吨。

齐齐哈尔市地处北纬 47° 奶牛养殖黄金地带，拥有世界最大的高档和牛良种繁育场、全省最大的奶牛产业示范园区、全国最大的湿法婴幼儿配方奶粉生产基地，畜牧产业一直是齐齐哈尔市的支柱产业。然而齐齐哈尔市虽然畜牧业发达，但生产方式与基础设施相对落后，牧草种植并未得到大面积应用和推广，饲料供应难以实现自给自足，需要从美国等国家进口优质牧草，成本较高，需要面对较高的政治及市场风险。近年来，随着"粮改饲""草牧业试点""退耕还林还草"政策的提出，齐齐哈尔市围绕"提质、增效、绿色"的发展方针，由政府引导流转整合草场、牲畜等生产要素，发展家庭农（牧）场和农牧民合作社，走规模化养殖、标准化生产、品牌化经营的产业化发展道路。以紫花苜蓿作为饲草培养、推进产业结构转型的主要作物，大力推广种植，改善齐齐哈尔草原地区严重退化的恶劣环境。其中黑龙江省政府编制了《黑龙江省 2016 年苜蓿种植补贴实施方案》《黑龙江省人民政府关于加快现代畜牧产业发展的意见》，促进农牧结合，草畜一体化格局的形成，打造以紫花苜蓿为代表的优质牧草产业链，满足齐齐哈尔市畜牧业日益增长的对于优质牧草的需要。

2. 农区发展草牧业的现状

（1）种草面积稳步增加，紫花苜蓿种植形成规模。以齐齐哈尔为例，该市种草面积由 2014 年 6.8 万亩（0.45 万公顷）逐步回升到 2017 年的 13 万亩（0.87 万公顷），种植青饲料 12 万亩（0.8 万公顷）。其中，以克东县为例，仅克东县一县便实现青贮饲料种植 10 万亩（0.67 万公顷），贮量 10 万吨。同时在齐齐哈尔市周边贫困县也成立了紫花苜蓿种植合作社，建立了数座万亩以上的紫花苜蓿种植园并推广苜蓿青贮技术，提高本地产饲草的营养质量。同时由政府引导推动土地流转整合，鼓励由合作社连片承租人工草地对饲草进行大规模种植，集中化生产，给种植饲草的农户带来了切实的经济效益。当前，生产的优质苜蓿蛋白质含量可以到 17% ~ 18%，以 1 700 ~ 1 800 元/吨的价格进行出售，能够满足企业对于质量的需求。合作社生产的牧草除了满足周边牛场的需求外，还远销到辽宁、吉林等省份，与当地企业签订了长期的收购协议。

（2）畜牧产业稳步增长，形成完整的产业体系。齐齐哈尔地处世界著名黑土带、黄金玉米种植带和黄金奶牛养殖带，发展畜牧业的优势非常明显。2017 年，奶牛存栏量约 34.2 万头，肉牛存栏量约 53.1 万头，羊存栏量约为 243.3 万只，生猪存栏量约为 233.8 万头，是黑龙江省著名的畜牧业生产基地，奶牛、肉牛的生产技术在全国乃至世界范围内都占有一席之地。尤其是近年来，随着紫花苜蓿的推广种植与青贮技术的发展，齐齐哈尔市的畜牧养殖方式有了较大的改进，通过种养结合、农牧循环，产业化发展，完善了畜牧业企业的发展根基。同时针对畜牧业农场的污染问题，加快推进了规模养殖场粪污资源化利用，成立了相关的天然气、有机肥公司，将牧场的生产废物进行再利用，实现畜牧业企业全产业链的有效闭合。以飞鹤乳业为代表，依托区位地理优势，齐齐哈尔市建立了一系列现代畜牧产业园，着眼"大农业观、全产业链、高附加值、强竞争力"，实现一、二、三产业融合，推动畜牧业产业转型升级。

3. 农区发展草牧业的支持政策

黑龙江省在支持农区草牧业发展，特别是苜蓿草种植方面出台了一系列政策，主要包括：

（1）项目扶持建设。黑龙江省于 2019 年启动了高产优质苜蓿示范基地建设项目，重点扶持建设一批规模较大、生产基础好，在增加苜蓿产量和提高苜蓿产品质量方面有示范带动作用的生产基地。同时在项目实施过程中，鼓励饲草生产合作社、饲草生产加工企业、奶牛养殖企业（场）或奶农合作社建立长期稳定的合作关系，促进苜蓿生产与奶牛养殖有机结合，提高奶牛科学养殖水平实现畜牧业共同发展。

（2）牧草种植补贴。黑龙江省于 2016 年印发《黑龙江省 2016 年全株玉米青贮饲料生产补贴实施方案》和《黑龙江省 2016 年苜蓿种植补贴实施方案》，为全株玉米等青贮饲料生产和苜蓿种植给予补贴。全株玉米等青贮饲料生产补贴为对贮量达到 500 吨以上的奶牛规模养殖场（合作社、小区）和具有稳定青贮饲料供销订单的专业收贮企业（合作社），按照全株玉米等青贮饲料实际贮量给予补贴，每吨青贮饲料补贴最高不超过 50 元。苜蓿种植补贴实施方案为对符合标准的企业或合作社采取先种后补的方式，分两年兑现补贴资金，对验收合格的，种植当年验收后每亩补贴 200 元，种植第二年验收后每亩补贴 400 元。《2018年黑龙江垦区高产优质苜蓿示范建设项目实施方案》中明确，将对在全省范围内集中连片 3 000 亩（200 公顷）以上的苜蓿种植基地，按照每亩 600 元的标准给予补助。

（3）技术帮助支持。黑龙江省以省市县三级技术推广机构为依托，整合技术资源，加大技术培训推广力度，在良种、良法、精种、细管上下功夫，做好人工草地标准化建植和配套技术集成的推广工作。并且组织农科院的专家，成立技术咨询顾问组，定期开展技术服务活动。

（4）机械设备、基础设施的补助政策。考虑到草牧业发展所需的机械设备、基础设施的成本较高，政府为地区草牧业发展设立专项补助为牧草收储设备以及如深水机电井等灌溉设备提供配套补助。

（二）黑龙江省草牧业的发展模式

当前黑龙江省的草牧业发展的主要模式有订单销售模式、自产自销模式两类。

1. 订单销售模式

该模式主要是由农户入股合作社，由合作社统一经营牧草种植的模式。一般运行机制为由村干部或者村里的能人牵头成立合作社，按照土地入股或者资金入股的方式吸纳农户加入合作社，由合作社统一承租个体农户的草地进行牧草种植，同时也由合作社集体购买专业的种草设备，统一对承租草地进行管理。在牧草种植期间，合作社会雇用当地农户进行日常管理，并在收获后，按照农户入股合作社的金额进行分红，增加农户收入。成熟的牧草在完成收割、打包后，由合作社与签订合同或者有着稳定购销关系的牛场或者乳制品企业进行协商，在牧草质量符合要求的前提下，签订订单进行销售。

该模式由合作社出面，集合了零散的村民资本，承包了连片的草业用地，实现了牧草的大规模种植，提高了牧草的种植效率。同时该模式不仅通过分红的方式为参与农户提供了一份稳定的收入，还通过技术培训、雇佣当地农户进行看护等方式满足了农户的就业需求。除此之外，该模式通过由合作社代表进行销售谈判的方式提升了卖方的市场地位，提高了牧草种植收入。

典型案例为富裕县马岗牧草种植专业合作社和昂昂溪区北大荒牧草种植合作社。马岗牧草种植专业合作社成立于 2009 年，注册资本为 500 万元，与天津中升集团下属的黑龙江省分公司有着定点合作，由企业和合作社共同带动当地农民发展草牧业。当前主要通过企业进行投资，合作社协助管理并组织当地村民进行牧草生产活动。农户以资金入股（200 元一股）的形式加入合作社，在年底可以按股获得分红。目前合作社共种植人工草地 2 万亩（约 1 333.33 公顷），其中在 2017 年之前该合作社只种植苜蓿。而在近两年，由于倒茬等原因，改种了一部分燕麦。2016 年苜蓿干草平均亩产 600 公斤，平均价格在 1 700 元/吨。该合作社生产的牧草除了供富裕县本地的牛场饲用外，还销往吉林、辽宁等外省。2016 年不仅给农民每股分红 200 元，还提供了 20 人左右的固定工作岗位，从事司机、草地看护等工作平均月工资不低于 2 000 元。

昂昂溪北大荒合作社于 2008 年正式成立，成立之初只有 62 名社员。合作社以平均23元/亩的价格流转周边地区退耕还草土地3 000余亩（200公顷），全部用于苜蓿种植，初期注册资本为200万元。2011年，北大荒牧草种植合作社开始扩大规模，以20元/亩的价格流转当地镇政府土地，总种植面积达10 000亩（约666.67公顷）以上。2018年，该合作社牧草种植总面积为10 750亩（约716.67公顷），其中苜蓿种植面积近9 300亩（620公顷），其余土地均种植燕麦草。该合作社2018年一亩可产800斤左右苜蓿干草，该合作社与克东县飞鹤乳业有相关合作协议，一年一签，在符合企业质量标准的情况下，按照每吨1 800元左右的价格出售给企业。

2. 自产自销模式

该模式主要是由企业将牧草种植与畜牧养殖结合起来，农为牧用，草畜外售。该模式是企业为了实现全产业链闭合，构建"农牧工"三位一体的产业集群，实现从牧草种植、规模化饲养到生产加工、物流仓储、渠道管控各个环节全程可追溯的目标而实施的。

该模式的一般运行机制为大型畜牧企业与当地政府互相配合，由当地政府引导合作社加快土地流转，实行整村推进、连片种植；再由企业出面承租大规模、连片的草业用地进行牧草种植，实现集中化作业，建立企业专属的饲草饲料基地。在承租过程中，企业会统一购买先进的种草设备，由专业人员对草地进行管理。在牧草成熟收获后，收获的牧草在进行青贮后，大部分将用于企业自身畜牧业的生产，还有一部分则会被出售给其他需要牧草的大型企业或者牧场。自产自销模式没有给企业带来实际的额外收入，但是这种模式的设立实现了企业牧场粗精饲料的自给自足，从源头上确保了畜牧业产品的质量安全。同时，企业的高质量牧草大多需要从美国进口，自产自销模式的推广可以减轻企业对外进口燕麦等牧草的压力，降低企业成本，避免受到中美贸易摩擦的影响。

该模式的经营主体是企业自身，在政府的帮助下，整合分散的草地资源，引进先进的生产设备和技术人员，打造高质量牧草生产产业链，为企业的畜牧业生产提供优秀的生产资料，通过企业自身的努力构建一个完整的闭合全产业链。

典型案例为克东县飞鹤乳业有限公司的飞鹤牧场。飞鹤乳业 2001 年落户克东县，注册资本 4 500 万美元，拥有 5 个现代化核心工厂、8 个专属牧场、30 万亩（2 万公顷）专属农场，是集种植、养殖、生产开发于一体的大型"乳业产业园"。克东县为了配合飞鹤乳业全产业链发展根基，不断引导合作社加快土地流转，实行整村推进、连片种植，实现集中作业，发展优质青贮饲料生产，并于 2018 年落实 10 万亩（0.67 万公顷）青贮饲料种植面积，并配套了 20 万吨的专属饲料加工厂，保证了飞鹤乳业牧场粗精饲料的自给自足，平均每年生产 4 万~5 万吨的青贮饲料，供饲养奶牛所需。而这种精粗饲料的自给自足使得飞鹤牧场的奶牛平均单产达到 10 吨以上，成为全国单产水平最高、鲜奶质量最好的现代化奶牛养殖场。2018 年，奶量突破 18.5 万吨。2019 年上半年，奶量达到 9.2 万吨。

（三）黑龙江省草牧业发展的制约因素及其支持条件

1. 农区发展草牧业的制约因素

（1）饲草收储技术存在困难。饲草收储方面的技术难度主要体现在：一是收割难。收割饲草需要在借助专业的机械设备在极短的时间内完成，以苜蓿为例，其在含苞待放营养价值最高时能够收割的最佳时间往往在一个礼拜之内，因此收割不及时会极大地影响饲草产品的品质，但受到收割机械水平以及暴雨等天气因素原因的限制，饲草种植合作社难以在有效时间内完成饲草的收割工作。二是储存难。新鲜的牧草在收割完成后，无论是进行青贮还是干草处理都需要在打包后放在储草棚等储草设施中等待下一步处理。而饲草种植合作社由于资金缺口以及黑龙江省关于加强森林草原湿地保护管理措施的缘故，无法长期保有储草

259

棚，收获的鲜草无法得到有效的储藏，暴露在阳光和雨水之下，营养价值大大降低。除此之外，大多数合作社不具备苜蓿青贮技术，收获的苜蓿可利用率、价值偏低。

（2）本地饲草种类、质量存在缺口。这种饲草种类、质量的缺口主要指的是对于大型畜牧企业而言，齐齐哈尔市生产的牧草无论是种类还是质量都很难满足企业的需求。虽然"粮改饲"及"草牧业试点"以来，齐齐哈尔市的种草面积在不断增加，但齐齐哈尔主要种植的牧草只有苜蓿一种，难以满足当地企业为了追求产品质量对于燕麦、混饲饲料的需求。而本地苜蓿的质量与养殖方的要求存在缺口，根据调研的合作社案例发现，主要是以下原因导致的：首先，国产机械技术水平低，影响牧草收贮治理。使用国产机械进行收割的原因主要是国家对于畜牧机械的补贴政策往往只针对国产机械，给予补贴的外国机型往往型号过于老旧，难以投入使用。但本地企业由于对于收购的苜蓿有着严格的质量要求，国产机械在收获过程中可能会出现掺入泥土、苜蓿花叶脱落等影响品质的问题，难以达到企业的收购标准。其次，合作社人员缺乏种植和管理经验。苜蓿在种植和收获过程中，为了实现一年多割和良好的品质，对于收获时间的要求较高。合作社的种植人员往往是当地农户，缺乏相关的种植和管理经验，收获时间、技巧的不合理往往会影响牧草的品质。

（3）相关配套设施不健全影响草料的供给。一是牧草储存、晾晒设施的不健全。齐齐哈尔市在苜蓿收割的6～8月气候炎热多雨，经常出现长时间的烈日或者降雨天气，在案例调研过程中发现合作社自行搭建的储草棚由于黑龙江省推行的取缔森林湿地草原违规设施而被政府强制拆除，合作社在收获期没有牧草储草棚或者晾晒棚来保管鲜草，使得新收割的牧草只能由天气的好坏决定质量，对合作社种植牧草的积极性以及收入都造成了巨大的打击。二是草业信息流通渠道少。根据调研了解，合作社生产的牧草主要是销往周边的牛社或者专门的承销商，没有专门的信息流通渠道。同时有需求的企业也因为信息不对称而无法购买需求的优质饲料而选择从国外进口。

2. 农区发展草牧业需要的支持条件

综合该市发展草牧业的不同模式的适宜性分析以及发展草牧业面临的制约性因素，从目前来看，齐齐哈尔市发展草牧业需要以下几个方面政府的支持：

（1）针对目前合作社自产自销模式面临的收储技术问题，根本原因在于进口机械价格过于高昂，而政府没有相关的补贴政策，国产机械虽然便宜，却很难满足收购公司对于饲草质量的要求，这对小规模的合作社造成了巨大的经济负担。因此，本报告建议国家将农机补贴目录中作物种植和畜牧业生产的机械进行分类，并对畜牧业补贴的农机类别进行更新，省级或地方政府应对养殖合作社购买进口机械给予一定的补贴，使其同国产农机一样，享受机械购置补贴，减轻合作社购置畜牧业机械设备的资金压力。

（2）针对目前合作社自产自销模式的基础设施配套不足进而影响到供给的饲草质量的问题，主要需要从以下几个方面给予政策、技术上的支持。首先，针对种植合作社缺少牧草储草棚以及晾晒棚的情况，一方面需要当地政府能够有效地识别合作社的相关建筑是否属于违法设施，对于得到审批，为牧草生产服务的合作社建筑予以保留，不要搞"一刀切"，而另一方面，也需要政府完善种植合作社相关场地的申请流程，保障种植合作社能够合法快速地建立起储草棚等饲草基础设施。其次，对于草业信息流通渠道不完善的情况，一方面需要当地政府出面搭建一个完善的草业信息交流平台，将牧草行业的线上和线下贸易结合在一起，另一方面也要建立一个系统的物流配送机制，使合作社生产的牧草拥有更广阔的销售范围。

（3）针对种植牧草的经营主体，为了激发种植者的积极性，同时也是为了扩大饲草的种植面积，推动种植结构调整，防止出现草地复耕的现象，首先，需要完善牧草种植的补贴制度，让种草户与种粮户一样享受到同样的补贴政策，减轻种植合作社的土地租赁成本，同时防止一部分农户由于种草与种植粮食作物的收益差距而重新选择种植粮食作物的现象出现，维持现有的农业产业结构。其次，由于牧草在种植、收获过程中容易受到干旱、暴雨等恶劣天气的影响，会导致牧草的品质下降、产量降低，为了提高牧草种植者应对极端天气的能力，需要当地政府建立起牧草保险制度，保障牧草种植者的基本利益。

二、山西省草牧业发展模式分析

为了全面了解草牧业发展的现状及相关政策实施情况，以山西省朔州市为典型调研区域，对朔州市下辖的朔城区及山阴县的牧草种植合作社、畜牧养殖合作社、种养一体化合作社（企业）以及牧草收储社会化服务合作社（企业）围绕其发展模式、运行机制、成本收益、带动农户情况、制约因素及发展建议等进行了实地调研及深入访谈，围绕农业发展现状、主要模式、存在的问题以及未来发展政策建议等进行了分析。

（一）山西省草牧业发展的历史及现状

1. 山西省朔州市发展草牧业的历史演进

朔州市地处山西省北部，是山西省雁门关农牧交错带以及生态畜牧经济的核心区，也是国际公认的草牧业黄金产业带。全市平原、丘陵、山区面积约各占1/3，辖朔城区、平鲁区、山阴县、应县、怀仁县、右玉县等2区4县，耕地面积约为550万亩（36.67万公顷），人均约为6.3亩（0.42公顷），居山西省首位，天然草地面积约为282万亩

（18.8 万公顷），具备优越的草牧业发展条件。主要农作物有玉米、马铃薯、谷子、莜麦、荞麦、豌豆、黍子、胡麻等，是北方著名的小杂粮生产基地；畜牧业主要以奶牛和肉羊养殖为主，是雁门关生态畜牧经济的核心区。

朔州有过较长一段的养马历史，在 20 世纪 50 年代即引入荷兰品牌的奶牛，发展畜牧养殖业。该地畜牧业发达，却长期缺少优质饲草；粮食连年丰收，又面临增产难增收窘境。2015 年，朔州市被确定为全国唯一整市推进"粮改饲"、草牧业发展试验试点市。近年来，在国家"粮改饲""草牧业试点""省雁门关农牧交错带作战战略"的推动下，朔州市按照"立草为业、以草促牧、种养结合、以牧富民"的发展思路，将草牧业列入全市"2 + 7 + N"产业布局，突出牛、羊、草三大产业、将饲草作为种植结构调整的主抓手，大力发展草业。编制了《朔州市草牧业实方案（2015 ~ 2017）》《关于加快现代草牧业发展的意见》《朔州市草牧业发展三年行动计划（2018 ~ 2020）》，促进农牧结合，草畜一体化生产格局的形成，持续加快草牧业试验试点市建设，努力打造全国草牧业发展示范市、雁门关农牧交错带核心区。

2. 山西省朔州市发展草牧业的现状

（1）种草面积稳步增加，草业品牌逐渐形成。近年来，朔州市种草面积由 2014 年的 20 万亩（1.33 万公顷）增加到 2018 年的 85 万亩（5.67 万公顷），全株玉米青贮面积 48 万亩（3.2 万公顷），青贮量 100 万吨；苜蓿、燕麦草种植面积 37 万亩（2.47 万公顷），其中种植苜蓿 19 万亩（1.27 万公顷），10 万亩（0.67 万公顷）在耕地上，9 万亩（0.6 万公顷）在草地上，2020 年组织了三家农投企业，实施了 10 万吨苜蓿青贮。燕麦草种植 18 万亩（1.2 万公顷），基本已经实现种植收割的产业化过程。当前，青贮苜蓿的蛋白质含量可以达到 18% 以上，与进口苜蓿相当，2020 年替代进口苜蓿 2 万多吨。2019 年，朔州市新增苜蓿种植 5 万亩（0.33 万公顷），青贮 20 万吨，并与内蒙古、河北、天津等地签订了供草合同。同时自有牧草已经成功注册"桑源绿草"牧草商标。

（2）畜牧产业基础扎实，产业链条日趋完整。朔州市依托丰富的草地资源，发展畜牧业优势十分明显。2015 年以来，奶牛存栏量稳定在 16 万头以上，约占山西省奶牛存栏量的 50%，羊存栏量稳定在 160 万只以上，是著名的奶牛和肉羊养殖基地，形成了山西省乃至全国范围内牛羊生产基地和优势产区。奶牛存栏量、鲜奶产量、肉羊出栏量、人均畜产品占有量、农民人均畜牧业纯收入五项指标连续多年保持山西省首位。尤其是近年来，朔州市畜牧养殖方式有了较大的改进，牧繁农育，牲畜入园入区养殖，优质牧草喂养，种养结合、农牧循环，产业化发展，草畜一体等做法有效地促进了当地草业发展，同时依托发达的畜牧产业，朔州市吸引了蒙牛、伊利、恒天然等多家乳品加工企业和众多的牛羊肉加工企业，成为全国重要的乳品和肉制品加工基地。

3. 山西省朔州市发展草牧业的支持政策

当前朔州市在发展草牧业方面出台了一系列政策，主要包括：（1）项目资金扶持政策，即在整合和国家、省级项目资金的同时，朔州市要求市县两级财政每年至少拿出 2 000 万元支持草牧业发展。2021 年，市级扶持资金增长到 6 000 万元，加上各县区的配套资金，全市扶持资金达到 1 亿多元。（2）金融扶持政策，2020 年朔州市设立了 1 亿元的草牧业发展基金，为"三农"提供融资担保服务。目前，已发放贷款 7.8 亿元，比上年同期增加了 1 倍多，预计全年可达到 20 亿元以上。（3）科技扶持政策，朔州市政府聘请了中国工程院院士南志标、中科院院士高福等 9 名专家学者指导朔州市草牧业试验试点建设，同时通过与全国畜牧总站专家，肉类协会，中国海关等单位合作，聘请有关专家来朔州开展指导服务，与山西农科院、省农科院等建立试验示范基地，每年开展试验示范，共同为草牧业发展提供科技支撑。（4）机器设备购置政策，草牧业试点初期，市政府为解决多年生牧草收储机械严重不足的问题，购置了 29 台（套）设备用于支持集中连片 3 000 亩（200 公顷）以上的优质饲草规模种植基地，其余资金用于 3 个核心试点示范种植 1 万亩（约 666.67 公顷）优质饲草。对购买大型牧草收储设备的，参照农机补贴的标准和办法给予补贴，同时，吸引社会资本购买大型收储机械。（5）牧草种植补贴政策，市政府安排专项资金重点对受灾严重的苜蓿规模化种植户进行补贴。对种植苜蓿优先配套节水喷灌和膜下滴灌等水利设施，在扶持政策的制定上，针对种植青贮玉米的种植户，仍享受种粮补贴。对规模种植，优先支持种养一体化和流转土地并与养殖企业签订订单的种养紧密结合的经营主体。（6）其他政策，除上述支持草牧业发展的政策以外，朔州市还出台了包括牧草种植、土地流转、养殖用地备案登记、用电、品牌建设、人才引进与培养等方面的政策，用于支持当地草牧业的发展。

（二）山西省草牧业的发展模式

通过对朔州市朔城区和山阴县饲草料种植、畜牧养殖以及提供牧草收储社会化服务的合作社或者企业的案例调研，可以看到当前朔州市发展草牧业的主要模式有种植＋合作社模式、工厂化养殖＋合作社模式、种植＋养殖一体化模式以及牧草收储社会化服务模式，其主要的运行逻辑如下：

1. 种植＋合作社模式

该模式主要是通过农户入股合作社，由合作社统一经营从事牧草种植的模式。典型案例为朔城区合胜种植专业合作社，该合作社成立于2017 年 3 月，注册资金 500 万元，是朔州市畜牧局定点帮扶的合作社，在发展草牧业的同时，承担着脱贫攻坚的任务。当前，合作社主要通过租赁土地以及与农户合作联营的方式从事牧草种植。农户以土地（一亩土地为一股）或资金（1 200 元为一股）入股的方式加入合作社，在年底可以获得按股分红。目前合作社共有耕地 1 600 亩（106.67 公顷），全部种植苜蓿，2020 年青贮苜蓿平均亩产 2.5 吨，该合作社也是周边的种植业合作社中唯一从事青贮草销售的合作社。2020 年，合作社不仅给社员每股分红 500 元，同时部分社员和其他农户可以通过在合作社从事牧草运输、打包、打捆等相应工作，获得每日不低于 100 元的劳动报酬，此外，合作社助力朔城区脱贫攻坚，成功带动贫困户 26 户，给予贫困户每户每年 350 元的贫困补贴，帮助贫困户稳定脱贫。

2. 工厂化养殖 + 合作社模式

不同于传统的养殖小区模式，该模式主要是由专业的养殖合作社进行工厂化的畜牧养殖，农户没有入股参与经营。典型案例为山阴县子林养殖专业合作社，该合作社成立于 2010 年，目前是一家专业的工厂化养殖合作社，当前合作社共有奶牛 800 头，养殖技术人员 21 名，每头奶牛的日产奶量在 50 ~ 60 斤，由伊利集团按需收购。在奶牛养殖过程中，伊利集团会提供相应的技术支持。为了更好地处理养殖过程中的粪便，合作社以 300 元一亩的价格从附近农户处流转土地 1 000 亩（66.67 公顷），种植青贮玉米，养殖粪便平时放在储粪池，待粪便发酵后引入田地作为肥料。当前合作社在奶牛养殖中主要依靠从国外进口青贮玉米和苜蓿，合作社自己种植的青贮玉米使用量较少。

3. 种植 + 养殖一体化模式

该模式主要是由合作社或企业将牧草种植与畜牧养殖结合起来，农为牧用，草畜外售。可以分为种植 + 养殖 + 合作社模式和种植 + 养殖 + 企业模式。

（1）种植 + 养殖 + 合作社模式。典型案例为朔城区乳飘香养殖专业合作社，该合作社成立于 2009 年 8 月，注册资金 500 万元，场区占地 40 多亩（2.67 公顷），是一家集种植和养殖一体化的合作社。合作社有饲料加工库房 260 平方米，农机库房 800 平方米，配有播种机、压扁割草机、拖拉机、打捆包膜机，搂草机等农业机械；牛舍 2 380 平方米，现奶牛养殖规模约 500 头。2017 年，合作社在国家"粮改饲"以及"草牧业试点"政策的号召下，以一亩 400 元的价格从周边农户处流转土地 3 000 亩（200 公顷），种植耐盐碱高产苜蓿 2 600 多亩（173.33 公顷），并投资了 20 多万元购买了割草压扁机、搂草机、打捆机各一台，当年收割苜蓿一茬，平均亩产达到 600 斤。2018 年苜蓿收获三茬，青贮苜蓿平均亩产 4 000 斤。合作社的负责人以前是做工程的，较为缺乏种植和养殖方面的经验，目前奶牛场和苜蓿种植收获过程都是聘请专业人士代为管理，在种植饲草之前，奶牛场与伊利签订固定的鲜奶销售订单，由伊利对奶牛养殖进行配料，种植苜蓿后，真正实现了"农种牧用"，多余的苜蓿销售给周边养殖合作社或者企业。

（2）种植＋养殖＋企业模式。典型案例为朔城区金土地农牧有限公司。该公司于 2004 年成立，占地 7 641 亩（509.4 公顷），注册资本 1 000 万元，现在是集种植、养殖、农业科技开发和休闲观光于一体的大型现代生态农业集团。"粮改饲"及"草牧业试点"工作未开展前，该公司以种植蔬菜，发展设施农业为主，在国家"粮改饲"及"草牧业试点"政策的号召下，2016 年，公司按照"种养结合，草牧一体"的方针，投资 150 万元种植优质紫花苜蓿 3 000 亩（200 公顷），建设智能化的育苗大棚，并购置大型割草压扁机、打捆机、苜蓿青贮收割机、大型移动喷灌机等设备，实现苜蓿种植、灌溉及收割及加工全机械化过程。当年，收获干草 600 吨，做半干青贮 300 多吨；2017 年共收获 1 800 吨苜蓿干草，并种植燕麦草 2 000 亩（133.33 公顷），干草产量 1 000 多吨；2018 年，该企业率先在朔州开展苜蓿裹包青贮，四茬苜蓿青贮裹包 6 000 多吨。在从事牧草种植的同时，公司还发展养殖业，当前饲养肉羊 1 000 多只，驴 300 头，散养生态鸡 3 万多只，自种的青贮苜蓿除了满足本公司养殖需求以外，剩余 60% 主要销售给周边养殖企业。

4. 牧草收储社会化服务模式

该模式主要是由合作社或者专业的草业公司，集中连片种草、收草、加工、储运、销售，提供牧草种植饲喂技术等一条龙服务。可以分为农户+合作社+社会化服务模式以及企业+社会化服务模式。

（1）农户+合作社+社会化服务模式。该模式的典型案例为朔城区助农农机专业合作社。2010 年朔城区农民张成厚带领多户农民开始成立合作社，2016 年只有农户 20 户，在"粮改饲"及"草牧业试点"政策的带动下，合作社种植耐盐碱高产苜蓿 600 多亩（40 公顷），并投资 20 多万元购买了割草压扁机、搂草机、打捆机各一台，当年亩产达到 500 公斤。2017 年，合作社扩大苜蓿种植面积 600 亩（40 公顷），亩产达到 800 公斤以上。2018 年，又带动本村和邻村村民加盟，以土地入股的方式合作种植苜蓿 2 000 亩（133.33 公顷），同时新建了 4 000 平方米的贮草棚，用于贮藏苜蓿，在整个苜蓿种植过程中，合作社农户继续享受种粮补贴，苜蓿种植补贴待补贴资金发放后再分发给各农户。目前有 100 多户参加了合作社，承包和流转土地 4 000 亩（266.67 公顷），拥有各类农机具 32 台，同时在贮草棚的基础上，建立了朔城区牧草交易市场，在理事长张成厚的带领下，该合作社在农机作业和苜蓿种植、加工、储运和销售方面全面展开，有效地在农户与市场之间搭建了桥梁，既保证了农户的利益也促进了当地草业的发展。

（2）企业+社会化服务模式。典型案例为朔州市骏宝辰农业科技有限公司。该公司成立于 2013 年，注册资本 2 000 万元，总资产 3 700 多万元，员工 30 余人，前身是创办于 1998 年的山阴县青玉园林高新开发示范园区。公司是山西农科院技术推广协作单位，山西农大科技创新、大学生实践教学和大学生就业基地，山西省种子站挂牌的良种展示基地，朔州市、山阴县农委的良种试验示范基地及展示田示范基地，山阴县农技中心试验基地。目前，公司参股百川、喜丰、双赢、玉林、翠美、桂香、南榆林扶贫、羽博扶贫造林8个专业合作社，直接服务山阴县9个乡镇30多个农业合作社1 000多农户和贫困户，涉及5万余亩（约3 333.33公顷）土地。通常，公司将玉米及苜蓿种植任务下达给各合作社，通过与国内外大型种子、肥料等农资公司合作，通过规模降低成本，以厂价直供种植户，不仅在饲草料种植过程中提供农业新品种推广示范、测土配肥、病虫害防治、收储、农业废弃物综合利用、农业技术咨询等服务，在饲草料销售环节，公司通过与新西兰恒天然集团签订青储玉米合同，与国内生产厂家、周边大型批发市场对接，为合作社农户提供销售保障，形成了完整的企业＋社会化服务链条。

（三）山西省草牧业发展的制约因素及其支持条件

1. 农区发展草牧业的制约因素

（1）饲草收储、奶牛养殖存在技术难度。饲草收储方面的技术难度主要体现在：一是收获难。收割饲草需要借助机械设备在很短的时间内完成，尤其是苜蓿在含苞待放的时候收割是其营养价值最高的时候，因此收割不及时会极大地影响其品质，但受劳动力技能和收割机械水平影响，饲草种植合作社较难在短时间内完成饲草收割。二是饲草贮藏较困难。收获后的饲草在发酵和封压方面有较高的技术要求，技术操作不到位会导致饲草的营养流失及变质，使经营者收益受损。对于当地的苜蓿青贮这一环节而言，大多数合作社不具备苜蓿青贮技术，所以收获后的苜蓿有效可用率偏低。

奶牛养殖过程中的技术难度主要体现在：一是缺乏科学育畜技术。小规模的养殖合作社缺乏专业的养殖技术人员，在牲畜饲料营养配比方面存在技术缺失，大多数合作社基本是靠着以往的养殖经验在喂养，鲜奶的品质较难满足收购方的要求，所以存在鲜奶收购方部分收购的情况。二是粪污处理技术成熟度较低。在种养一体化的合作社中，大多数只是将牲畜粪便简单堆放，待时间成熟施向土地，缺乏标准的粪污处理技术，也未能很好地促进牧为农用，农牧循环。

（2）本地苜蓿数量、质量存在缺口。主要表现为本地所产苜蓿数量上难以满足当地养殖要求以及苜蓿质量上的不稳定。虽然"粮改饲"及"草牧业试点"以来，朔州的种草面积在不断增加，但是由于本地从事养殖的农户、合作社乃至大型企业较多，现有本地苜蓿产量仍与当地养殖需求存在缺口。同时，本地苜蓿质量与养殖方的要求存在缺口，主要有以下三方面原因：首先，本地产苜蓿多使用国产机械进行收割，而使用国产机械的主要原因在于当前国家只补贴国产机械而不补贴进口机械。国产机械在收割苜蓿时，容易导致苜蓿叶片和花蕊脱落等问题，甚至会掺入泥土，导致苜蓿品质较低。其次，农户缺乏种植和管理经验，苜蓿收获过程中，对收获时间的要求较高，部分种植主体由于缺乏管理经验而导致田间管理不当、收获时间安排不合理，导致苜蓿中部分微量元素含量超标，进一步影响了牧草的品质。最后，国产苜蓿种植由于缺乏精细化的管理，苜蓿生长周期的第一年多伴有杂草，影响苜蓿的整体质量，与养殖企业的要求存在一定差距。

（3）相关配套设施不健全影响草料的有效供给。相关配套设施的不健全主要体现在以下三个方面：一是牧草储存、晾晒设施的不健全。朔州本地气候炎热多雨，调研中发现对于部分规模较小的饲草种植合作社，没有牧草储草棚，晾晒棚，或者储草棚、晾晒棚面积太小，难以满足收获季节牧草的储晾需要，对牧草的品质造成了一定的影响；二是牧草收储服务组织少而散。调研中发现小规模的牧草收储组织有能力不强、体量不大，甚至有随时解散的可能，难以满足当地牧草收储需要，以企业＋社会化服务模式运营的牧草收储组织规模大、能力强，但是由于收储设备的体积限制，服务对象只能是拥有集中连片牧草种植规模的个体或组织，种植规模较小的个体或组织无法享受到有效的牧草收储社会化服务。三是草产业信息流通渠道少，服务问题不能及时解决。特别是草产品配送机制没有形成，信息不对称，出现有需求的规模牛羊养殖场无法及时按需购买到优质青贮料。

（4）现有模式对高科技种养殖人才的吸引力有限。目前朔州市主要通过与山西农大、省农科院建立试验示范基地，与国内牧草、养殖方面的专家学者建立合作关系，完善朔州市的种养殖工作，为该市的牧草种植以及畜牧养殖注入更多的高科技含量。但是在牧草种植以及畜牧养殖的合作社或者企业中，一方面专业的牧草种植收储人才、专业的养殖人才以及掌握先进机械设备的人才非常的匮乏，另一方面，目前朔州市的牧草种植以及畜牧养殖多以小农户或者合作社经营为主，体系完整、规模庞大的种植或养殖企业比较少，即使在大型农业企业中，也缺乏有效的引才策略，难以吸引到农业类一流院校的毕业生或者农业专家来企业工作，小规模的合作社更难以吸引到优秀的农业类人才加入到牧草种植或者畜牧养殖的工作中。

（5）畜牧业发展面临瓶颈。朔州市畜牧业发展面临的瓶颈主要表现在以下两个方面：首先，朔州市畜牧产品面临国内外同类产品的竞争压力，销售存在困难，同时与大型的乳品企业缺乏谈判能力，受到乳品企业的控制。一方面，奶制品企业每年只收购固定量的奶源，多余部分由养殖户（合作社）自行寻找买方；另一方面，奶制品企业在收购中存在刻意压价行为，养殖户（企业）的利益无法得到保证。以山阴县子林养殖专业合作社和朔城区乳飘香养殖专业合作社为例，两者都专为伊利公司提供牛奶，在近年来乳品市场不景气、奶价波动的背景下，经常面临伊利公司的压价、限量收购等阻碍。其次，养殖企业因融资困难和申请养殖场地的困难而难以扩大养殖规模，其中养殖企业融资苦难主要原因在于缺乏有效的抵押物，如养殖场土地为租用而来无有效产权证书、养殖机器设备价值较低可抵押性不强。尽管朔州市出台了"金融支持粮改饲"等政策文件，但调研中的养殖企业普遍表示仍然难以贷款。而申请养殖场地困难，主要原因在于当前的养殖场地申请手续过于复杂，导致申请周期过长，使得好多养殖企业望而却步。

2. 农区发展不同模式草牧业需要的支持条件

综合朔州市发展草牧业不同模式的适宜性分析结果以及农区发展草牧业所面临的制约因素，从目前来看，朔州市发展不同模式的草牧业需要以下几个方面的支持：

（1）针对目前种植＋合作社模式中存在的牧草收储技术壁垒，根本原因在于进口机械的价格过于高昂，小规模的合作社难以负担，国内机械虽然价格便宜，但是功能有限，因此建议国家或者省级或者地方对养殖合作社购买进口机械给予一定的补贴，让进口机械和国产机械一样，享受机械购置补贴政策，减轻养殖合作社的机械购置压力。

（2）针对种植＋合作社模式、农户＋合作社＋社会化服务模式、种植＋养殖模式中从事饲草种植的经营主体来说，为了更大限度地激发其种植着的积极性，也为了推动当地种植结构调整，扩大牧草种植面积，首先，需要完善牧草种植补贴制度，让种草户和种粮户一样，享受到应有的补贴政策。其次，由于牧草种植过程容易受到冻灾、雨雪灾害等的影响，导致牧草品质降低、产量减少，为了提高牧草种植者应对极端气候灾害的能力，更大限度地保障种植者的利益，需要建立完整的牧草保险制度。最后，由于在种植＋养殖的模式中，种养是相互依存、互相促进的，因此需要地方出台政策文件鼓励发展生态化牧场，鼓励走农为牧用、农牧循环的草牧业发展路径，在发展养殖业的同时促进牧草种植规模的扩大，最大限度地发挥草牧业的生态效益。

（3）对于种植＋合作社模式中由于基础设施不健全影响草料的有效供给情况，需要加强三个方面的政策、技术及制度支持。首先，对于种植合作社缺少牧草储藏棚和晾晒棚的情况，一方面需要提高金融支持

272

在合作社基础设施建设方面的力度，另一方面也需要相关管理部门减少合作社场地申请的审批程序，保障合作社在成立的同时尽快健全基础设施。其次，对于当前收储加工服务组织少而散的情况，一方面需要加强相关机械设备操作技术的技能培训，另一方面也需要提高在机械设备购置方面的金融支持力度。最后，对于草业信息化流通系统不健全的情况，既需要搭建完善的草业信息交易平台，包括建立线上交易平台和线下交易市场，也需要构建系统的物流配送机制。

（4）对于企业＋社会化服务模式下的大型农业企业也难以吸引到专业的农业类人才到企工作的情况，一方面可以通过与国内一流农业类院校建立定向培养、定向就业机制，另一方面也可以通过完善对农业类人才的就业补贴政策，鼓励农业院校毕业的优秀大学生或者专家学者来朔工作，共同促进朔州市草牧业、畜牧养殖的发展。同样在任何草牧业发展模式中，都可以通过加强对种养经营主体的经营技能、种养技能以及知识培训，推动朔州市草牧业走标准化、科技化前沿化发展道路。

（5）对于朔州市工厂化养殖＋合作社、种植＋养殖模式中畜牧业发展面临的瓶颈问题，一方面需要朔州市需要积极培育多种奶业品牌，尤其是要壮大本地奶业品牌，打破大型鲜奶收购集团对当地奶业市场的垄断局面，同时也要制定完善的奶业收购标准，规范当地奶业市场；另一方面，需要通过加强对养殖企业的贷款支持力度以及减少养殖企业厂房审批手续激励养殖企业扩大经营规模。

三、四川省草牧业发展模式分析

为分析探索四川省草牧业发展政策、现状与问题，并总结草牧业发展模式及其适宜条件与所需支持政策，在此基础上提出对应政策建议，课题组以四川省洪雅县为例，开展了深入的实地调查，主要对该县饲草种植合作社、饲草种植农户及农牧局的相关负责人就当地草牧业发展现状、种草的多维效益、草业发展存在的制约因素及存在问题进行深度访谈，并了解草食畜牧企业与合作社的生产条件、用草状况和养殖效益。

（一）四川省草牧业发展的历史及现状

四川省作为全国畜牧强省，在生猪、牛、兔、蜂等生产方面总体居于全国首要地位，充分发挥龙头企业、家庭农场、合作社以及养殖大户的引领作用，现代畜牧业发展迅速，非猪产值占畜牧业总产值比重较大。根据国家统计局公布数据，截至 2018 年底，四川省肉类产量，其中牛肉产量 34.47 万吨，羊肉产量 26.31 万吨。

洪雅县被誉为"西南第一奶业大县"，具有良好的畜牧业基础，通过种草养畜、种草循环其草牧业发展取得较好成效，是现代畜牧业重点县、全省现代农业产业基地强县。洪雅县位于四川盆地西南边缘，地处眉山、雅安、乐山三市交界地带，辖 15 个乡镇，辖区面积 1 896 平方公里，人口 35 万，耕地面积 21.7 万亩（约 1.45 万公顷），截至 2018 年底，根据县农牧局提供的资料，全县奶牛存栏 3.5 万头，出栏肉牛 1.21 万头，出栏山羊 3.55 万只，出栏肉兔 124.12 万只、长毛兔出栏 81.21 万只，畜牧业收入 12.88 亿元，畜牧业产值占农业产值的 51%，畜牧业已发展为该县农民致富增收的重要支柱产业。

1. 洪雅县发展草牧业发展现状

1988 年，洪雅县从美国国际小母牛基金会引进奶牛品种，自此开启了该县发展奶牛业的历史。为了鼓励更多的农户开展奶牛养殖、促进当地奶业发展，该县按照中央提出的"突出发展草食型、节粮型畜牧业"的要求，结合相关项目推广人工种草，开发草山草坡，改良草地，提升饲草产量。

进入 21 世纪以来，洪雅县利用境内良好的环境条件种植优质饲草，大力发展草食畜牧业，在稳步发展牛羊等草食家畜方面成效明显，先后被四川省政府确定为现代畜牧业重点县、现代畜牧业提升县、"粮改饲"示范县。洪雅县主要的饲草品种有黑麦草、牛鞭草、青贮玉米、饲草玉米、高丹草，2016 年底共有人工种草面积约 21 万亩（1.4 万公顷）（含复种指数）。其中：黑麦草 7.8 万亩（0.52 万公顷），青贮玉米 8.6 万亩（0.57 万公顷），牛鞭草 4.5 万亩（0.3 万公顷），高丹草 0.3 万亩（0.02 万公顷）。黑麦草在春、秋季生长茂盛，亩产高达 1 万公斤，青贮玉米、高丹草、牛鞭草夏季生产茂盛，青贮玉米亩产可达 4 000 公斤，高丹草、牛鞭草亩产可达 8 000 公斤以上。

基于县域内土地资源的分布特征、种植不同作物的综合效益等因素，洪雅县对草牧业的发展之路进行实践，探索出了黑麦草与青贮玉米轮作模式、黑麦草与水稻轮作模式、林下常年种草模式、荒山荒坡常年种草模式这四种典型的种草模式。

2. 洪雅县发展草牧业的支持政策

洪雅确定以奶业发展为主导产业，结合本地的饲草种植条件，为了增强本地饲草的供应能力、推动畜牧业的发展，采取多项支持政策发展草牧业，推动本县草业和草食畜牧业的有序稳定发展。

（1）发展标准化规模养殖，推进畜牧业转型升级。按照养殖设施化、生产规范化、防疫制度化、粪污无害化要求，洪雅县大力发展标准化规模养殖，截至 2016 年底全县已建成标准化奶牛小区 27 个，其中国家级标准化示范场 5 个，省级标准化示范场 1 个。积极推进散养奶牛进小区，并对发展规模养殖的小区（场）实施政府负责水电路通、承担小区租金、按标准进行引种和建厂补助等支持政策。通过集中治污、集中机器挤奶、统一防疫、统一饲养管理，鲜奶质量进一步提高，小区奶比散户奶价格高 0.8～1 元每公斤，奶牛养殖效益明显。

另外，洪雅县采取保险、绿色通道等政策降低畜牧业风险与成本，助力畜牧业发展。比如开办奶牛保险业务，农户每年可享受市、县两级财政共150元/头的保费补助，降低奶牛养殖风险；畅通奶业发展绿色通道，凡在县境内运输奶牛、鲜奶、饲草（料）的机动车辆，相关部门要优质服务，优先办理手续，免收有关费用。

（2）依托"粮改饲"项目，加快发展青贮玉米。2017年洪雅县被四川省农业厅确定为全省10个"粮改饲"示范县之一，为了提高农户种植青贮玉米的积极性，农牧局通过与现代牧场、新希望乳业等企业沟通，促成企业与种植大户签订青贮玉米订单收购合同，实行订单种植。当年在全县遴选9户种植大户作为"粮改饲"项目实施主体，推动土地适度规模流转，建设青贮玉米示范基地2 200亩（约146.67公顷），10个乡镇126户种植大户规模化种植青贮玉米已达15 200亩（1 013.33公顷），带动全县规模种植青贮玉米3.2万亩（2 133.33公顷）。

为深入贯彻落实中央、四川省委关于供给侧结构性改革的决策部署，推进种养结合的农业结构调整，加快构建粮经饲统筹、种养加一体、农牧循环的现代农业产业体系，结合该县工作经验和生产实际，洪雅县农牧局制定了《洪雅县2018年青贮玉米示范区建设项目实施方案》，并经洪雅县政府批复同意实施。该项目补贴对象为10个规模种植青贮玉米的家庭农场和合作社，补贴标准为每亩169.45元，经农牧局组织相关人员核实补贴面积、验收合格后，拨付生产示范补贴资金。

（3）种养循环，实现治污与产业良性发展。洪雅县农牧局大力推广种养循环，通过完善设施、改进技术、专业管理推进农牧业循环发展和生态农业建设，形成"以养定种、种养平衡、循环发展"的有机综合体，所有养殖场实行"1＋1"循环利用，即"一个畜禽养殖场必须配套一片种植基地"消纳粪便，实现良性发展。

一是完善设施，推进"区域小循环"向"集约型大循环"转变。洪雅县财政投资6 000余万元，依托现代牧业、新希望、阳平种牛场等企业，在上级部门的大力支持下，铺设沼液输送管网600公里，基本建成"东岳—槽渔滩—中保""止戈—将军—三宝"和"余坪—洪川"三大片区，覆盖 8 个乡镇 47 个规模养殖场的 6 万亩种养循环示范基地，年消纳沼液 45 万吨。

二是改进技术，实现粪污无害化处理。洪雅县组织专业技术人才力量，创新改良牛粪干湿分离、沼液固液分离、沼液低压灌溉等技术，积极推行"牛粪转化为有机肥—沼液、有机肥还田种草—饲草加工喂牛"等循环发展模式，实现了粪污综合利用。

三是实施专业管理，推动社会化服务。洪雅县创新"社会化管理，有偿化使用"的运维机制，建立了部门 + 属地乡镇组成的联合监管机构，引进农业废弃物综合利用有限公司作为第三方社会化服务组织，由农业废弃物综合利用有限公司负责全县畜禽粪污综合利用和循环管网设施维护，采取"养殖场付费 + 政府补贴"方式保障运营费用，每立方米养殖企业支付 3 元、政府补贴 3 元。

（4）开展技术宣传与培训，强化科技服务。洪雅县农牧部门充分利用会议、广播、发放宣传资料等形式加强宣传培训，先后印发《人工种草好处多》《黑麦草、牛鞭草、紫云英等饲草品种种植栽培技术》《饲养奶牛、山羊、图实用技术》《洪雅县 2017 年青贮玉米高产栽培技术》等技术资料，在职业农民培训和产业扶贫中广泛宣传全县沼液使用技术，确保示范区内农户能够做到正常使用，并派出科技人员实行科技承包。全县每年举办种草养畜培训班 30 期以上，发放技术资料两万余份，培训人员达 5 000 余人次。

（二）四川省草牧业的发展模式

1. "养殖公司（牧场） + 饲草合作社 + 农户"模式

该模式由产业链上中下游三个利益相关主体构成。饲草种植方、饲草加工方和饲草需求方三类主体通过长期契约达成稳定的合作关系。该模式具有以下特点：首先，利益联结紧密，种植户、加工方和使用方三方通过长期租赁、订单销售等形成较为紧密的利益关系；其次，产业链稳定，市场三方主体涉及产、加、销、消费等全产业链生产环节，其中合作社发挥着关键作用，通过与农户签订合同，生产行为较为稳定，与养殖公司签订销售合同，市场较为稳定。最后，交易成本低，体现在两个方面：一是销售成本低，三方主体一般在较小的区域范围内形成合作关系，信息、运输等成本较低；二是监督成本低，养殖公司对饲草合作社的饲草质量进行有效监督，从整体提高了饲草生产质量和效率。

具体而言，该模式中养殖公司（牧场）与饲草专业合作社签订供草协议，饲草专业合作社根据订单进行饲草的种植、收购。饲草合作社通过土地流转直接种植饲草，流转形式包括土地租赁和土地入股。对于租赁土地，按每亩 1 000 元租金计算每年向农户支付；对于土地入股，按每亩 1 000 元计算折价入股，年底根据经营状况给农户分红。为规范饲草种植，合作社以 25 元每公斤的价格为社员提供饲草种子，比市场价低 3 元每公斤，并组织社员统一销售饲草。

奶牛养殖公司与饲草合作社通过签订饲草购买订单展开合作。奶牛养殖公司对饲草消耗量大，据估算，平均 1 头奶牛至少需要消耗 1 亩青贮玉米或燕麦草、黑麦草等。以现代牧业洪雅饲草有限公司为例，该公司实际存栏 6 700 头，共建有 4 个青贮窖，青贮窖总容量达 2 000 吨，建设初期用于收购苜蓿、玉米进行青贮，现在主要用于青贮高粱草和燕麦草。该公司主要由与当地牧草合作社签订协议，收购黑麦草作鲜草使用，在当地主要收购鲜草，青贮饲草主要从内蒙古、甘肃购买，苜蓿干草则从美国进口。四川省土地资源较少，天气湿度大，青贮玉米干物质含量较少，当地饲草种植合作社的饲草规模和质量不能完全满足公司需求与标准。

2. "养殖合作社＋农户"模式

该模式仅由合作社与农户两类主体构成，是一种产业链条相对较

278

短，利益联结较为松散的生产模式。该模式适合以小型合作社为中心，辐射周边小农户的分散式经营，市场风险较高。其中，合作社既是饲草加工主体，又是需求主体，生产工艺水平相对较低。而小农户则根据自身资源禀赋，做出生产决策，双方合作关系不够紧密。主要是因为养殖合作社规模不大，通过社员入股、土地流转等形式自有一定规模的土地用于饲草种植，能满足自身大部分需求，周边散户仅作为少量补充。

具体而言，该模式由养殖合作社向农户约定购买饲草，农户自行组织生产，饲草收割完成交售给养殖场，价格随行就市，养殖场自备青贮窖进行发酵，以生产青贮饲料。

以洪雅县治军专业合作社为例，该合作社通过统一购入良种、统一收购等方式带动周边农户种植青贮玉米，组织农户机械化生产，在自种人工饲草地的基础上，同时收购附近农户的青贮玉米进行青贮饲料生产，更好地满足养牛场的需求。目前，合作社共建有标准化肉牛圈舍7 710 平方米，青贮存储设施 1 282 平方米，并配套了相应的粪污处理设施，合作社年出栏肉牛达 1 550 多头，年销售收入达 1 725 万元，纯收入达 320 万元，经济效益明显。

3. "合作社全产业链经营"模式

这一模式是在长期中以一定资产规模和布局为基础形成的草牧业发展模式，由单个发展较好的合作社，与其他合作社进行产业链分工与合作，各司其职负责饲草种植、收割、存储、销售以及第三方服务等全产业链生产环节。各合作者紧密合作又独立决策。一方面，各合作社通过长期稳定的合作协议相互提供生产服务、饲草种植、加工、销售等；另一方面，在满足各方需求的基础上，各合作社可根据自由决定生产，为第三方提供相应服务。

该模式具有产业链完整、专业化程度高、生产效益好的特点，但仍然存在一定的局限性。首先，饲草销售市场有限。整个产业链的销售终端为固定的养殖合作社，销售渠道较为单一，市场有限，导致其规模难以扩大；其次，供应链风险高。单一的销售渠道导致整个产业链对养殖合作社过度依赖，一旦该合作社发生市场风险，将影响整个产业链的发展。

以洪雅县东和奶牛合作社为例，其负责人协调了瑞志种植专业合作社、洪雅县安溪农机专业合作社、农业废弃物综合利用有限公司等多家合作社，开展饲草全产业链经营，实现奶牛养殖与销售、饲草种植与销售、农机服务、废污循环各个环节的生产融合。

东和奶牛专业合作社于2008年成立，目前合作社有100多个社员，合作社自养奶牛800头，分布在若干个养殖场，每个养殖场独立决定饲草购买量，所需饲草由瑞志种植专业合作社供给，多数小型养殖场不需要从外购进饲草。东和奶牛专业合作社与菊乐奶业公司以每公斤4元签订牛奶订单合同，由菊乐公司安排人员在各养殖场进行质量监督。合作社1头奶牛每天产奶约25公斤，每年贡献收入约4 000元。

奶牛合作社的供草单位瑞志种植专业合作社共流转4 000亩（约266.67公顷）土地，土地流转期限为10年，每亩地租金1 000元，主要种植青贮玉米和高粱草，种植饲草30%供东和奶牛专业合作社使用，其余销售给洪雅现代牧业有限公司。目前共有300多户社员，社员以每亩土地1 000元入股，平均每年每亩分红约200元，另外合作社在农忙时向社员和周边农户提供就业岗位，工资每天平均200元。此外，由安溪农机专业合作社为饲草种植提供农机服务，农户可通过现金（至少1 000元）和自有农机两种方式入股农机合作社，农机合作社在年底根据经营状况进行分红。

4. "农户自种自养"模式

该模式为典型的"自给自足"的小农生产模式。散养农户根据自家饲养的草食家畜对饲草的需要量，利用自有土地种植饲草，以满足自家畜牧生产。尽管该模式下，单个农户生产与养殖规模不大，但数量较多。短期内，该种模式的农户数量仍然保持一定比例，从长期以来，呈逐步下降趋势。

该模式生产具有市场化程度和机械化程度低的特点，但土地地块类型、土地质量的差异以及农户自有劳动力的机会成本往往会影响饲草种植、收割的机械化程度。大部分采取自种饲草自养牲畜的散户往往采用人工和自有机械进行土地平整、饲草收割及运输，现阶段较小比例的农户会在种养环节之间借助饲草社会化服务组织的力量，采用机械作业提高饲草种植和牲畜养殖的效率。以洪雅县安溪农机专业合作社为例，其在向周边散户提供社会化服务时，水田平整翻耕每亩150元，旱地平整翻耕每亩100元，青贮饲草收割每亩地120元，饲草运输每吨30～50元，运输机械的最大承重为10吨。

（三）四川省草牧业发展的制约因素及其支持条件

1. 草业农业发展面临的制约因素

一是气候与土地条件限制饲草产业规模的扩大。一方面，洪雅县位于四川盆地西南边缘，地处亚热带季风气候区，年平均气温16.8℃，年均降水量1 435毫米，雨水多和湿度大的气候极易造成青贮玉米、高粱草等饲草作物倒伏和干物质含量不高，导致当地饲草的市场竞争力相对不足。另一方面，洪雅县土地资源少，种植规模不能完全满足当地草食牲畜的饲草需求，且土地细碎分布，未经整理的土地难以进行机械化作业，为发展规模化饲草种植带来挑战。气候与土地条件严重影响了当地草业的生产方式，并制约其生产规模的扩大。

二是补贴品种单一，政策瞄准目标偏离实际。洪雅县土地肥沃，总体而言，夏季适合种植高粱草，冬季适合种植黑麦草，另外牛鞭草、苏丹草及部分粗饲料的种植亦符合当地奶牛的养殖需求，但是政策推动的饲草品种较为单一，没有很好地结合当地条件选择最优品种，制约着当地草业的健康发展。目前，政府推动开展的"粮改饲"项目主要针对青贮玉米和苜蓿，补贴对象为规模种植青贮玉米的合作社和家庭农场，仅在青贮玉米种植环节进行补贴。但当地受气候与地理条件制约，不适宜种植苜蓿，且青贮玉米质量难与优势产区相比。

三是加工技术相对滞后不成熟，机械设备难以满足发展要求。在饲草收割环节，籽粒破碎切割程度是影响饲草质量的重要因素，对青贮切碎设备提出了相应的技术要求，但由于当地地形条件的限制，大型机械难以进入，导致饲草质量不高。在饲草贮存环节，洪雅县目前采取青贮窖进行青贮，一般 4~5 天青贮成功，但青贮窖藏存在较多问题，比如南方雨水天气较多，青贮过程中较易产生黄曲霉素，发生病变。以洪雅县现代牧场为例，现代牧场在本地购买青贮玉米的价格每吨约 500 元，加上需在青贮窖进行青贮，总费用约每吨 630 元，而从北方地区购买较好的青贮玉米每吨约 220~230 元，运输成本每吨 200 元，再加上裹包成本，总费用与在本地购买大致相等。因此从饲草质量和成本的角度来看，当地对发展裹包青贮具有较高需求，但受资金和技术限制，相应的技术储备还相对较为落后。

2. 草牧业发展所需支持政策

（1）金融支持。饲草产业的发展离不开大型机械设备与加工存储设施，资金需求量较大。然而，农村地区融资难、门槛高问题长期以来持续存在。尤其是中小规模养殖户和饲草种植加工合作社等经营主体，资金限制较大，需要金融优惠政策和青贮设施建设方面的大力支持。以洪雅县现代牧场为例，现阶段每年要贷款 10 亿元用于收购青贮作物，有较高利息率，给公司资金流通和运营带来了巨大的压力，且公司目前仅有青贮窖，未来时期发展裹包青贮需要相关政策和资金的支持。

（2）保险支持。饲草作物的质量受天气影响较大，尤其是降雨量较大时，导致饲草发生霉变，给种植户带来较大的经济损失。但目前市场上尚无相关农业保险产品分散相关风险，无法保障当地饲草产业的健康持续发展。此外，饲草的价格和需求量受畜产品市场影响较大，畜牧业市场波动较大的情况下，也将给位于产业链上游的饲草种植环节带来损失风险。因此，饲草产业的良性发展依赖于饲草产业风险调控手段，以降低农户的饲草种植风险，保障农户收益。

（3）技术与流通政策支持。一方面，饲草产业的发展面临技术和设备不足的制约，产业规模发展受限，因此，未来应当考虑通过机械和技术优化改进土地的生产效率和质量。同时，该模式中饲另一方面，饲草种植与销售需要立足于内部和外部需求，但高昂的运输成本，也给饲草的销售和投入要素资源的自由流动带来障碍。因此，饲草产业的发展壮大离不开由政府实施的相关饲草流通政策的支持，从而实现降低饲草流通。

（4）基础设施支持。缺乏较高质量的土地资源也将从长期不利于饲草产业的发展。特别是小农户的种植条件较差，无法较好地融入饲草产业发展体系。因此，需要由政府进一步加强农田基础设施建设、推进土地整理工作，在基础设施得以改善，技术储备充足的条件下，鼓励专业服务组织提供优质的饲草第三方社会化服务，全面推进饲草的社会化服务体系建设。

四、河南省草牧业发展模式分析

为全面了解河南省草地农业发展现状和存在的问题，总结草地农业的发展模式并提出对应的政策建议，课题组选取河南省开封市兰考县和驻马店市的平舆县开展典型案例调研。重点对当地的饲草种植企业和奶牛养殖企业，围绕其发展模式、运行机制、成本收益、带动农户情况、制约因素及发展建议等进行了深入访谈。

（一）河南省草牧业发展的历史及现状

河南省位于我国中东部和黄河中下游，北接山西、河北，东邻山东、安徽，西接陕西，南靠湖北，既是我国粮食主产区，又是我国重要的草地资源大省。河南省境内黄河滩优越的自然环境使得动植物数量众多，具有生物多样性的特点，具有极大的动植物开发与利用价值，可发展各种类型的农牧业生产体系。

1. 兰考县发展草牧业的历史演进及现状

兰考县位于河南省东北部，地跨黄河滩河 2 个流域，3 个水系。以黄河大堤为分水岭，大堤以内的黄河滩区属黄河流域，黄河在县境内流经长度 25 公里，流域面积 151.78 平方公里，占全县面积的 13.6%。黄河大堤以外属淮河流域，面积 964.2 平方公里，占全县面积的 86.4%。2014 年 12 月，河南省启动了黄河滩区居民迁建试点工作，在范县、封丘、兰考 3 个县的 4 个乡镇，选择了受洪水危害较大、并且能整村外迁的 14 个村庄作为迁建试点。截至 2017 年底，河南省先后开展了两期黄河滩区居民外迁安置工作，外迁 5.68 万人；从 2017～2019 年，河南省用 3 年时间把黄河滩区中位置较低、风险较大地段的 24.32 万人整体外迁。2019 年，兰考县通过对搬迁后原有村庄占地复垦和耕地综合整治，有效地增加了耕地数量，提高了耕地质量和土地利用效益，为实施农业产业化、规模化经营创造了条件；通过引进苜蓿种植项目，发展优质牧草种植产业，为实现种养循环、草畜配套的现代化农业奠定基础。

目前兰考县已形成滩内滩外两维度的饲草生产布局。一是滩内发展优质饲草种植。黄河滩区以紫花苜蓿作为主导产业发展，截至 2020 年底已种植紫花苜蓿 5.8 万亩（0.39 万公顷），其中东坝头镇滩区种植 3.4 万亩（0.23 万公顷），谷营镇滩区种植 2.4 万亩（0.16 万公顷）；优质紫花苜蓿单体规模化种植规模位居全国前列，基本形成兰考县沿黄滩区优质草业。

二是滩外强力发展优质草畜。一方面重点发展奶业，以龙头企业引领，积极谋划构建种养加一体化草畜融合发展体系，全面推进兰考绿色畜牧产业发展"三个一工程"（即在滩内种植 10 万亩优质饲草、滩外养殖 10 万头优质奶牛、投建一个中型规模乳制品厂）。另一方面依托中羊牧业、绿色守望等龙头企业，通过"政府＋龙头企业＋合作社＋农户＋生态产品分销平台""公司＋合作社＋农户＋基地"等运作模式，企业承担市场风险，农户负责精细管理，带动全县肉羊、肉牛产业规模化发展，配套建设肉羊、肉牛屠宰项目，创建绿色有机牛、羊肉品牌。切实达到"以草引畜、以畜定种"的目标。

2. 驻马店市发展草牧业的历史演进及现状

驻马店市位于河南省中南部，东西横跨淮河、长江两大流域，淮河流域面积 13 300 多平方公里。驻马店适宜多种农作物生长，是国家和省重要的粮油生产基地，常年粮食产量 650 万吨，占全省的 1/8；油料总产 80 万吨，居河南省第一位。年出栏生猪 860 万头、牛 200 万头、羊 430 万只，分别位居全省第一、第二和第四位。全市 9 个县均为全国畜牧大县、生猪调出大县，3 个县为全国肉牛大县，4 个县为河南省奶业发展重点县，驻马店已成为河南省奶业大市。2017 年市政府印发《驻马店市支持肉牛奶牛产业发展实施方案》，提出以草食畜牧业发展带动"粮改饲"结构调整，以"粮改饲"结构调整促进草食畜牧业发展，目标到 2020 年，全市新增饲料玉米种植面积达到 50 万亩（3.33万公顷），玉米全株青贮 150 万吨，苜蓿种植面积 2 万亩（1 333.33公顷）。

2019 年，驻马店市肉牛规模养殖场达 553 个，年出栏 1 000 头以上的肉牛规模养殖场有 11 家，年出栏万头以上的有 4 家；2019 年新建存栏 500 头以上肉牛规模养殖场 6 个，均建成投产；完成新增犊牛 4.7 万头；全市奶牛存栏达 2.8 万头，2019 年新增奶牛 3 600 多头，有 4 家存栏规模达到 5 000 头以上。

为加快农业供给侧结构性改革，推进种植业结构调整，2020 年全市优质小麦面积 535.2 万亩（35.68 万公顷），较上年增加 4.7 万亩（0.31 万公顷），产量 293.6 万吨。玉米面积 423 万亩（28.2 万公顷），较上年压缩 23 万亩（1.53 万公顷），产量 215.25 万吨。全年全市 7 个粮改饲试点县完成全株青贮玉米种植面积 20 万亩（1.33 万公顷），全株青贮玉米 50 万吨，拨付补贴资金 2 500 万元。

驻马店市紧紧围绕生猪、肉牛两大优势畜种，大力发展畜禽标准化规模养殖，认真实施国家、省各类畜牧业项目，集中培育畜牧产业集群，积极开展国家级标准化示范场创建活动和生态畜牧业示范场建设活动，大力推进生态畜牧业建设，全市畜牧业发展水平明显提高。

3. 河南省农区发展草牧业的支持政策

（1）"粮改饲"政策。2016 年以来，河南省紧紧抓住实施国家粮改饲试点项目的重大机遇，在调整优化种植业结构的同时，适时出台了《河南省人民政府关于支持肉牛奶牛产业发展的若干意见》，每年统筹财政资金 2.5 亿元专项支持肉牛奶牛产业发展。四年来，在国家和省级双重政策的刺激和引导下，河南粮改饲试点工作稳步推进，肉牛奶牛产业发展进入"快车道"，种养结合循环发展取得积极成效，初步探索出一条"以养定种、种养结合、草畜配套、草企结合"的中原农区畜牧业发展新道路。

河南省联合有关高校科研院所，组成省市县粮改饲技术服务专家组，分片包干粮改饲试点县及项目实施单位，开展了全覆盖式技术咨询、培训和现场指导。筛选推广了一批适合河南省种植的苜蓿和青贮玉米品种，探索出一年两熟、三熟种植模式，提高了单位土地面积生物质产量，测土施肥、无人机植保等先进管理方式得到应用。组织编写《青贮玉米种植与利用技术手册》，制定了《紫花苜蓿生产技术规程》等一批河南省地方标准和规程，苜蓿青贮技术在全省得到推广应用青贮收贮质量显著提升。

（2）牧草产业支持政策。为配合国家振兴奶业苜蓿发展行动，河南省开展高产优质苜蓿示范建设项目，主要集中在沿黄滩区和奶牛存栏数量较多的市县，主要包括郑州市、开封、洛阳、安阳、平顶山宝丰、新乡、驻马店、南阳、济源、兰考等9市18县（市、区）。项目对河南省集中连片1 000亩（约66.67公顷）以上的苜蓿种植基地，按照每亩600元的标准给予补助，以此来提高牧草产业化水平，助力奶业发展；鼓励苜蓿生产企业、农民饲草专业生产合作社与奶牛养殖企业（场）、奶农专业生产合作社建立长期的合作关系，促进苜蓿生产与奶牛养殖有机结合，提高奶牛科学养殖水平。补助内容包括推行苜蓿良种化、实行标准化生产、改善生产条件、提升质量水平等。2020年项目补贴资金3 720万元，面积6.2万亩（0.41万公顷）。

2019年9月，河南省印发了《河南省黄河滩区优质草业带建设实施方案》，提出以中牟县、兰考县等9个县（市、区）为重点，打造黄河滩区优质草业带。计划到2025年，整个黄河滩区种植优质饲草面积要达100万亩（6.67万公顷），其中全株青贮玉米50万亩（3.33万公顷）、紫花苜蓿30万亩（2万公顷）、饲用构树及其他优质牧草20万亩（1.33万公顷），把黄河滩区优质草业带建设成为全国重要的现代化优质牧草生产加工基地和草业科技创新基地。同时明确对重点区域加大政策支持力度，农田建设补助等资金优先向黄河滩区优质草业带倾斜；黄河滩区优质草业带相关市县要对饲料作物收获机械和饲料（草）加工机械实行农机购置敞开补贴；现代农业产业园创建、农业生产社会化服务等项目资金优先向黄河滩区优质草业带相关市县倾斜。

（3）畜牧业支持政策。2020年河南省印发《河南省人民政府办公厅关于加快畜牧业高质量发展的意见》，提出到2025年，畜牧业产值占农业总产值比重达到35%以上，畜牧业产值与畜产品加工业产值之比达1:3，畜禽规模化率达到80%以上，畜禽粪污资源化利用率达到85%以上，主要畜种规模养殖基本实现全程机械化。并实现标准化生产，产业化经营，绿色化发展等目标。在本省畜牧业发展过程中，充分发挥财政资金的引导作用，对畜牧业生产基地建设、科研攻关给予重点支持；强化金融服务支持，探索发展价格保险、收入保险等；鼓励体制机制创新，开展多方面第三方社会化服务。

（二）河南省草牧业的发展模式

通过典型案例调研发现，当前河南省的草地农业发展的主要模式有订单销售模式、种养一体化模式两类。

1. 订单销售模式

该模式主要有两种实现形式，一是牧草企业经由合作社或村集体吸纳农户流转的土地，进行集约化、规模化牧草生产；二是畜牧企业通过合作社与农户或直接与种植大户签订订单收购饲草。

（1）牧草企业订单销售模式。这一模式下由企业主导，集合零散的村民资本，承包了连片的草业用地，实现了牧草的大规模种植，提高了牧草的种植效率。牧草种植是近几年逐渐兴起的产业，与传统的粮食作物种植相比，牧草生产对技术要求更高，需要专业人员提供指导、专业化设备提供服务才能实现高质量生产。对于习惯于粮食作物生产的农户而言，牧草种植同时面临着更大的市场风险和自然风险。因此，将土地流转给牧草企业是农户追求利益的自然选择。在这种模式下，农户不仅能获得土地流转的收益，也可以通过在企业内打零工获得工资性收益。

典型案例为田园牧歌草业有限公司。该公司于2019年在农业农村部和河南省政府牧草产业发展政策支持下，依托河南省农科院、甘肃亚盛集团牧草种植技术，在河南省兰考县东坝头镇成立，是河南省内最大的优质牧草生产、加工基地。公司种植基地位于兰考县东坝头镇黄河滩区，2020年种植紫花苜蓿7.8万亩（0.52万公顷）。据负责人介绍，在投入方面，7.8万亩土地均是通过村集体从农户手中流转来的，流转费用为每年800元/亩，其中政府补贴200元/亩；公司购置苜蓿生产所需的大型机械设备，如收割机、打包机、喷灌机等累计投入5 000万元；此外生产投入还包括化肥、农药、种子、雇用临时工以及外包作业等花费。在产出方面，苜蓿种植一年可以收获6茬，前2茬收割杂草较多，一般为二级草标准，后4茬可以达到一级草标准，每亩地每年的产量大约在2.5～3吨左右，折合干草1.2～1.5吨，每吨净利润可达400元。

（2）畜牧企业订单销售模式。企业通过和村集体或合作社与农户对接，签订收购合同，保证畜牧企业未来饲料供应稳定。这种模式使牧草的需求方和供给方在较小的区域范围内形成合作关系，信息、运输等成本较低。同时，由于农户个体力量薄弱，在牧草市场上议价能力低，通过合作社与当地企业签订合同保障了农户的基本收入，降低农户在苜蓿生产过程中面临的市场风险。

典型案例为平诚信瑞亚牧业有限公司。该公司成立于2018年8月，位于驻马店市平县杨埠镇。项目总投资5.5亿元，奶牛场占地面积8 600亩（573.33公顷）。由现代化牧场、万头奶牛散放养牧场、万亩有机生态牧草循环农业种植园及观光农业等项目组成。目前该公司奶牛存栏达到5 000头，1公斤牛奶产出的饲料成本为2.2元，每年需要青贮饲料4万吨，其中90%需要通过订单农业向农户、农场主和农业公司收购。在签订合同时，需要对供给方的规模、专业程度、种植品种、资金投入进行考察，保障饲料供给质量，最后就近选择供给方签订。2020年主要收购玉米、麸皮、豆粕等饲料。

2021年，该公司创新发展模式，向"种养一体化"模式转型。流转附近村落28 000亩地（1 866.67公顷），成立农业公司，希望实现饲料自给率80%以上。该农业公司目前依靠"春季播种小麦，收获小麦后播种玉米，玉米收获后从冬季到第二年春季接种小麦"这一方式进行饲草生产和盈利。

2. 种养一体化模式

该模式指合作社（企业）通过自身运营调节机制构建一个完整的闭合全产业链，构建"农牧工"三位一体的产业集群，实现从牧草种植、规模化养殖到生产加工、物流仓储、渠道管控等各个环节全程可追溯的目标。具体来讲即将种养环节集中在一个合作社（企业）中，其中种植环节为养殖环节提供喂养牲畜所需的饲草料，养殖环节的牲畜粪便是种植环节重要的有机肥来源，从而实现农为牧用，农牧循环。

典型案例为河南花花牛农牧科技有限公司。2015年1月河南花花牛实业总公司在兰考县注资成立河南花花牛农牧科技有限公司，公司位于兰考县仪封乡东老君营村，总占地1 200余亩（80多公顷），遵循科学饲养，绿色养殖的理念，结合当地实际，实现种养结合，生态循环。公司计划分两期建设一个存栏总规模5 000头种养结合的现代化规模牧场，总投资2亿元。一期1 500头存栏规模项目建设工程已经完工，目前已经完成投资6 000万元，基础设施完善，硬件设施齐全，其中挤奶及饲喂等重要设备均为进口产品，奶牛均为从澳大利亚和新西兰进口的纯种荷斯坦奶牛，泌乳牛单产达到36公斤。截至目前存栏达到1 600头，年产优质生鲜乳7 200吨左右，年收入超过3 000万元。除牛场建设土地外，该公司种植500亩（33.33公顷）紫花苜蓿和500亩燕麦草，不仅可以提供部分优质牧草自给、吸纳粪污，还能起到作为奶牛场隔离带的作用，保障生物安全。2020年该公司使用进口苜蓿500吨，国产苜蓿200吨，自产苜蓿400吨，自给率达36.4%。奶牛养殖产生的废弃物通过发酵的方式还田，受到作物生长规律的约束，粪污还田率在60%左右，其余部分则免费提供给附近的园艺厂和果园使用。

该公司自规划建设初期就注重环保要求，确定了"种养结合循环发展"的总体发展思路，配置大量土地用于优质苜蓿种植和生态园建设，积极探索"草—牛—草"的循环发展模式，种植优质饲草喂牛，牛场粪污经无害化处理后还田，不仅充分利用了粪肥资源，而且解决了牛场粪污处理的问题，既降低了牧草的种植成本，又为牛场提供了质优价廉的牧草，具有十分显著的经济效益和生态效益。

（三）河南省草牧业发展的制约因素及其支持条件

结合对兰考县和驻马店市平舆县农牧局相关负责人的访谈结果，以及上述对兰考县饲草种植企业（郑州田园牧歌草业有限公司）、种植和养殖一体化企业（花花牛农牧科技有限公司）和平舆县畜牧养殖企业（诚信瑞亚牧业有限公司）的运营模式、成本收益以及适宜性分析，兰考县和驻马店市平舆县在草地农业发展过程中仍然存在较多的制约因素，需多方面的支持条件来促进河南省内现代草地农业的进一步发展。

1. 农区发展草地农业的制约因素

（1）对农区草地农业的局限认知阻碍其进一步发展。河南省自古以来以农耕文化为主，遵从"有草就开荒、开荒就种地、种地为打粮"的传统农业思想，农户较难在短时间内转换这种传统观念，用种粮地种植优质饲草，因此发展"农户＋合作社"或者"农户＋龙头企业"的饲草种植模式就变得相对困难。河南是粮食生产大省，是国家保障粮食安全的核心生产区，在当前粮食安全实行党政同责的政策背景下，保障国家粮食安全的任务使得农区草地农业发展壮大存在不确定性，河南省农区优质牧草种植得不到应有的重视，草地扶持政策、生态补奖以及苜蓿优质牧草规模种植相关的政策扶持较少，优质牧草种植合作社（企业）得不到相应的支持，使得资金回流慢、收割加工等技术要求高的优质牧草生产无法进一步扩大发展。

（2）不成熟的饲草收储技术降低牧草品质。饲草种植尤其是苜蓿种植过程中收储存在技术难度：首先是收割技术要求高。苜蓿收割需要使用专业的机械设备在短时间内完成，含苞待放的苜蓿是收割最佳、营养价值最高、品质最佳的时段，仅一周左右，较快较精准的收割才会保留苜蓿最佳的品质，但河南省雨季较多暴雨，再结合收割机械水平不成熟等因素，饲草种植合作社（企业）很难在有效时间内完成苜蓿收割工作，尤其是在第 2~3 茬收割过程中，无法确保最佳品质的苜蓿产品。其次是贮藏技术不完善。新鲜的牧草在收割完成后需要在储草棚等储草设施地中存放，再进行下一步如青贮或者干草处理。但由于设施用地的问题，牧草种植合作社（企业）无法建设长期储草的储草棚等储存晾晒设施，已有的储草棚过于简陋，遇到烈日或暴雨等极端天气时，会大大降低苜蓿等牧草的营养价值。最后是相关配套设施不健全。大多数牧草种植合作社（企业）不具备苜蓿储藏技术，需要及时售卖收获的苜蓿草饲料，影响了苜蓿的有效供给，阻碍农区牧草产业的进一步扩展。

（3）农区饲草产业资金回流周期长，未形成完善的风险利益联结机制。苜蓿生产前期、中期需要大量投资，影响种植合作社（企业）对苜蓿等优质牧草产业的参与意愿。苜蓿草饲料的播种、收割、晾晒等各个生产环节需要专业的机械设备配合完成，目前国内机械设备水平无法完全保留优质牧草的最佳品质，但由于进口机械设备没有相应的补贴，使用进口机械设备的成本高昂，苜蓿生产前期投资较大，完全依靠社会化服务又会进一步降低牧草生产利益，资金回流周期较长的苜蓿产业也会提高农区牧草种植的收入风险，很难鼓励种植合作社（企业）参与到农区牧草产业中，抑制了现代草地农业的进一步发展。

此外，利益风险联结机制的不完善制约优质牧草产业的良性发展。河南省苜蓿生产分为多种发展模式，例如政府项目实施、龙头企业带动以及科研项目支持等，但尚未形成利益风险共担的联结机制。尤其是牧草种植合作社（企业）得不到政府的有力支持，无法进行相对应的贷款申请；企业上下游之间未能形成长期的战略合作关系，上下游企业合作关系处于不平等的状态；科研单位科技创新能力、成果转化能力无法支撑现有的优质牧草产业体系的发展，使得政府、企业、科研机构三方未能形成有效的融合，苜蓿产业链条间联系不紧密，阻碍了苜蓿等优质牧草产业的良性发展。

（4）草地农业发展对高科技种养殖人才的吸引力有限。目前兰考县畜牧业生产主要通过与河南农业大学、省农科院建立试验示范基地，并与国内牧草、养殖方面的专家学者建立合作关系，促进兰考县畜牧业的发展，进一步提高优质牧草、奶牛产业体系的科研创新水平。但是在饲草种植合作社（企业）以及奶牛养殖合作社（企业）中，专业的牧草种植收储人才、具有牧草种植管理经营能力的人才以及掌握先进机械设备使用的技术人员十分匮乏，小型经营主体无法招募相关人才，体系完整、规模庞大的种养殖企业也缺乏有效的引才策略，即使招募到农业类一流院校毕业生或种养殖专家学者进入企业工作，也很难使得优秀的种养殖技术人才形成长期驻留的工作意愿，这将会成为制约牧草种植、奶牛养殖企业进一步发展的瓶颈。

2. 农区发展草地农业需要的支持条件

结合兰考县和驻马店市平舆县草地农业发展面临的制约因素，需要从以下几个方面进行支持：

（1）针对目前苜蓿生产过程中存在的收储技术壁垒，根本原因在于进口机械设备价格高昂，没有相应的补贴，国产机械设备虽然具有对应的补贴，但无法达到高品质苜蓿收储要求的技术水平，需要国家、省级政府及各地方政府对种养殖合作社（企业）购买进口机械设备给予一定的补贴，一定程度上减轻其购买机械设备的成本压力；此外，对于没有建立牧草储藏棚、晾晒棚等相关装备设施的种植合作社（企业），提供配套设施建设相应的贷款类别，提高在苜蓿生产基础设施建设方面的金融支持，减少合作社（企业）在相应政府部门进行贷款申请的审批程序，尽快健全苜蓿等优质牧草生产所需的配套设施，完善苜蓿产业体系。

（2）饲草作物的品质很容易受到极端天气例如烈日、暴雨等的影响，尤其是暴雨情况下，苜蓿等饲草会发生霉变，饲草产量也会减少，造成较大的经济损失。为了提高饲草种植者应对极端天气的能力，极大程度降低饲草生产的收入损失，需要牧草保险制度。但目前市场上尚未形成针对饲草的保险，需要建立完整的饲草产品保险制度，以此保障当地饲草产业的良性持续发展。此外，饲草价格波动幅度大，主要是由于畜牧业市场波动较大，间接决定了饲草的价格和需求量，饲草行业在整个畜牧产业链中处于较为被动的地位，需要采用饲草产业风险调控手段来降低饲草种植户的生产收入风险，保障其基本利益。

（3）针对目前苜蓿种植合作社（企业）缺乏所需技术人才的现实情况，需要提高苜蓿种植、相关机械设备操作等技术培训，培养苜蓿种植能手，解决人才匮乏问题。此外，饲草种植与销售需要立足于内部与外部需求，高昂的流通成本会使得苜蓿产品只能局限在就近地区之间的售卖，无法进一步开拓销售市场，需要政府给予饲草流通相关的政策支持，实现饲草产业的壮大发展，降低流通成本，增加牧草种植户净收益。

（4）由于目前兰考县和平舆县牧草种养殖合作社（企业）均存在苜蓿生产管理人员、苜蓿种植技术人才以及奶牛养殖技术人才的缺口，对于难以吸引一流农业院校毕业生以及专家学者前来工作指导的现实困境，需要政府进一步完善对农业类人才尤其是牧草种植、奶牛养殖人才的就业补贴政策，与一流农业院校建立定向培养、定向就业机制，鼓励农业院校的优秀毕业生、专家学者愿意留下来长期工作和指导，从而促进开封市和驻马店市草地农业、畜牧养殖的良性发展。

第三节　农牧交错区草牧业纵向一体化发展模式分析

农牧交错带具有耕地—草地交错分布的资源特点、农牧业并存的产业特色，种草不仅缓解了当前中国饲草料供给不足的困境，对于破解当前农业结构性矛盾，推动规模化养殖和商品牛、羊、商品奶基地建设具有重要意义。另外，借助农牧交错带相较于传统牧区或农区所有的经济、区位、市场、技术、人才等优势，将作物生产和家畜饲养有机结合起来，可以有效促进农牧区互动，在缓解当前草畜矛盾的同时，有效促进了农业生态系统高效、稳定、持续循环。但是，当前中国农牧结合区种草基础相对较弱，畜牧业发展还不充分，如何利用农牧交错区在农地种植与畜牧养殖方面的优势，整合现有农牧业产业链，促进农牧交错区草牧业一体化发展，形成农牧结合区与周围区域的有效互动，推动中国草牧业的平衡高效发展，从而有效缓解当前农业结构性矛盾和农牧脱节现状，是亟须关注的问题。

一、农区草牧业发展模式理论分析

自科斯（1937）年开启纵向一体化研究以来，围绕纵向一体化模式内涵和选择动机的研究取得了较为丰富的成果（Klein et al. , 1978；Cheung，1983；Williamson，1985），普遍的观点认为纵向一体化（vertical integration）即垂直一体化，是指企业将公司的经营活动向后扩展到原材料供应或向前扩展到销售终端的一种战略体系（Williamson，1971）。泰勒（Talor，1998）从控制权的角度指出纵向一体化体现了某个企业对其所在纵向结构中其他企业直接或者间接控制的程度。已有研究基于交易成本理论发现，企业为了避免交易中的机会主义行为、降低市场交易成本（Klein et al.，1978），用基于劳动力的要素契约替代基于产品的商品契约（Cheung，1983），通过组织对市场的替代（Williamson，1971），实现企业实体边界扩张，形成完全纵向一体化模式（刘源等，2019）。随着契约经济学的发展，商品契约的内涵不断扩张，在传统契约，如订单契约之外，出现了基于信任和声誉的关系契约（Macneil，1980）。尽管通过各种契约联结的方式并没有将种养环节置于企业的实体边界之内，但是通过加强企业与上游种养环节主体之间的利益联结，将其置于追求共同长期利益的虚拟边界之内，形成准纵向一体化模式（万俊毅，2008），以减少交易双方的机会主义行为并降低交易成本。可见在上述两种企业纵向一体化过程中，企业会根据自身的竞争优势和契约成本来选择生产边界，如果企业替代市场能够促进市场节约，则原来由其他企业承担的价值链分工将内部化，即实施完全纵向一体化模式，反之将以市场替代企业，将部分价值链分工外包出去，实施准纵向一体化模式，而在价值链被分割和碎片化之后，需要通过完备的契约优化价值链内部活动和加强与其他企业价值链分工之间的协调，保持企业的竞争优势（韩亚峰和王永伟，2018）。

由纵向一体化的定义可知，纵向一体化决定了企业占有生产环节的数量，体现了企业边界。在现代草畜业产业化发展中，种养结合模式通过将种植与养殖科学、高效、有机地结合，使种植业与养殖业之间物质流、能量流顺畅流转起来，既确保了养殖企业的饲草料供应，又有利于促进资源的循环利用，使农业生态环境保持持续相对平衡状态（彭艳玲等，2019）。而自种自养一体化模式与种植＋养殖上下游连接模式是当前种养结合背景下养殖企业实施纵向一体化战略的两种主要模式，其中养殖企业自种自养模式属于完全纵向一体化模式，而企业上下游联合模式属于准纵向一体化模式。在完全纵向一体化模式中养殖企业通过自己种植饲草料来供给牲畜饲养环节，实现养殖和种植一体化经营。而在准纵向一体化模式中养殖企业通过与上游种植经营主体间（农户或者种植业合作社）依靠契约关系将饲草料生产环节纳入到养殖企业中，扩宽企业边界，最终实现种植和养殖的产业链结合，促进产业效益的实现。在该模式中，养殖企业会参与种植业经营主体的产前、产中和产后的经营管理过程并为其提供部分产前、产中、产后服务，对上游种植业经营主体实施近乎标准化管理，农牧交错区草畜业纵向一体化运行机制见图7-1。

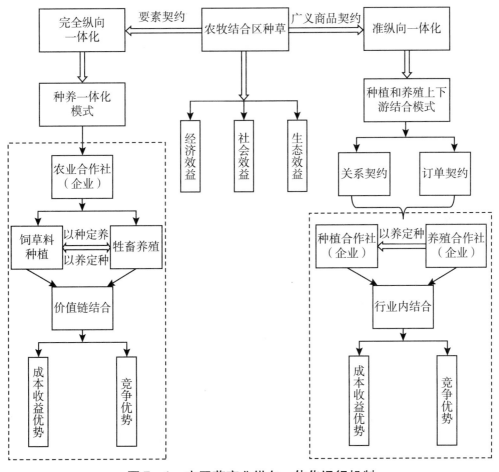

图7-1 农区草畜业纵向一体化运行机制

纵向整合体现了企业决定用内部的或者行政管理上的交易来代替市场交易去实现企业的经济目的（Porte，1997），而企业对产业链的纵向整合可以帮助企业节约费用、获得经济效益、减少供给和需求的不确定性（吴华，2008）。养殖企业通过完全纵向一体化模式将种养结合起来实现了农牧循环过程，充分体现了产业生态化的要求，有利于企业生态效益的实现。从交易费用的理论出发，科斯（Coase，1937）认为企业的交易活动会伴随费用的产生，纵向一体化破解了单一从市场配置资源的局限性，是一种更合理、更经济的资源配置方式。与种养就近消纳模式、集中处理模式等其他种养结合模式相比，种养一体化模式中种养户间纵向关系最为紧密，畜禽粪污在种养业间实现空间和时间上的迅速转移，交易费用最低。从种养户的成本收益角度看，养殖户需要额外支付消纳土地的获取成本和种植产品的产销成本，但降低了种养成本、寻找消纳渠道的交易费用、被政府处罚的风险，增加了种植收益和政府扶持的可能性，种养户会根据自身实际成本收益来衡量是否采用种养一体化模式（舒畅和乔娟，2019）。威廉姆森（Williamson，1971）指出任何一种企业治理结构在发生作用时，均会产生一定的治理费用，而企业治理费用的大小由专用性资产、交易的不确定性以及交易重复的次数这三个要素决定。格罗斯曼和哈特（Grossman & Hart，1986）在威廉姆森相关理论的基础上提出，纵向一体化本身就是一种企业资源，可以给企业带来相应的效益。养殖企业实施纵向一体化经营是介于市场和企业间适合农产品生产的资源配置方式，可以有效缓解单一利用市场配置资源、各主体间相对分散、管理成本低、交易费用高以及单一利用企业方式配置资源、各主体完全一体化、管理成本高、交易费用低的弊端，在一定程度上降低了自然因素导致的原材料供给的不确定性以及成本提高的弊端，在有效平衡企业的管理成本和交易成本的同时实现企业的经济效益。其中完全纵向一体化将种植环节锁定到养殖环节中，使得对于种植环节的投资成为专用性资产投资，同时避免了交易的不确定性，减少了交易的重复性，有利于降低交易费用；准纵向一体化的模式通过契约将种植环节锁定到养殖企业中，将原本分散的资产变为专用性资产，减少了交易的不确定性，但是由于契约的不稳定性，这种模式的风险相对较高。从社会分工的理论出发，养殖企业实施准纵向一体化模式有利于社会分工的实现，提高养殖企业和种植业经营主体的生产效率，在此基础上养殖企业和种植业经营主体的经营范围可以进一步扩大，带动更多的人员就业，有利于企业社会效益的实现。

二、案例选择与方法选择

（一）案例选择

本节从全国的农牧交错区中选择山西省朔州市、四川省洪雅县黑龙江省齐齐哈尔市作为典型案例调研对象，所选地区都是我国典型的农牧交错区，且具有一定的种草基础，并且畜牧业发达，畜牧业发展中对优质饲草料的需求非常大，在发展中已经逐渐形成了比较鲜明的草牧业纵向一体化模式。所选的三个地方区域地理位置有北方和南方，涵盖了当前种养结合的典型模式，保证了案例选择的全面性和代表性。其中山西省朔州市地处山西省北部，是山西省雁门关农牧交错带以及生态畜牧经济的核心区，也是国际公认的草牧业黄金产业带，并且是全国唯一整市推进粮改饲、草牧业发展试验试点市。该地畜牧业发达，却长期缺少优质饲草；粮食连年丰收，却面临增产难增收窘境，近年来，在国家"粮改饲"、"草牧业试点"和"省雁门关农牧交错带作战战略"的推动下，朔州市按照"立草为业、以草促牧、种养结合、以牧富民"的发展思路，将草牧业列入全市"2＋7＋N"产业布局，突出牛、羊、草三大产业、将饲草作为种植结构调整的主抓手，大力发展草业，已经成为全国著名的草牧业试点推广示范市。四川省洪雅县位于四川盆地西南边缘，地处眉山、雅安、乐山三市交界地带，被誉为"西南第一奶业大县"，具有良好的畜牧业基础，通过种草养畜、种草循环其草牧业发展取得较好成效，是现代畜牧业重点县、全省现代农业产业基地强县。黑龙江省齐齐哈尔市地处北纬47°奶牛养殖黄金地带，拥有世界最大的高档和牛良种繁育场、全省最大的奶牛产业示范园区、全国最大的湿法婴幼儿配方奶粉生产基地，畜牧产业一直是齐齐哈尔市的支柱产业。近年来，随着"粮改饲""草牧业试点""退耕还林还草"政策的提出，齐齐哈尔市围绕"提质、增效、绿色"的发展方针，大力发展农区草牧业。

（二）方法选择

本节研究通过实地调查获得一手资料。实地调查分别于2019年7～9月三个省进行。笔者先根据研究问题和理论框架拟定访谈提纲，再通过判断抽样法选取最了解当地草牧业发展情况的对象进行访谈。访谈对象主要包括各种不同草牧业发展模式下合作社（企业）相关负责人以及当地农牧局负责人。为避免理解和记忆偏差，访谈资料于访谈结束后24小时内被转录成文档。实地调查中笔者还对普通社员进行了访谈，并参与式观察了各种模式下饲草料收储、加工、运输等行为。此外，本章还使用一些二手资料，其主要来源包括：①政府官方网站；②媒体相关报道；③相关单位的自媒体宣传材料；④当地农业农村局提供的相关报告以及数据资料。多渠道的资料获取方法契合案例研究资料收集的重要原则——"证据三角"（Yin，2009），提高了研究的信度和效度，保障了研究结论准确可靠。

三、农牧交错区草畜业纵向一体化发展模式分析

(一) 完全纵向一体化模式的案例分析

1. 运行机制

完全纵向一体化模式即自种自养的农牧一体化模式主要指合作社（企业）通过自身运营调节机制构建一个完整的闭合全产业链，构建"农牧工"三位一体的产业集群，实现从牧草种植、规模化养殖到生产加工、物流仓储、渠道管控等各个环节全程可追溯的目标。具体来讲即将种养环节集中在一个合作社（企业）中，其中种植环节为养殖环节提供喂养牲畜所需的饲草料，养殖环节的牲畜粪便是种植环节重要的有机肥来源，从而实现农为牧用、农牧循环。

该模式的运行机制一般为农业合作社（企业）借助自身声望或者当地政府扶持政策，从农户或者村集体集中、大规模流转土地，并按照一定期限支付相应租金，合作社（企业）利用承租的大规模、连片土地进行饲草料种植、集中化作业，建立合作社（企业）专属的饲草饲料基地。在承租过程中，合作社（企业）会统一购买先进的种草设备，由专业人员对饲草料种植过程进行管理。在饲草料收获后，一般会进行青贮，青贮后的饲草料大部分用于合作社（企业）自身畜牧养殖，多余部分出售给其他需要牧草的合作社（企业），同时合作社（企业）将经过标准化处理的养殖粪便，如有机肥、沼液、沼渣还田，优化饲草料种植的土壤环境，实现农牧互用，农牧循坏[①]。对于经营规模较大的养殖合作社（企业）来说，一般会跟产业链的终端，畜产品收购企业签订较为稳定的订单合同，同时畜产品收购方会对合作社（企业）牲畜

---

① 养殖粪便经过标准化处理还可以生产为沼气，而沼气一般用于牛场照明或者做饭用，不作为土壤有机质还田。

养殖环节提供技术服务以及养殖标准实施监督，以鲜奶收购企业来说，一旦合作社某个养殖环节不符合标准，乳业企业一般会拒绝按照合同数量和价格要求收购，该模式的运行机制见图7-2。

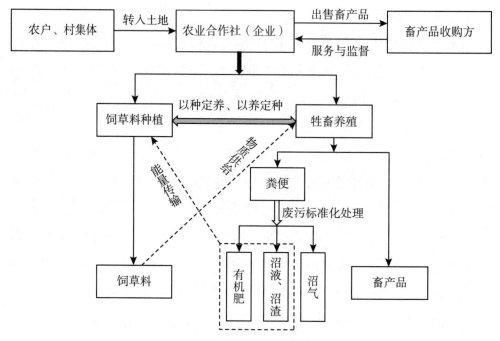

图7-2　完全纵向一体化模式运行机制

2. 案例介绍

完全纵向一体化模式的典型案例为山西省朔城区乳飘香养殖专业合作社，该合作社成立于2009年8月，注册资金500万元，场区占地40多亩（2.67公顷），是一家集种植和养殖一体化的合作社。合作社基础设施完善，拥有饲料加工库房260平方米，农机库房800平方米，播种机、压扁割草机、拖拉机、打捆包膜机，搂草机等饲草料收储机械。2017年，合作社在国家"粮改饲"以及"草牧业试点"政策的号召下，以1亩400元的价格从周边农户处流转土地3 000亩（200公顷），种植耐盐碱高产苜蓿2 600多亩（173.33公顷），并投资了20多万元购买了割草压扁机、搂草机、打捆机各一台，当年收割苜蓿1茬，平均亩产达到600斤。2018年苜蓿收获3茬，青贮苜蓿平均亩产4 000斤。合作社现有牛舍2 380平方米，养殖奶牛约500头，养殖粪便平时放在储粪池，待粪便发酵后引入田地。目前合作社自产苜蓿完全可以满足养殖需要，但是考虑到国内外牧草质量的差异，合作社仍然以进口牧草作为主要养殖来源。当前整个奶牛养殖以及苜蓿种植收获过程都是聘请专业人士代为管理，在种植饲草之前，奶牛场即与伊利集团签订一年一期的鲜奶销售订单，由伊利集团对奶牛养殖进行科学配料并实施监管。

3. 完全纵向一体化模式成本收益分析

通过对合作社负责人的访谈了解到，2018年该合作社种植苜蓿的亩均青贮产量约为2吨/亩，售价为820元/吨，根据朔州当地的苜蓿补贴标准，每亩地每三年补贴500元，即每亩地每年的苜蓿种植补贴为167元，综上，种植一亩苜蓿的总收入为1 807元；综合考虑机械、化肥等投入以及青贮打包费用的情况下，见表7-1，青贮苜蓿的亩均成本约为1 030元，因此种植1亩苜蓿的亩均纯利润约为777元。在奶牛养殖中，合作社每养殖1头奶牛每年可以产鲜奶约8吨（16 000斤），鲜奶的售价为1.75元/斤，同时1头奶牛每年可以繁育牛犊1只，售价约为3 500元，即，合作社每养殖1头奶牛每年的收入约为31 500元。考虑到每头奶牛每天的养殖成本约为50元，1头牛一年的养殖成本约为18 250元，因此在种植+养殖一体化模式中，在不考虑养殖业补贴以及场地费用、设备折旧等的情况下，养殖1头奶牛每年的净收益约为13 250元。据合作社负责人介绍，当前奶牛养殖中虽然以进口饲草料为主，但是自产的苜蓿由于成本较低，作为进口饲草的补充，有效地减少了奶牛养殖中的饲草成本，自从使用了自产青贮苜蓿后，每头牛每年饲草成本大幅减少，同时由于使用了养殖粪肥，有效减少了化肥的使用，每亩化肥投入成本由原来的 150 元/亩减少为 100 元/亩。

表 7 – 1 　 完全纵向一体化模式中种植和养殖成本收益情况（青贮苜蓿）

成本收益	项目	青贮苜蓿	项目	奶牛
收益	产量（吨/亩）	2	鲜奶产量（斤/头/年）	16 000
	单价（元/吨）	820	单价（元/斤）	1.75
	苜蓿补贴（元/亩/年）	167	牛犊销售收入（元/头/年）	3 500
	流转费（元/亩）	400	养殖成本（元/天）	18 650
	种子费（元/亩）	30		
成本	农药费（元/亩）	0		
	肥料费（元/亩）	100		
	水费（元/亩）	100		
	人工、机械等其他费用（元/亩）	200		
	打包费（元/亩）	200		
利润	亩均纯利润（元/亩）	777	纯利润（元/头/年）	13 250

（二）准纵向一体化模式的案例分析

1. 运行机制

准纵向一体化模式是指将产业链上的种植与养殖分割开来，由不同的经营主体分别从事饲草料种植与牲畜养殖活动，该种模式对产业链上各经营主体的协调能力要求较高，同时产业链上的各个环节之间需要依靠特定契约进行连接，最终实现种养之间的有效结合，发挥产业链的价值。

该模式的运行机制一般为以养殖合作社（企业）为核心，养殖企业为了实现从牲畜养殖到鲜奶出售整个产业链的完整，养殖合作社（企业）负责人会主动协调种植合作社（企业）、废弃物综合利用合作社

（企业）以及乳业公司之间的关系，其中，种植合作社（企业）与养殖合作社（企业）一般会通过关系契约或者订单契约建立较为稳定的供销关系，种植合作社（企业）按照"以养定种"的标准制定种植计划，全面负责饲草料种植、收获以及加工业务，最终出售给养殖合作社（企业），多余的部分将出售给其他养殖需求方。养殖合作社（企业）一般会提前跟畜产品收购方签订收购合同，以奶牛养殖为例，乳业公司会安排专业的技术人员对奶牛养殖的配料、挤奶等环节进行监督以确保鲜奶质量。至于养殖粪污，养殖合作社（企业）可以自行处理也可以委托专业的粪污处理公司进行标准化处理，一般会利用养殖粪污生产沼气，用于养殖场照明，沼气也可以出售给周边农户，用于做饭、照明等或者将牛粪作为有机肥、沼液、沼渣还田，牧为农用。该模式的运行机制见图 7 - 3。

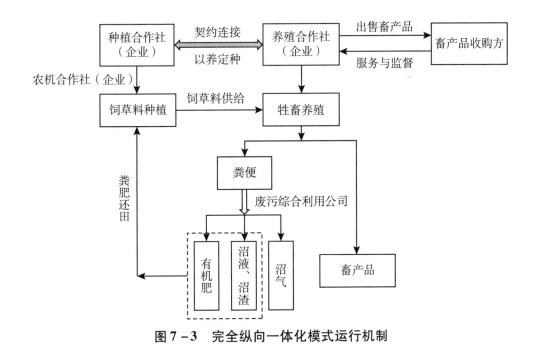

图 7 - 3 完全纵向一体化模式运行机制

2. 案例介绍

在种植＋养殖上下游连接的模式中按照契约类型的不同，分为按照关系契约以及按照订单契约连接的两种，其中，按照关系契约连接的典型案例为四川省洪雅县东和奶牛合作社，按照订单契约连接的典型案例为四川省洪雅县现代牧业洪雅饲草有限公司。

（1）关系契约连接的种养结合模式。

以关系契约连接的种养结合模式的典型案例为四川省洪雅县东和奶牛合作社为例，其负责人是当地的能人，依靠自己的力量协调了瑞志种植专业合作社、洪雅县安溪农机专业合作社、农业废弃物综合利用有限公司等多家合作社，开展饲草全产业链经营。其中东和奶牛专业合作社于 2008 年成立，目前拥有 100 多个社员，养殖奶牛 800 头，分布在若干个养殖场，每个养殖场独立决定饲草购买量，所需饲草主要由瑞志种植专业合作社供给，但是考虑到饲草质量问题，合作社仍然会从甘肃、内蒙古以及周边地区购买饲草。东和奶牛专业合作社与菊乐公司以每公斤 4 元签订牛奶订单合同，由菊乐公司安排专业技术人员进行养殖质量监督。其养殖环节的粪污委托专业废弃物处理公司进行标准化处理，一方面制成沼气用于牛场照明，另一方面作为沼液还田，为种植合作社提供有机肥。

奶牛合作社的供草单位为瑞志种植专业合作社，成立于 2009 年，当前合作社共有社员 300 户，社员以每亩土地 1 000 元入股，年底会给社员分红。合作社通过签订 10 年的土地流转合约从周边农户、村集体处流转土地 4 000 亩（约 266.67 公顷），每亩地租金 1 000 元，每年一付，主要种植青贮玉米和高粱草，合作社本身没有饲草料收储设备，主要委托当地安溪农机专业合作社为饲草种植提供农机服务。目前合作社 30％的饲草料供东和奶牛专业合作社使用，其余销售给洪雅现代牧业有限公司。

（2）订单契约连接的种养结合模式。

该模式的典型案例为洪雅县现代牧业有限公司，作为整个西南地区最大的养殖公司，洪雅县现代牧业有限公司目前奶牛实际存栏6 700头，共建有4个青贮窖，青贮窖总容量达20 000吨，主要用于高粱草、黑麦草等饲草的青贮。公司通过与周边多个饲草种植合作社（企业）签订供草协议，来保证奶牛养殖中的饲草供给，瑞志种植专业合作社就是其中一家。为确保饲草料质量，公司以比市场价每公斤低3元的价格为饲草料供应方提供饲草种子，在饲草料种植收获过程中提供有偿的机械服务，同时对收购回来的鲜草进行统一青贮，2018年共收购高粱草和黑麦草约6 000吨。目前公司在养殖过程中，考虑到四川湿度大，饲草料干物质含量较少；地势不平，机械进地成本较高等问题，主要从内蒙古购买青贮玉米，从内蒙古、甘肃购买青贮饲草，从美国进口苜蓿干草，2018年从美国进口苜蓿干草3 000万吨，每吨的进口价格约为2 800~2 900元。对于养殖粪污，公司按照"沼液种植""循环利用"原则，通过当地建立的沼液输送管网将牛粪转化为有机肥——沼液，实现粪污的综合利用。

3. 准纵向一体化模式中种植成本收益分析

以四川省洪雅县东和奶牛合作社的种植+养殖上下游连接的产业链为例，其上游种植单位瑞志种植专业合作社主要种植青贮玉米和高粱草。据合作社负责人介绍，合作社种植的青贮玉米亩产约为3.5吨，一吨售价约为500元，根据《洪雅县2018年青贮玉米示范区建设项目实施方案》，对于规模种植青贮玉米的家庭农场和合作社，补贴标准为每亩169.45元，因此种植一亩青贮玉米年收入约为1 919.45元。青贮玉米整个种植中需要种子、化肥、机械等各项投入，总体来看，种植1亩青贮玉米需要的种子费用约为100元；1亩地农药费用大概50元；由于采用"沼液种植"，所以种植中对化肥的需求量较少，1亩地化肥成本

约150元；整个种植到收储环节采用机械收获，不需要人工，也不需要
浇水，每亩的机械费用大约300元；考虑到土地流转费用，种植一亩青
贮玉米的成本约为1 550元，因此种植一亩青贮玉米的纯收益约为
369.45元。由于高粱草水分高，不易保存，合作社种植的高粱草比较
少，据合作社负责人估算，高粱草的亩均产量约为7吨，每吨售价约
330元，种植高粱草没有补贴，综合考虑到种植过程中的种子、化肥、
机械等各种要素投入以及土地流转费用，种植1亩高粱草的成本大约为
1 500元，因此种植一亩高粱草的纯收益约为369.45元。合作社种植青
贮玉米和高粱草具体成本收益见表7-2。

表7-2 准纵向一体化模式中种植成本收益分析

成本收益	项目	青贮玉米	项目	高粱草
收益	产量（吨/亩）	3.5	产量（吨/亩）	7
	单价（元/吨）	500	单价（元/吨）	330
	种植补贴（元/亩/年）	169.45	种植补贴（元/亩/年）	0
成本	流转费（元/亩）	1 000	流转费（元/亩）	1 000
	种子费（元/亩）	100	种子费（元/亩）	100
	农药费（元/亩）	50	农药费（元/亩）	50
	肥料费（元/亩）	100	肥料费（元/亩）	100
	水费（元/亩）	0	水费（元/亩）	0
利润	机械费（元/亩）	300	机械费（元/亩）	250
	人工费（元/亩）	0	人工费（元/亩）	0
	亩均纯利润（元/亩）	369.45	亩均纯利润（元/亩）	810

（三）不同模式的竞争力比较分析

完全纵向一体化模式在一定程度上保障了养殖所需饲草的自给自
足，有利于减轻合作社（企业）对外进口苜蓿、燕麦草等牧草的依赖，

节省交易成本，提高交易效率，进而降低合作社（企业）的养殖成本。同时有效促进了农牧互用、农牧循环的进程，有利于资源节约与环境保护，以苜蓿种植为例，其种植过程中基本不用打药，对土壤的污染很小；一年施肥两三次，主要为种植前施用底肥（有机肥），发芽期和收获期追施钾肥和磷肥成本远远低于种植粮食作物的亩均施肥成本。此外，由于苜蓿本身就有固氮的功能，随着种植周期的不断延长，土壤中氮素的含量不断提高，土壤的质量得到有效保障。

但是通过合作社访谈及种植中的成本收益分析得到，当前种植饲草的收益较好，但是自种饲草的有机质含量较低，畜牧养殖中仍然没法克服对国外优质饲草的依赖，同时就这一家合作社而言，由于其养殖规模较小，其饲草产量可以满足养殖需求，一旦扩大养殖规模，自种饲草产量根本没法保证养殖环节的有效供给，所以对于自种自养模式来说，要同时做到以草定养和以养定草，存在一定的难度。就当前养殖环节的粪污处理环节来说，技术成熟度仍然偏低，特别是规模较小的合作社往往将牲畜粪便简单堆放，待时间成熟施向土地，缺乏标准的粪污处理技术以及粪污处理设备，粪污处理效率较低。此外，由于自种自养的合作社（企业）养殖规模一般较小，缺乏与大型的乳品企业的议价能力，乳品收购方的刻意压价行为，使得合作社的利益无法得到保证。

准纵向一体化，即种植＋养殖上下游连接的模式，通过特定的契约关系将种植和养殖的产业链有机衔接起来，有利于实现从饲草料种植、畜牧养殖到畜产品销售整个种养结合中全产业链的融合，更好地促进草牧业一体化、产业化的发展。在这个过程中，饲草料种植主体"以养定种"，避免了饲草料滞销危机，"沼液种植"既减少了种植中化肥的成本也有利于环境保护；养殖主体饲草料来源有保障，养殖效益进一步扩大，种植主体和养殖主体实现了双赢。

但是，由于该种模式的形成是依赖特定的"契约关系"而连接，对于正式的订单契约来说，规范性较强，不用担心违约情况，种养双方的利益都能得到有效保障；而依靠关系契约建立的种养连接模式，依靠的是种养主体以及其负责人的社会声望、信誉，相对来说违约风险较高。此外，由于该种模式侧重"以养定种"，因此养殖规模的扩大有赖于饲草料产量、质量的提高，所以种植＋养殖上下游连接产业链的构建，对饲草料品种选取、种植收储技术提高以及土地流转都提出了更高的要求。通过案例分析可以看到，由于部分地区的气候因素的影响，高粱草不易储藏，所以无法大范围种植，同时种植合作社（企业）土地流转难度较大且租金较高，种植主体利益没法得到有效保障，长此以往必然会影响当地养殖效率的提高。

第四节　农区草牧业发展的制约因素与对策建议

一、农区草牧业发展面临的制约因素

（一）技术层面面临的制约因素

1. 饲草种植收储技术、养殖技术发展较慢

饲草收储方面的技术难度主要体现在：一是收获难。收割饲草需要借助机械设备在很短的时间内完成，尤其是苜蓿在含苞待放的时候收割是其营养价值最高的时候，因此收割不及时会极大地影响其品质，但受劳动力技能和收割机械水平影响，饲草种植合作社较难在短时间内完成饲草收割。二是饲草贮藏较困难。收获后的饲草在发酵和封压方面有较高的技术要求，技术操作不到位会导致饲草的营养流失及变质，使经营者收益受损。对于当地的苜蓿青贮这一环节而言，大多数合作社不具备

苜蓿青贮技术，所以收获后的苜蓿有效可用率偏低。

奶牛养殖过程中的技术难度主要体现在：一是缺乏科学育畜技术。小规模的养殖合作社缺乏专业的养殖技术人员，在牲畜饲料营养配比方面存在技术缺失，大多数合作社基本是靠着以往的养殖经验在喂养，鲜奶的品质较难满足收购方的要求，所以存在鲜奶收购方部分收购的情况。二是粪污处理技术成熟度较低。在种养一体化的合作社中，大多数只是将牲畜粪便简单堆放，待时间成熟施向土地，缺乏标准的粪污处理技术，也未能很好地促进牧为农用、农牧循环。

2. 饲草的数量与质量均难以满足畜牧养殖需要

主要表现为本地所产苜蓿数量上难以满足当地养殖要求以及苜蓿质量上的不稳定。虽然"粮改饲"及"草牧业试点"以来，大部分地区农地种草面积在不断增加，但是由于从事养殖的农户、合作社乃至大型企业较多，现有苜蓿产量仍与当地养殖需求存在缺口。同时，本地苜蓿质量与养殖方的要求存在缺口，主要有以下三方面原因：首先，国产的苜蓿多使用国产机械进行收割，而使用国产机械的主要原因在于当前国家只补贴国产机械而不补贴进口机械。国产机械在收割苜蓿时，容易导致苜蓿叶片和花蕊脱落等问题，甚至会掺入泥土，导致苜蓿品质较低。其次，农户缺乏种植和管理经验，苜蓿收获过程中，对收获时间的要求较高，部分种植主体由于缺乏管理经验而导致田间管理不当、收获时间安排不合理，导致苜蓿中部分微量元素含量超标，进一步影响了牧草的品质。最后，国产苜蓿种植由于缺乏精细化的管理，苜蓿生长周期的第一年多伴有杂草，影响苜蓿的整体质量，与养殖企业的要求存在一定差距。

（二）产业链发展面临的制约因素

1. 产业配套的基础设施建设相对滞后

相关配套设施的不健全主要体现在以下三个方面：一是牧草储存、

晾晒设施的不健全。对于部分规模较小的饲草种植合作社，没有牧草储草棚、晾晒棚，或者储草棚、晾晒棚面积太小，难以满足收获季节牧草的储晾需要，对牧草的品质造成了一定的影响；二是牧草收储服务组织少而散。调研中发现小规模的牧草收储组织有能力不强、体量不大，甚至有随时解散的可能，难以满足当地牧草收储需要，以企业＋社会化服务模式运营的牧草收储组织规模大，能力强，但是由于收储设备的体积限制，服务对象只能是拥有集中连片牧草种植规模的个体或组织，种植规模较小的个体或组织无法享受到有效的牧草收储社会化服务；三是草产业信息流通渠道少，饲草流通体系尚未建立，到时服务问题不能及时解决。特别是草产品配送机制没有形成，信息不对称，出现有需求的规模牛羊养殖场无法及时按需购买到优质青贮料。

2. 畜牧业产业竞争力还有待提高

总的来看，畜牧业产业竞争力还有待提高，面临的瓶颈主要表现在以下两个方面：首先，畜牧产品面临国内外同类产品的竞争压力，销售存在困难，同时与大型的乳品企业缺乏谈判能力，受到乳品企业的控制。一方面，奶制品企业每年只收购固定量的奶源，多余部分由养殖户（合作社）自行寻找买方；另一方面，奶制品企业在收购中存在刻意压价行为，养殖户（企业）的利益无法得到保证。如山西朔州的山阴县子林养殖专业合作社和朔城区乳飘香养殖专业合作社，两者都专为伊利公司提供牛奶，在近年来乳品市场不景气、奶价波动的背景下，经常面临伊利公司的压价、限量收购等阻碍。其次，养殖企业因融资困难和申请养殖场地的困难而难以扩大养殖规模，其中养殖企业融资苦难主要原因在于缺乏有效的抵押物，如养殖场土地为租用而来无有效产权证书、养殖机器设备价值较低可抵押性不强。例如，尽管朔州市出台了"金融支持粮改饲"等政策文件，但调研中的养殖企业普遍表示仍然难以贷款。而申请养殖场地困难，主要原因在于当前的养殖场地申请手续过于复杂，导致申请周期过长，使得好多养殖企业望而却步。

3. 农区草牧业支持政策较为缺乏

目前，农区草牧业的支持政策还比较缺乏，主要体现在：一是饲草种植补贴品种单一，难以满足不同地区的差异化需要。尽管"粮改饲"政策已经实施了几年，但其补贴饲草品种基本以青贮玉米为主，部分地区将苜蓿草纳入补贴品种，不同地区适合种植的饲草品种有所差异，现有的补贴政策难以满足实际需求。二是饲草种植环节的农业保险、装备购置补贴、基础设施建设及金融贷款等支持力度还不够。饲草种植与收储容易受到天气的影响，同时饲草收储需要大型的专业化的装备，这些方面的支持政策几乎没有。三是养殖环节的保险、金融贷款、养殖废弃物处理等支持力度不够，养殖的标准化体系建设滞后。四是对饲草流通体系、畜产品流通体系的支持力度不足。

此外，种养殖人才的支持激励政策匮乏。目前多数地区主要通过与高校、科研院所合作建立试验示范基地，与国内牧草、养殖方面的专家学者建立合作关系，完善农区种养殖业工作，为农区牧草种植以及畜牧养殖注入更多的高科技含量。但是在牧草种植以及畜牧养殖的合作社或者企业中，一方面，专业的牧草种植收储人才、专业的养殖人才以及掌握先进机械设备的人才非常的匮乏。另一方面，目前大多数地区的牧草种植以及畜牧养殖多以小农户或者合作社经营为主，体系完整、规模庞大的种植或养殖企业比较少，即使在大型农业企业中，也缺乏有效的引才策略，难以吸引到农业类一流院校的毕业生或者农业专家来企业工作，小规模的合作社更难以吸引到优秀的农业类人才加入到牧草种植或畜牧养殖的工作中。

二、促进农区草牧业发展的对策建议

（一）加强技术的研发与推广，提高饲草生产能力

技术进步是提升饲草生产能力和降低生产成本的根本出路。因此，需要从以下三个方面开展：一是必须加大牧草新品种研发力度、强化技术创新和推广。加强地方政府与高校、科研院所的合作，建立饲草培育基地，强化饲草品种、种植技术的研发投入，并向广大农户进行推广。二是加强对农户饲草种植、收贮技术的指导，通过向种植大户、专业种植合作社提供技术服务等形式，使得新型经营主体掌握牧草种植的技术要点。同时注重牧草种植、畜牧养殖示范基地建设，举办优质牧草种植和青贮、奶牛养殖现场观摩会，通过现场传授种植技术、观摩机械化青贮过程，使普通农户了解饲草种植收储技术。三是因地制宜推进饲草与农作物的轮作模式的研究工作，如黑龙江部分地区正在开展草田轮作模式的研究，可建立合理、高效的轮作制度，全方位提高饲草生产能力。

（二）多方面着手提升草牧业发展质量

提升草牧业发展质量，推动农区现代草业高质量发展需要从以下五个方面开展：

第一，完善草牧业基础设施建设。针对牧草种植合作社缺少储草棚、晾晒棚，养殖合作社（企业）缺厂房等问题，一方面可以提高信贷支持用于种植合作社修建储草棚，晾晒棚的比例，另一方面也可以通过精简储草场地、晾草场地、养殖场地的审批流程，在较短时间内帮助种养合作社（企业）完善基础设施。

第二，加大对牧草收储服务组织的支持力度。当前多数地区的牧草加工收获服务主体规模普遍偏小，数量较少且服务能力有限，不利于草牧业的产业化发展。政府一方面应鼓励和引导各收储服务主体之间通过

合作社等形式开展合作，并加大补贴和扶持力度，另一方面加强对专业牧草收储服务组织的培训力度，改变小、少、能力有限的格局，更好地为粮改饲和草牧业发展服务。

第三，建设草业信息流通服务平台，降低饲草流通交易成本。当前草产业信息流通渠道较少，尤其是饲草配送渠道没有形成，供求信息不对称，经常出现有需求的规模养殖场难以及时购买到优质青贮饲料问题。因此，政府应当充分借助互联网技术，通过建设网站、微信公众号平台或微信群等形式，建设官方权威的草业信息流通服务平台，及时发布和更新饲草需求信息，降低饲草流通的交易成本。

第四，继续推动合作交流。与国内农业科研院所、高校的合作，共建草牧业试验，示范基地，在此基础上建立与全国畜牧总站、肉类协会，农业农村部全国草业产品质量监督检验测试中心以及国外草牧业科研机构的长期深入合作，共同推动草牧业高质量发展。

第五，进一步扩大饲草种植规模并加强品牌建设。在南部山区、农牧交错带实施引草入田，进一步扩大饲草料的种植规模；建立牧草料种植收储加工销售的产业化体系；筹建牧草饲料质量检测室，严控牧草质量标准检验，从而打造出有竞争力的牧草品牌，将牧草推向国内外。

（三）多措并举提升畜牧业竞争力

做大做强畜牧养殖业是促进"粮改饲"试点和草牧业发展的重要动力。从调研情况看，畜牧养殖业发展的影响因素是多方面的，需要采取综合性手段。（1）积极引进大型畜牧制品加工企业，发展畜牧产品深加工，延长畜牧产品的产业链，带动畜牧养殖业的发展。（2）坚持走牧繁农育的畜牧产业化发展道路，进一步扩大养殖规模；建立高标准的现代养殖场、畜牧屠宰加工企业、乳业公司以及完整的畜牧产品交易平台和配送机制，实现畜牧养殖产业化发展；与国内外乳业巨头合作共建鲜奶质量检测室，严控鲜奶质量标准检验，从而打造出有竞争力的畜牧业品牌。（3）继续深入生态养殖的理念，促进种养一体化发展。在发展草牧业的过程中，要坚持种养结合、农牧互用、农牧循环，在发挥农牧业经济效益的同时兼顾生态效益。此外，针对大型乳制品企业对养殖农户和合作社的压价行为，一方面应当不断提高养殖合作社（企业）和畜产品收购方的组织力度和谈判能力，另一方面，政府应在充分发挥乳制品企业和养殖户之间的协调、监督职能，及时发现和制止大型乳品企业对养殖户的压价、限销行为。

（四）加强农区草畜业一体化发展的支持政策供给

第一，完善金融支持政策。饲草作物的种植、收割、贮藏等环节离不开大型机械设备与加工青贮设施，且饲草作物的机械折旧费、维修保养费对相关经营主体的效益往往有较大影响。政府应优化金融支持机制，降低金融贷款支持饲草料种植、牲畜养殖的门槛，加强对相关经营主体在机械设备购置、青贮设施建设等方面的资金支持。同时由于饲草收购企业（养殖场）在收草期面临较大的资金压力，政府应加大对饲草收购企业（养殖场）的金融支持力度，尤其是应强化给予饲草收购期的贷款优惠支持。

第二，完善农业保险支持政策。应继续加大奶牛养殖保险的支持力度，降低畜牧业市场价格波动对上游的饲草种植积极性的影响。完善饲草种植保险制度，增强饲草种植主体应对自然灾害风险与饲草市场风险的能力。

第三，完善饲草种植补贴政策。在"粮改饲"政策试点的基础上，饲草的补贴对象与标准应当因地制宜，结合地方发展实际实施有针对性的饲草补贴政策。补贴不应仅限于青贮饲草，比如黑麦草在洪雅县作为优势牧草品种，主要作为鲜草使用，为避免鲜草的损失，建议也对鲜草进行补贴，促进饲草种植的持续有效发展。在饲草流通与销售环节，建立饲草运输绿色通道，降低饲草跨区域调配成本，扩大饲草销售市场。

参 考 文 献

［1］阿不满，张卫国，常明．甘南牧区草原承包到户后的现状调查［J］．草业科学，2012，29（12）：1945 - 1950.

［2］埃莉诺·奥斯特罗姆．公共事物的治理之道［M］．上海：上海三联书店，2000.

［3］白可喻，徐斌．政府决策和管理体制在草地健康发展中的作用［J］．中国草地，2005（4）：74 - 79.

［4］白雪秋．牧区草场"三权分置"内涵，目标及改革重点——基于《资本论》土地所有权理论［J］．华中农业大学学报（社科），2020（1）：9 - 17.

［5］包玉山．内蒙古草原退化沙化的制度原因及对策建议［J］．内蒙古师范大学学报（哲学社会科学版），2003（3）：28 - 32.

［6］蔡起华，朱玉春．社会信任、关系网络与农户参与农村公共产品供给［J］．中国农村经济，2015（7）：57 - 69.

［7］陈秋红．社区主导型草地共管模式：成效与机制——基于社会资本视角的分析［J］．中国农村经济，2011（5）：61 - 71.

［8］陈圣林，李国怀，袁方明．百喜草及其在南方果园生草栽培和草被体系中的应用［J］．中国林业产业，2004（9）：38 - 40.

［9］陈永福．中国食物供求与预测［M］．北京：中国农业出版社，2004.

［10］程令国，张晔，刘志彪．农地确权促进了中国农村土地的流

转吗？[J]. 管理世界，2016（1）：88-98.

[11] 代琴，杨红. 草原承包经营制度功能间的矛盾与草原"三权分置"的法权构造 [J]. 中国农村观察，2019.

[12] 邓汉慧，涂田，熊雅辉. 社会企业缺位于社区居家养老服务的思考 [J]. 武汉大学学报（哲学社会科学版），2015，68（1）：109-115.

[13] 邓晓红，徐中民. 参与人不同风险偏好的拍卖在生态补偿中的应用——以肃南县退牧还草为例 [J]. 系统工程理论与实践，2012，32（11）：2411-2418.

[14] 丁文强. 草原补奖政策对牧户满意度、超载行为和减畜决策的影响 [D]. 兰州：兰州大学，2019.

[15] 杜富林，石双，杜娅茹. 内蒙古牧区牧户委托放牧行为及影响因素实证研究 [J]. 草业科学，2016，33（10）：2136-2143.

[16] 杜丽清，吴浩，郑良永. 果园生草栽培的生态环境效应研究进展 [J]. 中国农学通报，2015，31（11）：217-221.

[17] 额尔登木图. 草原禁牧与休牧制度存在的问题及对策 [J]. 当代畜牧，2012（6）：57.

[18] 樊辉，赵敏娟. 自然资源非市场价值评估的选择实验法：原理及应用分析 [J]. 资源科学，2013，35（7）：1347-1354.

[19] 冯晓龙，刘明月，仇焕广. 草原生态补奖政策能抑制牧户超载过牧行为吗？——基于社会资本调节效应的分析 [J]. 中国人口·资源与环境，2019，29（7）：157-165.

[20] 高博，马如意，乔光华. 草原补奖政策："高满意度与低执行度"悖论的形成机理研究 [J]. 农业技术经济，2021（2）：112-122.

[21] 高树琴，王弘晟，段瑞，景海春，方精云. 关于加大在中低产田发展草牧业的思考 [J]. 中国科学院院刊，2020，35（2）：166-174.

［22］郜亮亮，黄季焜，冀县卿．村级流转管制对农地流转的影响及其变迁［J］．中国农村经济，2014（12）：18－29．

［23］葛剑平，孙晓鹏．生态服务型经济的理论与实践［J］．新疆师范大学学报（哲学社会科学版），2012，33（4）：7－15，118．

［24］龚晨，安萍莉，琪赫，潘志华．阴山北麓地区农作制度演变历程及演变规律研究［J］．干旱区资源与环境，2007（2）：66－70．

［25］龚亚珍，韩炜，Michael Bennett，仇焕广．基于选择实验法的湿地保护区生态补偿政策研究［J］．自然资源学报，2016，31（2）：241－251．

［26］巩芳，长青，王芳，刘鑫．内蒙古草原生态补偿标准的实证研究［J］．干旱区资源与环境，2011，25（12）：151－155．

［27］谷树忠，胡咏君，周洪．生态文明建设的科学内涵与基本路径［J］．资源科学，2013，35（1）：2－13．

［28］顾钰民，汪艳．"三权分置"：中国特色社会主义农村集体土地产权模式的创新［J］．学习与实践，2017（10）：41－48．

［29］郭云南，姚洋．宗族网络与农村劳动力流动［J］．管理世界，2013（3）：69－81，187－188．

［30］韩亚峰，王永伟．不完全契约、分工位置与制造业价值链纵向组织模式关系研究［J］．中国软科学，2018，334（10）：173－179．

［31］韩柱．牧民合作社本质特征及发展趋势［J］．草业科学，2014（4）：199－204．

［32］何晨曦，白爽，赵霞．内蒙古地区草畜平衡奖励政策满意度及影响因素的实证研究［J］．中国草地学报，2015（2）：3－8．

［33］何凌云，黄季焜．土地使用权的稳定性与肥料使用——广东省实证研究［J］．中国农村观察，2001（5）：42－48，81．

［34］何欣，牛建明，郭晓川，张庆．中国草原牧区制度管理研究

进展 [J]. 中国草地学报, 2013, 35 (1): 102 - 109.

[35] 贺雪峰. 熟人社会的行动逻辑 [J]. 华中师范大学学报 (人文社会科学版), 2004 (1): 5 - 7.

[36] 侯向阳. 发展草原生态畜牧业是解决草原退化困境的有效途径 [J]. 中国草地学报, 2010, 32 (4): 1 - 9.

[37] 胡向东. 关于"粮改饲"种植结构调整思考及建议 [J]. 价格理论与实践, 2017 (2): 9 - 10.

[38] 胡新艳, 陈小知, 米运生. 农地整合确权政策对农业规模经营发展的影响评估——来自准自然实验的证据 [J]. 中国农村经济, 2018 (12): 83 - 102.

[39] 胡咏君, 谷树忠. "绿水青山就是金山银山": 生态资产的价值化与市场化 [J]. 湖州师范学院学报, 2015, 37 (11): 22 - 25.

[40] 胡玉昆, 赵清, 王建华, 郑炯, 陈爱莲. 高冰草与作物混播试验研究 [J]. 干旱区资源与环境, 1999 (4): 65 - 68.

[41] 胡远宁. 草原生态补奖政策对牧户畜牧养殖和草地的影响 [D]. 兰州: 兰州大学, 2019.

[42] 胡振通, 孔德帅, 焦金寿, 靳乐山. 草场流转的生态环境效率——基于内蒙古甘肃两省份的实证研究 [J]. 农业经济问题, 2014, 35 (6): 90 - 97.

[43] 胡振通, 孔德帅, 靳乐山. 草原生态补偿: 草畜平衡奖励标准的差别化和依据 [J]. 中国人口·资源与环境, 2015, 25 (11): 152 - 159.

[44] 胡振通, 柳荻, 靳乐山. 草原超载过牧的牧户异质性研究 [J]. 中国农业大学学报, 2017, 22 (6): 158 - 167.

[45] 胡振通, 柳荻, 靳乐山. 草原生态补偿: 生态绩效、收入影响和政策满意度 [J]. 中国人口·资源与环境, 2016, 26 (1): 165 - 176.

[46] 胡振通，柳荻，孔德帅，靳乐山．基于机会成本法的草原生态补偿中禁牧补助标准的估算［J］．干旱区资源与环境，2017，31（2）：63 - 68.

[47] 黄国勤．中国南方稻田耕作制度的发展［J］．耕作与栽培，2006（3）：1 - 5，28.

[48] 黄季焜，Rozelle S，Rosegrant M. 二十一世纪的中国粮食问题［J］．中国农村观察，1996（1）：27 - 29，64.

[49] 黄季焜，冀县卿．农地使用权确权与农户对农地的长期投资［J］．管理世界，2012（9）：76 - 81，99，187 - 188.

[50] 黄季焜，任继周．中国草地资源、草业发展与食物安全［M］．北京：科学出版社，2017.

[51] 黄佩民，俞家宝．2000 - 2030 年中国粮食供需平衡及其对策研究［J］．管理世界，1997（2）：9 - 14.

[52] 贾幼陵．关于草原荒漠化及游牧问题的讨论［J］．中国草地学报，2011（1）：1 - 5.

[53] 靳乐山，胡振通．草原生态补偿政策与牧民的可能选择［J］．改革，2014（11）：100 - 107.

[54] 靳乐山，胡振通．谁在超载？不同规模牧户的差异分析［J］．中国农村观察，2013（2）：37 - 43，94.

[55] 柯伟，毕家豪．绿色发展理念的生态内涵与实践路径［J］．行政论坛，2017，24（3）：124 - 128.

[56] 孔德帅，胡振通，靳乐山．牧民草原畜牧业经营代际传递意愿及其影响因素分析——基于内蒙古自治区 34 个嘎查的调查［J］．中国农村观察，2016（1）：75 - 85，93.

[57] 孔祥智，徐珍源．农地长期投入的影响因素实证研究——基于自有承包地与转入农地有机肥投入的比较分析［J］．农业部管理干部

学院学报，2011（1）：45-51.

[58] 赖玉珮，李文军. 草场流转对干旱半干旱地区草原生态和牧民生计影响研究——以呼伦贝尔市新巴尔虎右旗 M 嘎查为例 [J]. 资源科学，2012，34（6）：1039-1048.

[59] 李昂，雒文涛. 谨慎评价围栏在我国草地治理体系中的作用 [J]. 内蒙古大学学报（自然科学版），2020，51（5）：554-560.

[60] 李博. 中国北方草地退化及其防治对策 [J]. 中国农业科学，1997（6）：2-10.

[61] 李国祥.2020 年中国粮食生产能力及其国家粮食安全保障程度分析 [J]. 中国农村经济，2014（5）：4-12.

[62] 李金亚，薛建良，尚旭东，李秉龙. 草畜平衡补偿政策的受偿主体差异性探析——不同规模牧户草畜平衡差异的理论分析和实证检验 [J]. 中国人口·资源与环境，2014，24（11）：89-95.

[63] 李金亚，薛建良，尚旭东，李秉龙. 基于产权明晰与家庭承包制的草原退化治理机制分析 [J]. 农村经济，2013（10）：107-110.

[64] 李静. 我国草原生态补偿制度的问题与对策——以甘肃省为例 [J]. 草业科学，2015，32（6）：1027-1032.

[65] 李孔岳. 农地专用性资产与交易的不确定性对农地流转交易费用的影响 [J]. 管理世界，2009（3）：92-98，187-188.

[66] 李文卿，胡自治，龙瑞军，高新才，李发弟. 甘肃省退牧还草工程实施绩效，存在问题和对策 [J]. 草业科学，2007，24（1）：1-6.

[67] 李星光，霍学喜，刘军弟，张慧利. 苹果产区农地流转和契约稳定性对土地质量改善行为的影响 [J]. 农业工程学报，2019，35（15）：275-283.

[68] 李艳波，李文军. 草畜平衡制度为何难以实现"草畜平衡" [J]. 中国农业大学学报（社会科学版），2012，29（1）：124-131.

[69] 李玉新，魏同洋，靳乐山．牧民对草原生态补偿政策评价及其影响因素研究——以内蒙古四子王旗为例 [J]．资源科学，2014，36（11）：2442 – 2450.

[70] 林毅夫，胡庄君．中国家庭承包责任制改革：农民的制度选择 [J]．北京大学学报：哲学社会科学版，1988（4）：49 – 53.

[71] 刘爱军．内蒙古草原生态保护补助奖励效应及其问题解析 [J]．草原与草业，2014，26（2）：4 – 8.

[72] 刘纪远，徐新良，邵全琴．近30年来青海三江源地区草地退化的时空特征 [J]．地理学报，2008（4）：364 – 376.

[73] 刘利珍，张树军．浅析草原承包经营权流转问题 [J]．人民论坛，2016（2）：82 – 84.

[74] 刘宁，周立华，陈勇，黄珊．退牧还草政策下农村住户的违约行为分析 [J]．中国沙漠，2013，33（4）：1217 – 1224.

[75] 刘瑞峰，梁飞，王文超，马恒运．农村土地流转差序格局形成及政策调整方向——基于合约特征和属性的联合考察 [J]．农业技术经济，2018（4）：27 – 43.

[76] 刘守英，高圣平，王瑞民．农地三权分置下的土地权利体系重构 [J]．北京大学学报（哲学社会科学版），2017（5）：136 – 147.

[77] 刘兴元．草地生态补偿研究进展 [J]．草业科学，2012，29（2）：306 – 313.

[78] 刘宇庆，杨剑婷，杨晓东，陈明波，陈静．中国耕地土壤污染现状研究进展 [J]．农业开发与装备，2020（1）：74 – 75.

[79] 刘源，王斌，朱炜．纵向一体化模式与农业龙头企业价值实现——基于圣农和温氏的双案例研究 [J]．农业技术经济，2019（10）：114 – 128.

［80］鲁春霞，谢高地，成升魁，马蓓蓓，冯跃．中国草地资源利用：生产功能与生态功能的冲突与协调［J］．自然资源学报，2009，24（10）：1685－1696.

［81］路冠军，刘永功．现代国家构建视域下的草场生态治理方式变迁［J］．生态经济，2013（2）：37－40.

［82］吕鑫，王卷乐，康海军，韩雪华．基于遥感估产的2006—2015年青海果洛与玉树地区草畜平衡分析［J］．自然资源学报，2018，33（10）：1821－1832.

［83］罗必良．科斯定理：反思与拓展——兼论中国农地流转制度改革与选择［J］．经济研究，2017，52（11）：178－193.

［84］罗必良，张露．中国农地确权：一个可能被过高预期的政策［J］．中国经济问题，2020（5）：17－31.

［85］马梅，乔光华，乌云花．市场、草地政策及气候对牧区羊年末存栏量的影响——以锡林郭勒盟为例［J］．干旱区资源与环境，2016，30（2）：63－68.

［86］孟庆瑜，刘博炜，杨建伟．我国禁牧制度的理论检视与制度完善［J］．农村经济，2020（10）：62－72.

［87］穆贵玲，汪义杰，李丽，马金龙，王建国，唐红亮．水源地生态补偿标准动态测算模型及其应用［J］．中国环境科学，2018，38（7）：2658－2664.

［88］南志标．认识草原爱护草原全面发挥草原的功能［N］．中国绿色时报，2020－6－17（2）．

［89］欧阳志云，郑华，岳平．建立我国生态补偿机制的思路与措施［J］．生态学报，2013，33（3）：686－692.

［90］彭艳玲，晏国耀，马昕娅，冷雨洁．基于能值与改进DEA－EBM模型的"青贮玉米＋养殖"种养结合模式产出效率评估研究——

以四川省"粮改饲"青贮玉米示范区为例［J］. 干旱区资源与环境，2019（12）：68-76.

［91］蒲小鹏，师尚礼. 草地资源流转对高寒畜牧业影响的初探——以甘肃省天祝藏族自治县抓喜秀龙乡南泥沟村为例［J］. 草业科学，2009，26（9）：200-205.

［92］祁晓慧，高博，王海春，周杰，乔光华. 牧民视角下的草原生态保护补助奖励政策草畜平衡及禁牧补奖标准研究——以锡林郭勒盟为例［J］. 干旱区资源与环境，2016，30（5）：30-35.

［93］钱忠好. 农村土地承包经营权产权残缺与市场流转困境：理论与政策分析［J］. 管理世界，2002（6）：35-45，154-155.

［94］仇焕广，刘乐，李登旺，张崇尚. 经营规模、地权稳定性与土地生产率——基于全国4省地块层面调查数据的实证分析［J］. 中国农村经济，2017（6）：30-43.

［95］任继周. 草业科学研究方法［M］. 北京：中国农业出版社，1998.

［96］任继周. 放牧，草原生态系统存在的基本方式——兼论放牧的转型［J］. 自然资源学报，2012，27（8）：1259-1275.

［97］沈辰，孟阳. 近5年中国牛羊产业发展形势及对策［J］. 农业展望，2016，12（10）：40-44.

［98］史恒通，睢党臣，吴海霞，赵敏娟. 公众对黑河流域生态系统服务消费偏好及支付意愿研究——基于选择实验法的实证分析［J］. 地理科学，2019，39（2）：342-350.

［99］孙前路，乔娟，李秉龙. 生态可持续发展背景下牧民养殖行为选择研究——基于生计资本与兼业化的视角［J］. 经济问题，2018（11）：84-91.

［100］孙小龙，郜亮亮，郭沛. 村级产权干预对农户农地转出行

为的影响——基于鲁豫湘川四省的调查 [J]. 农业经济问题，2018 (4)：82 – 90.

[101] 谭淑豪. 牧业制度变迁对草地退化的影响及其路径 [J]. 农业经济问题，2020，482 (2)：117 – 127.

[102] 唐晓云，赵黎明. 农村社区生态旅游发展分析——基于利益相关者理论 [J]. 西北农林科技大学学报（社会科学版），2006 (2)：93 – 97.

[103] 唐玉青. 多元主体参与：生态治理体系和治理能力现代化的路径 [J]. 学习论坛，2017，33 (2)：51 – 55.

[104] 田晓艳. 退牧还草政策对我国牧民生活的影响 [J]. 中国草地学报，2011，33 (4)：1 – 4.

[105] 田艳丽. 建立草原生态补偿机制的探讨——以内蒙古锡林郭勒盟为例 [J]. 农业现代化研究，2010，31 (2)：171 – 174.

[106] 万俊毅. 准纵向一体化、关系治理与合约履行——以农业产业化经营的温氏模式为例 [J]. 管理世界，2008 (2)：93 – 102.

[107] 王彬彬，李晓燕. 生态补偿的制度建构：政府和市场有效融合 [J]. 政治学研究，2015 (5)：67 – 81.

[108] 王丹，黄季焜. 草原生态保护补助奖励政策对牧户非农就业生计的影响 [J]. 资源科学，2018，40 (7)：1344 – 1353.

[109] 王国刚，王明利，王济民，杨春，汪武静. 中国南方牧草产业发展基础、前景与建议 [J]. 草业科学，2015，32 (12)：2114 – 2121.

[110] 王海春，高博，祁晓慧，乔光华. 草原生态保护补助奖励机制对牧户减畜行为影响的实证分析——基于内蒙古 260 户牧户的调查 [J]. 农业经济问题，2017，38 (12)：73 – 80，112.

[111] 王海春. 可持续生计资本对牧民收入影响研究 [D]. 呼和

浩特：内蒙古农业大学，2017.

[112] 王明利．中国牧草产业经济 [M]．北京：中国农业出版社，2011.

[113] 王娜娜．围栏困境——对于贡格嘎查围栏项目实施的社会学分析 [D]．北京：中国社会科学院研究生院，2012.

[114] 王珊，洪名勇，钱文荣．农地流转中的政府作用与农户收入——基于贵州省 608 户农户调查的实证分析 [J]．中国土地科学，2020，34（3）：39 –48.

[115] 王曙光，王丹莉．减贫与生态保护：双重目标兼容及其长效机制——基于藏北草原生态补偿的实地考察 [J]．农村经济，2015（5）：3 –8.

[116] 王晓民，李妙然．生态经济视角下的环境保护社会组织功能探究 [J]．生态经济，2014，30（1）：165 –167.

[117] 王晓毅．从承包到"再集中"——中国北方草原环境保护政策分析 [J]．中国农村观察，2009（3）：36 –46，95.

[118] 王晓毅．非平衡、共有和地方性 [M]．北京：中国社会科学出版社，2010.

[119] 王晓毅．环境压力下的草原社区：内蒙古六个嘎查村的调查 [M]．北京：社会科学文献出版社，2009.

[120] 王晓毅．制度变迁背景下的草原干旱——牧民定居、草原碎片与牧区市场化的影响 [J]．中国农业大学学报（社会科学版），2013，30（1）：18 –30.

[121] 王彦星，郑群英，晏兆莉，卢涛．气候变化背景下草原产权制度变迁对畜牧业的影响——以青藏高原东缘牧区为例 [J]．草业科学，2015，32（10）：1687 –1694.

[122] 王艳华，乔颖丽．退牧还草工程实施中的问题与对策 [J]．

农业经济问题，2011，32（2）：99-103.

[123] 王一．禁牧政策对可持续发展的实效再评析 [J]．湖北行政学院学报，2014（1）：32-36.

[124] 王云霞，修长柏，曹建民．气候因子与过度放牧在内蒙古牧区草地退化演变中的作用 [J]．农业技术经济，2015（8）：112-117.

[125] 韦鸿，王琦玮．农村集体土地"三权分置"的内涵、利益分割及其思考 [J]．农村经济，2016（3）：39-43.

[126] 韦惠兰，祁应军．中国草原问题及其治理 [J]．中国草地学报，2016，38（3）：1-6，18.

[127] 韦惠兰，宗鑫．草原生态补偿政策下政府与牧民之间的激励不相容问题——以甘肃玛曲县为例 [J]．农村经济，2014（11）：102-106.

[128] 韦惠兰，宗鑫．禁牧草地补偿标准问题研究——基于最小数据方法在玛曲县的运用 [J]．自然资源学报，2016，31（1）：28-38.

[129] 魏军，曹仲华，罗创国．草田轮作在发展西藏生态农业中的作用及建议 [J]．黑龙江畜牧兽医，2007（9）：98-100.

[130] 魏琦，侯向阳．建立中国草原生态补偿长效机制的思考 [J]．中国农业科学，2015，48（18）：3719-3726.

[131] 吴林海，王红纱，刘晓琳．可追溯猪肉：信息组合与消费者支付意愿 [J]．中国人口·资源与环境，2014，24（4）：35-45.

[132] 吴渊．黄河源区草原生态保护补助奖励政策实施效果评价 [D]．兰州：兰州大学，2019.

[133] 肖玉，成升魁，谢高地，刘爱民，鲁春霞，王洋洋．中国主要粮食品种供给与消费平衡分析 [J]．自然资源学报，2017，32（6）：927-936.

[134] 谢家平，刘鲁浩，梁玲．社会企业：发展异质性、现状定

位及商业模式创新 [J]. 经济管理, 2016, 38 (4): 190 - 199.

[135] 谢先雄, 李晓平, 赵敏娟, 史恒通. 资本禀赋如何影响牧民减畜——基于内蒙古 372 户牧民的实证考察 [J]. 资源科学, 2018, 40 (9): 1730 - 1741.

[136] 熊金武. 农村土地三权分置改革的理论逻辑与历史逻辑 [J]. 求索, 2018, 308 (4): 84 - 89.

[137] 徐敏云. 草地载畜量研究进展: 中国草畜平衡研究困境与展望 [J]. 草业学报, 2014, 23 (5): 321 - 329.

[138] 徐涛, 姚柳杨, 乔丹, 陆迁, 颜俨, 赵敏娟. 节水灌溉技术社会生态效益评估——以石羊河下游民勤县为例 [J]. 资源科学, 2016, 38 (10): 1925 - 1934.

[139] 许庆, 刘进, 钱有飞. 劳动力流动、农地确权与农地流转 [J]. 农业技术经济, 2017 (5): 4 - 16.

[140] 旭日干, 任继周, 南志标, 黄季焜, 邓祥征, 林慧龙, 仇焕广. 保障中国草地生态与食物安全的战略和政策 [J]. 中国工程科学, 2016, 18 (1): 8 - 16.

[141] 旭日干, 任继周, 南志标. 中国草地生态保障与食物安全战略研究丛书 [M]. 北京: 科学出版社, 2017.

[142] 颜俨, 姚柳杨, 郎亮明, 赵敏娟. 基于 Meta 回归方法的中国内陆河流域生态系统服务价值再评估 [J]. 地理学报, 2019, 74 (5): 1040 - 1057.

[143] 杨春, 尹俊. 云南省实施草原生态保护补助奖励政策的成效及对策建议 [J]. 云南农业, 2015 (10): 12 - 14.

[144] 杨帆, 邵全琴, 郭兴健, 李愈哲, 王东亮, 张雅娴, 汪阳春, 刘纪远, 樊江文. 玛多县大型野生食草动物种群数量对草畜平衡的影响研究 [J]. 草业学报, 2018, 27 (7): 1 - 13.

[145] 杨光梅. 草原牧区可持续发展的生态经济路径 [J]. 中国人口·资源与环境，2011，21（S1）：444 - 447.

[146] 杨理. 草畜平衡管理的演变趋势：行政管制抑或市场调节 [J]. 改革，2013（6）：95 - 100.

[147] 杨理. 草原治理：如何进一步完善草原家庭承包制 [J]. 中国农村经济，2007（12）：62 - 67.

[148] 杨理，侯向阳. 对草畜平衡管理模式的反思 [J]. 中国农村经济，2005（9）：62 - 66.

[149] 杨理. 基于市场经济的草权制度改革研究 [J]. 农业经济问题，2011，32（10）：102 - 109.

[150] 杨理. 完善草地资源管理制度探析 [J]. 内蒙古大学学报（哲学社会科学版），2008，40（6）：33 - 36.

[151] 杨理. 中国草原治理的困境：从"公地的悲剧"到"围栏的陷阱" [J]. 中国软科学，2010（1）：10 - 17.

[152] 姚柳杨，赵敏娟，徐涛. 耕地保护政策的社会福利分析：基于选择实验的非市场价值评估 [J]. 农业经济问题，2017，38（2）：32 - 40，1.

[153] 姚洋. 农地制度与农业绩效的实证研究 [J]. 中国农村观察，1998（6）：3 - 12.

[154] 叶晗，朱立志. 内蒙山牧区草地生态补偿实践评析 [J]. 草业科学，2014（8）：1587 - 596.

[155] 余露，汪兰溪. 探索牧区草场流转发展之路——以宁夏盐池牧区为例 [J]. 农业经济问题，2011，32（4）：105 - 109.

[156] 俞海，黄季焜，Scott Rozelle，Loren Brandt，张林秀. 地权稳定性、土地流转与农地资源持续利用 [J]. 经济研究，2003（9）：82 - 91，95.

［157］负旭疆．发展营养体农业的理论基础和实践意义［J］．草业学报，2002（1）：65 –69.

［158］曾贤刚，段存儒，虞慧怡．社会资本对生态补偿绩效的影响机制研究——以锡林郭勒盟草原生态补偿为例［J］．中国环境科学，2019，39（2）：879 –888.

［159］曾贤刚，刘纪新，段存儒，崔鹏，董战峰．基于生态系统服务的市场化生态补偿机制研究——以五马河流域为例［J］．中国环境科学，2018，38（12）：4755 –4763.

［160］曾贤刚，唐宽昊，卢熠蕾．"围栏效应"：产权分割与草原生态系统的完整性［J］．中国人口资源与环境，2014（2）：88 –93.

［161］曾贤刚，许志华，鲁颐琼．基于CVM的城市大气细颗粒物健康风险的经济评估——以北京市为例［J］．中国环境科学，2015，35（7）：2233 –2240.

［162］张福平，王虎威，朱艺文，张枝枝，李肖娟．祁连县天然草地地上生物量及草畜平衡研究［J］．自然资源学报，2017，32（7）：1183 –1192.

［163］张海燕，樊江文，邵全琴．2000 –2010年中国退牧还草工程区土地利用/覆被变化［J］．地理科学进展，2015（7）：840 –853.

［164］张红宇．中国农地调整与使用权流转：几点评论［J］．管理世界，2002（5）：76 –87.

［165］张倩．牧民应对气候变化的社会脆弱性——以内蒙古荒漠草原的一个嘎查为例［J］．社会学研究，2011（6）：171 –195.

［166］张引弟，孟慧君，塔娜．牧区草地承包经营权流转及其对牧民生计的影响——以内蒙古草原牧区为例［J］．草业科学，2010，27（5）：130 –135.

［167］张英俊．农田草地系统耦合生产分析［J］．草业学报，2003

（6）：10 – 17.

［168］张英俊，任继周，王明利，杨高文．论牧草产业在中国农业产业结构中的地位和发展布局［J］．中国农业科技导报，2013，15（4）：61 – 71.

［169］张英俊，张玉娟，潘利，唐士明，黄顶．我国草食家畜饲草料需求与供给现状分析［J］．产业透视，2014（10）：12 – 16.

［170］赵春花，曹致中．退牧还草工程对内蒙古鄂温克旗经济社会效益的影响［J］．草业科学，2009，26（12）：19 – 23.

［171］赵建华．财政部提前下达中央对地方重点生态功能区转移支付预算 662. 17 亿元［EB/OL］．（2019 – 12 – 18）［2020 – 06 – 05］．http：//finance. china. com. cn/news/20191218/5152664. shtml.

［172］赵颖，赵珩，Peter Ho．产权视角下的草原家庭承包制［J］．草业科学，2017（3）：635 – 643.

［173］钟文晶，罗必良．公共政策及其响应：基于农民信任机制的解释——以农地确权政策为例［J］．中国农村观察，2020（3）：42 – 59.

［174］周洁，祖力菲娅·买买提，裴要男，邹琳．牧户对草畜平衡补偿标准的受偿意愿分析——基于对新疆 223 户牧户的调查研究［J］．干旱区资源与环境，2019，33（10）：79 – 84.

［175］周金衢．农村土地流转中农民、大户与国家关系研究［D］．武汉：华中师范大学，2014.

［176］周立，董小瑜．"三牧"问题的制度逻辑——中国草场管理与产权制度变迁研究［J］．中国农业大学学报（社会科学版），2013，30（2）：94 – 107.

［177］周其仁．产权与制度变迁［M］．北京：北京大学出版社，2004.

［178］周升强，赵凯．草原生态补奖政策对农牧户减畜行为的影

响——基于非农牧就业调解效应的分析 [J]. 农业经济问题，2019 (11)：108 – 121.

[179] 朱美玲，蒋志清. 草地禁牧政策实施中存在的问题与对策建议——以新疆为例 [J]. 农业经济问题，2012 (3)：105 – 109.

[180] 朱希刚. 跨世纪的探索 [M]. 北京：中国农业出版社，1997.

[181] 宗锦耀. 如何实施退牧还草工程 [J]. 中国牧业通讯，2005，07 (7)：10.

[182] Abidoye B O, Kurukulasuriya P, Mendelsohn R. South – East Asian farmer perceptions of climate change [J]. Climate Change Economics, 2017, 8 (3), 1740006.

[183] Adamowicz W, Boxall P, Louviere W J. Stated Preference Approaches for Measuring Passive Use Values：Choice Experiments and Contingent Valuation [J]. American Journal of Agricultural Economics, 1998, 80 (1)：64 – 75.

[184] Adamowicz W, Louviere J, Williams M. Combining revealed and stated preference methods for valuing environmental amenities [J]. Journal of environmental economics and management, 1994, 26 (3)：271 – 292.

[185] Adams W M, Aveling R, Brockington D, et al. Biodiversity conservation and the eradication of poverty [J]. Science, 2004, 306 (5699)：1146 – 1149.

[186] Adger W N, Dessai S, Goulden M, et al. Are there social limits to adaptation to climate change? [J]. Climatic change, 2009, 93 (3)：335 – 354.

[187] Alene A D, Manyong V M, Omanya G, et al. Smallholder mar-

ket participation under transactions costs: Maize supply and fertilizer demand in Kenya [J]. Food policy, 2008, 33 (4): 318 – 328.

[188] Alpizar F, Carlsson F, Martinsson P. Using choice experiments for non-market valuation [J]. Economic Issues, 2003, 8 (1): 83 – 110.

[189] Amankwah A, Quagrainie K K, Preckel P V. Demand for improved fish feed in the presence of a subsidy: a double hurdle application in Kenya [J]. Agricultural Economics, 2016, 47 (6): 633 – 643.

[190] Bai Y, Deng X, Zhang Y, et al. Does climate adaptation of vulnerable households to extreme events benefit livestock production? [J]. Journal of Cleaner Production, 2019, 210 (1): 358 – 365.

[191] Baland, J M, and Platteau, J P. Halting Degradation of Natural Resources: Is There a Role for Rural Communities [M]. Oup Catalogue, Food & Agriculture Org. , 1996.

[192] Banks, T. Property Rights and the Environment in Pastoral China: Evidence from the Field [J]. Development & Change, 2010, 32 (4): 717 – 740.

[193] Banks T, Richard C, Ping L, et al. Community – Based Grassland Management in Western China Rationale, Pilot Project Experience, and Policy Implications [J]. Mountain Research & Development, 2003, 23 (2): 132 – 140.

[194] Bliemer M C J, Rose J M, Hess S. Approximation of bayesian efficiency in experimental choice designs [J]. Journal of Choice Modelling, 2008, 1 (1): 98 – 126.

[195] Bliemer M, Rose J. Designing Stated Choice Experiments: State-of-the-art [J]. Hosp Community Psychiatry, 2009, 33 (7): 541 – 550.

［196］Bouma, J, Bulte, E, and Soest, D V. Trust and Cooperation: Social Capital and Community Resource Management ［J］. Journal of Environmental Economics & Management, 2008, 56 (2): 155 - 166.

［197］Bozzola M, Massetti E, Mendelsohn R, et al. A Ricardian analysis of the impact of climate change on Italian agriculture ［J］. European Review of Agricultural Economics, 2018, 45 (1): 57 - 79.

［198］Bryan E, Ringler C, Okoba B, et al. Adapting agriculture to climate change in Kenya: Household strategies and determinants ［J］. Journal of environmental management, 2013 (114): 26 - 35.

［199］Cao J J, Xiong Y C, Sun J, et al. Differential Benefits of Multi- and Single - Household Grassland Management Patterns in the Qinghai - Tibetan Plateau of China ［J］. Human Ecology, 2011, 39 (2): 217 - 227.

［200］Carson R T, Flores N E, Meade N F. Contingent valuation: Controversies and evidence ［J］. Environmental and Resource Economics, 2001, 19 (2): 173 - 210.

［201］Chamberlain, G, Panel data ［J］. Handbook of econometrics, 1984 (2): 1247 - 1318.

［202］Chen B, Zhang X, Tao J, et al. The impact of climate change and anthropogenic activities on alpine grassland over the Qinghai - Tibet Plateau ［J］. Agricultural and Forest Meteorology, 2014 (189): 11 - 18.

［203］Chen H B, Shao L Q, Zhao M J, et al. Grassland conservation programs, vegetation rehabilitation and spatial dependency in inner Mongolia, China ［J］. Land Use Policy, 2017 (64): 429 - 439.

［204］Cheung, S N. The Contractual Nature of the Firm ［J］. Journal of Law and Economics, 1983, 26 (1): 1 - 21.

［205］Christie M, Azevedo C D. Testing the Consistency Between Standard Contingent Valuation, Repeated Contingent Valuation and Choice Experiments [J]. Journal of Agricultural Economics, 2009, 60 (1): 154 – 170.

[206] Coase R H. The Nature of the Firm [M]. United Kingdom: Oxford University Press, 1991.

[207] Corsi A, Salvioni C. Off-and on-farm labour participation in Italian farm households [J]. Applied Economics, 2012, 44 (19): 2517 – 2526.

[208] Cragg J G. Some statistical models for limited dependent variables with application to the demand for durable goods [J]. Econometrica: Journal of the Econometric Society, 1971: 829 – 844.

[209] Crook D R, Robinson B E, Li P. The Impact of Snowstorms, Droughts and Locust Outbreaks on Livestock Production in Inner Mongolia: Anticipation and Adaptation to Environmental Shocks [J]. Ecological Economics, 2020 (177), 106761.

[210] Daily G. Nature's services : societal dependence natural ecosystems [M]. Island Press, 1997.

[211] Davis R K. Recreation planning as an economic problem [J]. Natural Resources Journal, 1963 (3): 239 – 249.

[212] Dell M, Jones B F, Olken B A. Temperature shocks and economic growth: Evidence from the last half century [J]. American Economic Journal: Macroeconomics, 2012, 4 (3): 66 – 95.

[213] Depaula G. The distributional effect of climate change on agriculture: Evidence from a Ricardian quantile analysis of Brazilian census data [J]. Journal of Environmental Economics and Management, 2020 (104), 102378.

[214] Deressa T T, Hassan R M, Ringler C. Perception of and adap-

tation to climate change by farmers in the Nile basin of Ethiopia [J]. The Journal of Agricultural Science, 2011, 149 (1): 23 – 31.

[215] Di Falco S, Veronesi M, Yesuf M. Does adaptation to climate change provide food security? A micro-perspective from Ethiopia [J]. American Journal of Agricultural Economics, 2011, 93 (3): 829 – 846.

[216] Du F, Liu Z, Oniki S. Factors affecting herdsmen's grassland transfer in Inner Mongolia, China [J]. Japan Agricultural Research Quarterly: JARQ, 2017, 51 (3): 259 – 269.

[217] Duke J M, Ilvento T W. A conjoint analysis of public preferences for agricultural land preservation [J]. Agricultural and Resource Economics Review, 2004, 33 (2): 209 – 219.

[218] Eakin H. Institutional change, climate risk, and rural vulnerability: Cases from Central Mexico [J]. World development, 2005, 33 (11): 1923 – 1938.

[219] Erik G B, Manuel R P. Economic valuation and the commodification of ecosystem services [J]. Progress in Physical Geography, 2011, 35 (5): 613 – 628.

[220] Esteban G. Jobbágy, Osvaldo E. Sala and José M. Paruelo. Patterns and Controls of Primary Production in the Patagonian Steppe: A Remote Sensing Approach [J]. Ecology, 2002, 83 (2): 307 – 319.

[221] Etwire P M, Fielding D, Kahui V. Climate change, crop selection and agricultural revenue in Ghana: a structural Ricardian analysis [J]. Journal of Agricultural Economics, 2019, 70 (2): 488 – 506.

[222] Fan J W, Shao Q Q, Liu J Y, et al. Assessment of effects of climate change and grazing activity on grassland yield in the Three Rivers Headwaters Region of Qinghai – Tibet Plateau, China [J]. Environmental

monitoring and assessment, 2010, 170 (1): 571 –584.

［223］Fernandez – Gimenez M E, Batkhishig B, Batbuyan B. Cross-boundary and Cross-level Dynamics Increase Vulnerability to Severe Winter Disasters (Dzud) in Mongolia ［J］. Global Environmental Change, 2012 (22): 836 –851.

［224］Fernandez – Gimenez M E, Batkhishig B, Batbuyan B, et al. Lessons from the Dzud: Community – Based Rangeland Management Increases the Adaptive Capacity of Mongolian Herders to Winter Disasters ［J］. World Development, 2014 (68): 48 –65.

［225］Fisher J. No pay, no care? a case study exploring motivations for participation in payments for ecosystem services in Uganda ［J］. Oryx, 2012, 46 (1): 45 –54.

［226］Flintan F, Hughes R. Integrating conservation and development experience: A review and bibliography of the ICDP literature ［M］. London: International Institute for Environment and Development, 2001.

［227］Freedman, M. Lineage Organizaition in Southeastern China ［M］. Oxfordshire: Berg Press, 2004.

［228］Fu Y, Grumbine R E, Wilkes A, et al. Climate Change Adaptation Among Tibetan Pastoralists: Challenges in Enhancing Local Adaptation Through Policy Support ［J］. Environmental Management, 2012, 50 (4): 607 –621.

［229］Gao Q Z, Wan Y F, Xu H M, et al. Alpine grassland degradation index and its response to recent climate variability in Northern Tibet, China ［J］. Quaternary International, 2010 (226): 143 –150.

［230］Gbetibouo G A, Hassan R M. Measuring the economic impact of climate change on major South African field crops: a Ricardian approach

[J]. Global & Planetary Change, 2004, 47 (2 −4): 143 −152.

[231] Gebremedhin B, Jaleta M, Hoekstra D. Smallholders, institutional services, and commercial transformation in Ethiopia [J]. Agricultural Economics, 2009 (40): 773 −787.

[232] Global Agro-ecological Zones: GAEZ, 2012. http://www. gaez. iiasa. ac. at/. (Accessed 8 October 2020).

[233] Global climate change impacts in the United States [M]. Cambridge University Press, 2009.

[234] Golub A A, Henderson B B, Hertel T W, et al. Global climate policy impacts on livestock, land use, livelihoods, and food security [J]. Proceedings of the National Academy of Sciences, 2013, 110 (52): 20894 −20899.

[235] Grossman S J, Hart O D. The Costs and Benefits of Ownership: A Theory of Vertical and Lateral Integration [J]. Journal of Political Economy, 1986, 94 (4): 691 −719.

[236] Grothmann T, Patt A. Adaptive capacity and human cognition: the process of individual adaptation to climate change [J]. Global environmental change, 2005, 15 (3): 199 −213.

[237] Hageback J, Sundberg J, Ostwald M, et al. Climate variability and land-use change in Danangou Watershed, China—Examples of small-scale farmers' adaptation [J]. Climatic Change, 2005, 72 (1): 189 −212.

[238] Hanley N, Wright R E, Adamowicz V. Using choice experiments to value the environment [J]. Environmental & Resource Economics, 1998, 11 (3 −4): 413 −428.

[239] Hanley N, Wright R E, Begona A F. Estimating the economic value of improvements in river ecology using choice experiments: An applica-

tion to the water framework directive ［J］. Journal of Environmental Management, 2006 (78): 183 – 193.

［240］Headey D, Taffesse A S, You L. Diversification and development in pastoralist Ethiopia ［J］. World Development, 2014 (56): 200 – 213.

［241］Heckman J J. Sample selection bias as a specification error ［J］. Econometrica: Journal of the econometric society, 1979: 153 – 161.

［242］He C, Tian J, Gao B, et al. Differentiating climate-and human-induced drivers of grassland degradation in the Liao River Basin, China ［J］. Environmental Monitoring and Assessment, 2015, 187 (1): 1 – 14.

［243］Hensher D A, Barnard P O. The Orthogonality Issue in Stated Choice Designs: Spatial Choices and Processes ［M］. Amsterdam: Elsevier B. V. 1990: 265 – 277.

［244］Hensher D A, Sullivan C. Willingness to pay for road curviness and road type ［J］. Transportation Research Part D, 2003, 8 (2): 139 – 155.

［245］Hensher D, Greene W. The Mixed Logit model: The state of practice ［J］. Transportation, 2003, 30 (2): 133 – 176.

［246］Hertel T W, Rosch S D. Climate change, agriculture, and poverty ［J］. Applied Economic Perspectives and Policy, 2010, 32 (3): 355 – 385.

［247］Ho P, Azadi H. Rangeland degradation in North China: perceptions of pastoralists ［J］. Environmental Research, 2010, 110 (3): 302 – 307.

［248］Hossain M S, Arshad M, Qian L, et al. Economic impact of climate change on crop farming in Bangladesh: An application of Ricardian method ［J］. Ecological Economics，2019（164）：106354.

［249］ Howden S M，Crimp S J，Stokes C J. Climate change and Australian livestock systems：impacts，research and policy issues ［J］. Australian journal of experimental agriculture，2008，48（7）：780 – 788.

［250］ Hua L，Squires V R. Managing China's pastoral lands：current problems and future prospects ［J］. Land Use Policy，2015（43）：129 – 137.

［251］ Huber J，Zwerina K. The importance of utility balance in efficient choice designs ［J］. Journal of Marketing Research，1996，33（3）：307 – 317.

［252］ Hu Y，Huang J，Hou L. Impacts of the Grassland Ecological Compensation Policy on Household Livestock Production in China：An Empirical Study in Inner Mongolia ［J］. Ecological Economics，2019，161（7）：248 – 256.

［253］ Hu Y，Huang J，Hou L. Impacts of the Grassland Ecological Compensation Policy on Household Livestock Production in China：An Empirical Study in Inner Mongolia ［J］. Ecological Economics，2019（161）：248 – 256.

［254］ Hu，Z，Kong，D，Jin，L. Grassland eco-compensation：game analysis under weak supervision ［J］. Issues Agric. Econ，2016（1）：95 – 102.

［255］ International Panel of Climate Change（IPCC）. Climate Change 2007：Fourth Assessment Report ［M］. Cambridge University Press：Cambridge，UK，2007.

［256］ Jin J，Gao Y，Wand X，et al. Farmers' risk preferences and their climate change adaptation strategies in the Yongqiao District，China

[J]. Land Use Policy, 2015 (47): 365 –372.

[257] John J A, Draper N R. An Alternative Family of Transformations [J]. Journal of the Royal Statistical Society, 1980, 29 (2): 190 –197.

[258] Johnston R J, Rolfe J, Zawojska E. Benefit Transfer of Environmental and Resource Values: Progress, Prospects and Challenges [J]. International Review of Environmental & Resource Economics, 2018, 12 (2 –3): 177 –266.

[259] Johnston R J, Swallow S K, Bauer D M. Spatial Factors and Stated Preference Values for Public Goods: Considerations for Rural Land Use [J]. Land Economics, 2002, 78 (4): 481 –500.

[260] Johny J, Wichmann B, Swallow B M. Characterizing social networks and their effects on income diversification in rural Kerala, India [J]. World Development, 2017 (94): 375 –392.

[261] Jordan G, Goenster S, Munkhnasan T, et al. Spatio-temporal patterns of herbage availability and livestock movements: A cross-border analysis in the Chinese – Mongolian Altay [J]. Pastoralism, 2016, 6 (1): 12.

[262] Kabubo – Mariara J. Climate change adaptation and livestock activity choices in Kenya: An economic analysis [J]. Blackwell Publishing Ltd, 2008, 32 (2): 131 –141.

[263] Kahnemann D, Tversky A. Prospect Theory: a decision making under risk [J]. Econometrica, 1979 (47): 263 –292.

[264] Karanja Ng'ang'a S, Bulte E H, Giller K E, et al. Migration and self-protection against climate change: a case study of Samburu County, Kenya [J]. World Development, 2016 (84): 55 –68.

[265] Key N, Sneeringer S. Potential effects of climate change on the

productivity of US dairies [J]. American Journal of Agricultural Economics, 2014, 96 (4): 1136 –1156.

[266] Kinalg A P, Perrings C. Chapin F S, et al. Paying for ecosystem services: promise and peril [J]. Science, 2011, 334 (6056): 603 –604.

[267] Klein, B, Crawford, R G, Alchian, A A. Vertical Integration, Appropriable Rents, and the Competitive Contracting Process [J]. Journal of Law and Economics, 1978, 21 (2): 297 –326.

[268] Konisky D M, Hughes L, Kaylor C H. Extreme weather events and climate change concern [J]. Climatic change, 2016, 134 (4): 533 –547.

[269] Krüger S, Verster R. An appraisal of the Vulamehlo Handcraft Project [J]. Development Southern Africa, 2001, 18 (2): 239 –252.

[270] Leemans H B J, Groot R S D. Millennium ecosystem assessment: ecosystems and human well-being: A framework for assessment [J]. Physics Teacher, 2003, 34 (9): 534 –534.

[271] Lee T M, Markowitz E M, Howe P D, et al. Predictors of public climate change awareness and risk perception around the world [J]. Nature climate change, 2015, 5 (11): 1014 –1020.

[272] Li A, Wu J, Zhang X, et al. China's new rural "separating three property rights" land reform results in grassland degradation: Evidence from Inner Mongolia [J]. Land Use Policy, 2018 (71): 170 –182.

[273] Lippert C, Aurbacher T K. A Ricardian analysis of the impact of climate change on agriculture in Germany [J]. Climatic Change, 2009, 97 (3 –4): 593 –610.

[274] Liu M, Dries L, Heijman W, et al. Land tenure reform and grassland degradation in Inner Mongolia, China [J]. China Economic Re-

view，2019（55）：181 – 198.

[275] Liu M，Dries L，Heijman W，et al. The Impact of Ecological Construction Programs on Grassland Conservation in Inner Mongolia，China [J]. Land Degradation and Development，2018，29（14）：326 – 336.

[276] Liu M，Dries L，Huang J，et al. The Impacts of the Eco-environmental Policy on Grassland Degradation and Livestock production in Inner Mongolia，China：An Empirical Analysis based on the Simultaneous Equation Model [J]. Land Use Policy，2019（88）：104167.

[277] Liu S，Tao W. Climate change and local adaptation strategies in the middle Inner Mongolia，northern China [J]. Environmental Earth Sciences，2012，66（5）：1449 – 1458.

[278] Liu Y，Wang Q，Zhang Z，et al. Grassland dynamics in responses to climate variation and human activities in China from 2000 to 2013 [J]. Science of The Total Environment，2019（690）：27 – 39.

[279] Liverpool – Tasie L S O，Sanou A，Tambo J A. Climate change adaptation among poultry farmers：evidence from Nigeria [J]. Climatic Change，2019，157（3）：527 – 544.

[280] Li W，Huntsinger L. China's Grassland Contract Policy and its Impacts on Herder Ability to Benefit in Inner Mongolia：Tragic Feedbacks [J]. Ecology & Society，2011，16（2）：1.

[281] Li W，Li Y，Gongbuzeren. Rangeland Degradation Control in China：A Policy Review [M]. Springer Berlin Heidelberg，2016.

[282] Louviere J，Hensher D A. On the design and analysis of simulated choice or allocation experiments in travel choice modeling [J]. Transportation Research Record，1982（890）：11 – 17.

[283] Louviere J J，Hensher D A，Swait J D. Stated choice methods：

analysis and application ［M］. Cambridge：Cambridge University Press，2001.

［284］Louviere J J，Woodworth G. Design and analysis of simulated consumer choice or allocation experiments：An approach based on aggregate data ［J］. Journal of Marketing Research，1983，20（4）：350 –367.

［285］Lovo S. Tenure Insecurity and Investment in Soil Conservation. Evidence from Malawi ［J］. World Development，2016（78）：219 –229.

［286］López-i –Gelats F. Impacts of climate change on food availability：livestock. Freedman B. Handbook of global environmental pollution ［M］. Dordrecht：Springer，2014.

［287］Maddison D. The perception of and adaptation to climate change in Africa ［M］. The World Bank，2007.

［288］Maertens A，Barrett C B. Measuring social networks' effects on agricultural technology adoption ［J］. American Journal of Agricultural Economics，2013，95（2）：353 –359.

［289］Malik A，Qin X，Smith S C. Autonomous adaptation to climate change：A literature review ［J］. Institute for International Economic Policy Working Paper Series，2010：1 –25.

［290］Marschak J，Arrow K. Binary choice constraints on random utility indications ［M］. San Francisco：Stanford Symposium on Mathematical Methods in the Social Science，1960.

［291］McCarthy J J，Canziani O F，Leary N A，Dokken D J，et al. Climate change 2001：impacts，adaptation，and vulnerability：contribution of Working Group II to the third assessment report of the Intergovernmental Panel on Climate Change ［M］. Cambridge University Press，2001.

［292］Mcfadden D，Train K. Mixed MNL models for discrete response ［J］. Journal of Applied Econometrics，2000，15（5）：447 –470.

［293］Mendelsohn R. Efficient adaptation to climate change ［J］. Climatic Change，2000，45（3）：583 –600.

［294］Mendelsohn R，Nordhaus W D，Shaw D. The impact of global warming on agriculture：a Ricardian analysis ［J］. The American economic review，1994：753 –771.

［295］Mendelsohn R，Seo S N. Climate change impacts on animal husbandry in Africa：a Ricardian analysis ［J］. Policy Research Working Paper，2010：1 –48（48）.

［296］Mendelsohn R. The economics of adaptation to climate change in developing countries ［J］. Climate Change Economics，2012，3（2）：687 –705.

［297］Mertz O，Mbow C，Reenberg A，et al. Farmers' perceptions of climate change and agricultural adaptation strategies in rural Sahel ［J］. Environmental management，2009，43（5）：804 –816.

［298］Michael D，Pfarrerp，et al. A tale of two assets：The effects of firm reputation and celebrity on earnings surprises and investors reactions ［J］. Academy of management journal，2010，53（5）：1131 –1152.

［299］Ministry of Agriculture. Calculation of proper carrying capacity of rangelands ［S］. National Standard for the Agricultural Sector，No. NY/T635 –2015，2015.

［300］Mishra A K，Goodwin B K. Farm income variability and the supply of off-farm labor ［J］. American Journal of Agricultural Economics，1997，79（3）：880 –887.

［301］Moser S C，Ekstrom J A. A framework to diagnose barriers to climate change adaptation [J]. Proceedings of the national academy of sciences, 2010, 107 (51): 22026 – 22031.

[302] Mowll W, Blumenthal D M, Cherwin K, et al. Climatic controls of aboveground net primary production in semi-arid grasslands along a latitudinal gradient portend low sensitivity to warming [J]. Oecologia, 2015, 177 (4): 959 – 969.

[303] Mundlak Y. On the pooling of time series and cross section data [J]. Econometrica: journal of the Econometric Society, 1978: 69 – 85.

[304] Muraoka R, Jin S, Jayne T S. Land access, land rental and food security: Evidence from Kenya [J]. Land use policy, 2018 (70): 611 – 622.

[305] Mu S J, Chen Y Z, Li J L, et al. Grassland dynamics in response to climate change and human activities in Inner Mongolia, China between 1985 and 2009 [J]. Rangeland Journal, 2013, 35 (3): 315 – 329.

[306] Nardone A, Ronchi B, Lacetera N, et al. Effects of climate changes on animal production and sustainability of livestock systems [J]. Livestock Science, 2010, 130 (1 – 3): 57 – 69.

[307] National Bureau of Statistics of China. China statistical yearbook [M]. Statistic Press: Beijing, China, 2018.

[308] National Meteorological Information Center (NMIC), 2020. China surface climate data monthly data set 1999 – 2019. http: //data. cma. cn/data/cdcdetail/dataCode/SURF_CLI_CHN_MUL_MON. html. Accessed on March 30, 2020.

[309] Nguyen Chau T, Scrimgeour F. Heterogeneous Impacts of Climate Change – The Ricardian Approach Using Vietnam Micro – Level Panel Data [R]. 2019.

[310] Niles M T, Lubell M, Haden V R. Perceptions and responses to climate policy risks among California farmers [J]. Global Environmental Change, 2013, 23 (6): 1752 –1760.

[311] Oleman S. The foundation of social theory [M]. Cambridge: Belknap Press, 2000.

[312] Ou L, Mendelsohn R. An analysis of climate adaptation by livestock farmers in the Asian tropics [J]. Climate Change Economics, 2017, 8 (3), 1740001.

[313] Papke L E, Wooldridge J M. Panel data methods for fractional response variables with an application to test pass rates [J]. Journal of econometrics, 2008, 145 (1 –2): 121 –133.

[314] Passel S V, Massetti E, Mendelsohn R. A Ricardian Analysis of the Impact of Climate Change on European Agriculture [J]. Environmental and Resource Economics, 2017, 68 (1): 1 –36.

[315] Piao S, Ciais P, Huang Y, et al. The impacts of climate change on water resources and agriculture in China [J]. Nature, 2010, 467 (7311): 43 –51.

[316] Piao S, Mohammat A, Fang J, et al. NDVI –based increase in growth of temperate grasslands and its responses to climate changes in China [J]. Global Environmental Change, 2006, 16 (4): 340 –348.

[317] Ping L, Hadrich J C, Robinson B E, et al. How do herders do well? Profitability potential of livestock grazing in Inner Mongolia, China, across ecosystem types [J]. The Rangeland Journal, 2018: 40, 77 –90.

[318] Polley H W, Briske D D, Morgan J A, et al. Climate Change and North American Rangelands: Trends, Projections, and Implications [J]. Rangeland Ecology & Management, 2013, 66 (5): 493 –511.

［319］ Qiao F, Rozelle S, Zhang L, et al. Impact of childcare and eldercare on off-farm activities in rural China ［J］. China & World Economy, 2015, 23 （2）: 100 – 120.

［320］ Qiu H, Su L, Feng X, et al. Role of monitoring in environmental regulation: An empirical analysis of grazing restrictions in pastoral China ［J］. Environmental Science & Policy, 2020 （114）: 295 – 304.

［321］ Rae A N, Ma H, Huang J, et al. Livestock in China: commodity-specific total factor productivity decomposition using new panel data ［J］. American Journal of Agricultural Economics, 2006, 88 （3）: 680 – 695.

［322］ Ricker – Gilbert J, Jayne T S, Chirwa E. Subsidies and crowding out: A double-hurdle model of fertilizer demand in Malawi ［J］. American journal of agricultural economics, 2011, 93 （1）: 26 – 42.

［323］ Rivera – Ferre M G, López-i – Gelats F, Howden M, et al. Reframing the climate change debate in the livestock sector: Mitigation and adaptation options ［J］. Wiley Interdisciplinary Reviews: Climate Change, 2016, 7 （6）: 869 – 892.

［324］ Rojas – Downing M M, Nejadhashemi A P, Harrigan T, et al. Climate Change and Livestock: Impacts, Adaptation, and Mitigation ［J］. Climate Risk Management, 2017 （16）: 145 – 163.

［325］ Salafsky N, Wollenberg E. Linking livelihoods and conservation: a conceptual framework and scale for assessing the integration of human needs and biodiversity ［J］. World Development, 2000, 28 （8）: 1421 – 1438.

［326］ Schneider S H, Easterling W E, Mearns L O. Adaptation: Sensitivity to natural variability, agent assumptions and dynamic climate changes

[J]. Climatic Change，2000，45（1）：203 –221.

［327］Sejian V，Bhatta R，Soren N M，et al. Introduction to concepts of climate change impact on livestock and its adaptation and mitigation ［M］//Climate change Impact on livestock：adaptation and mitigation. Springer，New Delhi，2015：1 –23.

［328］Seo S N. Long-term adaptation：Selecting farm types across agro-ecological zones in Africa ［M］. World Bank Publications，2008.

［329］Seo S N，McCarl B A，Mendelsohn R. From beef cattle to sheep under global warming? An analysis of adaptation by livestock species choice in South America ［J］. Ecological Economics，2010，69（12）：2486 – 2494.

［330］Seo S N，Mendelsohn R. Measuring impacts and adaptations to climate change：a structural Ricardian model of African livestock management 1 ［J］. Agricultural economics，2008，38（2）：151 –165.

［331］Shi Y，Shen Y，Kang E，et al. Recent and future climate change in northwest China ［J］. Climatic change，2007，80（3）：379 –393.

［332］Silvestri S，Bryan E，Ringler C，et al. Climate change perception and adaptation of agro-pastoral communities in Kenya ［J］. Regional Environmental Change，2012，12（4）：791 –802.

［333］Stocker T F，Qin D，Plattner G K，Tignor，M M B，et al. Climate change 2013：the physical science basis ［R］. Contribution of Working Group I to the Fifth Assessment Report of IPCC the Intergovernmental Panel on Climate Change，2014：5 –14.

［334］Tan S H，Liu B，Zhang Q Y，et al. Understanding grassland rental markets and their determinants in eastern inner Mongolia，PR China ［J］. Land Use Policy，2017（67）：733 –741.

［335］ Taylor J. Constraints of grassland science, pastoral management and policy in Northern China: Anthropological perspectives on degradational narratives ［J］. International Journal of Development Issues, 2012, 11 (3): 208 – 226.

［336］ The Third National Report on Climate Change in China ［M］. Science Press, Beijing, 2015.

［337］ Thomas D S G, Twyman C, Osbahr H, et al. Adaptation to climate change and variability: farmer responses to intra-seasonal precipitation trends in South Africa ［J］. Climatic change, 2007, 83 (3): 301 – 322.

［338］ Thornton P K, van de Steeg J, Notenbaert A, et al. The impacts of climate change on livestock and livestock systems in developing countries: A review of what we know and what we need to know ［J］. Agricultural systems, 2009, 101 (3): 113 – 127.

［339］ Thurstone L L. A law of comparative judgment ［J］. Psychological Review, 1927, 34 (4): 273 – 286.

［340］ Train K. Recreation demand models with taste differences over people ［J］. Land Economics, 1998, 74 (2): 230 – 239.

［341］ Trinh T A. The impact of climate change on agriculture: Findings from households in Vietnam ［J］. Environmental and resource economics, 2018, 71 (4): 897 – 921.

［342］ Tversky A, Kahneman D. Judgment under uncertainty: Heuristics and biases ［J］. Science, 1974, 185 (4157): 1124 – 1131.

［343］ Uzzi, B. Social Structure and Competition in Interfirm Networks: The Paradox of Embeddedness ［J］. Administrative Science Quarterly, 1997, 42 (1): 35 – 67.

［344］ Van Vuuren D P, Edmonds J A, Kainuma M, et al. A special issue on the RCPs [J]. Climatic Change, 2011, 109 (1): 1 – 4.

[345] Van Vuuren D P, Edmonds J A, Kainuma M, et al. The representative concentration pathways: an overview [J]. Climatic change, 2011, 109 (1): 5 – 31.

[346] Venkatachalam L. The contingent valuation method: A review [J]. Environmental Impact Assessment Review, 2004, 24 (1): 89 – 124.

[347] Waldron S, Brown C, Longworth J. Grassland Degradation and Livelihoods in China's Western Pastoral Region: A Framework for Understanding and Refining China's Recent Policy Responses [J]. China Agricultural Economic Review, 2010, 2 (3): 298 – 320.

[348] Wang J, Brown D G, Agrawal A. Climate adaptation, local institutions, and rural livelihoods: A comparative study of herder communities in Mongolia and Inner Mongolia, China [J]. Global environmental change, 2013, 23 (6): 1673 – 1683.

[349] Wang J, Huang J, Zhang L, et al. Impacts of climate change on net crop revenue in North and South China [J]. China Agricultural Economic Review, 2014, 6 (18): 358 – 378.

[350] Wang J, Mendelsohn R, Dinar A, et al. How Chinese farmers change crop choice to adapt to climate change [J]. Climate Change Economics, 2010, 1 (3): 167 – 185.

[351] Wang P, Lassoie J P, Morreale S J, et al. A critical review of socioeconomic and natural factors in ecological degradation on the Qinghai – Tibetan Plateau, China [J]. Rangeland Journal, 2015, 37 (1): 1.

[352] Wang X, Huang J, Zhang L, et al. The rise of migration and the fall of self employment in rural China's labor market [J]. China Economic Review, 2011, 22 (4): 573 – 584.

［353］Wang Z, Chang J, Peng S, et al. Changes in productivity and carbon storage of grasslands in China under future global warming scenarios of 1. 5℃ and 2℃ ［J］. Journal of Plant Ecology, 2019, 12（5）: 804 – 814.

［354］Wang Z, Zhang Y, Yang Y, et al. Quantitative assess the driving forces on the grassland degradation in the Qinghai – Tibet Plateau, in China ［J］. Ecological Informatics, 2016（33）: 32 – 44.

［355］Warszawski L, Frieler K, Huber V, et al. The inter-sectoral impact model intercomparison project（ISI – MIP）: project framework ［J］. Proceedings of the National Academy of Sciences, 2014, 111（9）: 3228 – 3232.

［356］Williamson, O. E. The Economic Institutions of Capitalism ［M］. New York: Free Press, 1985.

［357］Williamson, O. E. The Vertical Integration of Production Market Failure Considerations ［J］. The American Economic Review, 1971, 61（2）: 112 – 123.

［358］Willy D K, Chiuri W. New common ground in pastoral and settled agricultural communities in Kenya: renegotiated institutions and the gender implications ［J］. The European Journal of Development Research, 2010, 22（5）: 733 – 750.

［359］Woldeyohanes T, Heckelei T, Surry Y. Effect of off-farm income on smallholder commercialization: panel evidence from rural households in Ethiopia ［J］. Agricultural Economics, 2017, 48（2）: 207 – 218.

［360］Woods B A, Nielsen H Ø, Pedersen A B, et al. Farmers' perceptions of climate change and their likely responses in Danish agriculture ［J］. Land Use policy, 2017（65）: 109 – 120.

［361］Wooldridge J M. Econometric analysis of cross section and panel data [M]. MIT press, 2010.

[362] Wreford A, Topp C F E. Impacts of climate change on livestock and possible adaptations: A case study of the United Kingdom [J]. Agricultural Systems, 2020 (178).

[363] Wunder S, Campbell B, Frost P G, et al. When donors get cold feet: the community conservation concession in Setulang (Kalimantan, Indonesia) that never happened [J]. Ecology & Society, 2008, 13 (1): 439 - 461.

[364] Wunder, S. Revisiting the Concept of Payments for Environmental Services [J]. Ecological Economics, 2015 (117): 234 - 243.

[365] Wunder, S. The Efficiency of Payments for Environmental Services in Tropical Conservation [J]. Conservation Biology, 2007, 21 (1): 48 - 58.

[366] Wu Z, Li B, Hou Y. Adaptive choice of livelihood patterns in rural households in a farm-pastoral zone: A case study in Jungar, Inner Mongolia [J]. Land Use Policy, 2017 (62): 361 - 375.

[367] Xia F, Hou L, Jin S, et al. Land size and productivity in the livestock sector: evidence from pastoral areas in China [J]. Australian Journal of Agricultural and Resource Economics, 2020, 64 (3): 867 - 888.

[368] Xu P. Grassland resources investigation and planning [M]. China Agriculture Press, Beijing, 2000.

[369] Yang, W, Liu, W, Vina A, Luo, J, and Ouyang, Z, Performance and Prospects of Payments for Ecosystem Services Programs: Evidence from China [J]. Journal of Environmental Management, 2013 (127): 86 - 95.

[370] Yang X, Wang J, Wills I. Economic growth, commercialization, and institutional changes in rural china, 1979 - 1987 [J]. China Eco-

nomic Review, 1992, 3 (1): 1 – 37.

[371] Yang Y, Wang J, Chen Y, et al. Remote – Sensing Monitoring of Grassland Degradation Based on the Gdi in Shangri – La, China [J]. Remote Sensing, 2019, 11 (24): 3030.

[372] Yin Y, Hou Y, Langford C, et al. Herder stocking rate and household income under the Grassland Ecological Protection Award Policy in northern China [J]. Land Use policy, 2019 (82): 120 – 129.

[373] Yin Y T, Hou X Y, Yun X J. Advances in the climate change influencing grassland ecosystems in Inner Mongolia [J]. Pratacultural Science, 2011, 28 (6): 1332 – 1339.

[374] Zamasiya B, Nyikahadzoi K, Mukamuri B B. Factors influencing smallholder farmers' behavioural intention towards adaptation to climate change in transitional climatic zones: A case study of Hwedza District in Zimbabwe [J]. Journal of Environmental Management, 2017 (198): 233 – 239.

[375] Zampaligré N, Dossa L H, Schlecht E. Climate change and variability: perception and adaptation strategies of pastoralists and agro-pastoralists across different zones of Burkina Faso [J]. Regional Environmental Change, 2014, 14 (2): 769 – 783.

[376] Zhang X, Li G. Does guanxi matter to nonfarm employment? [J]. Journal of Comparative Economics, 2003, 31 (2): 315 – 331.

[377] Zhang Y, Meng H, Ta N. The transfer of the right to grassland contractual management in pastoral areas and its impact on pastoralists' livelihoods: Take the pastoral areas in Inner Mongolia for example [J]. Pratacultural Science, 2010 (27): 130 – 135.

[378] Zhang Y, Wang Q, Wang Z, et al. Impact of human activities and climate change on the grassland dynamics under different regime policies in

the Mongolian Plateau [J]. Science of the Total Environment, 2020 (698).

[379] Zhao M, Johnston R J, Schultz E T. What to value and how? Ecological indicator choices in stated preference valuation [J]. Environmental and Resource Economics, 2013, 56 (1): 3 – 25.

[380] Zhao M, Running S W. Drought-induced reduction in global terrestrial net primary production from 2000 through 2009 [J]. Science, 2010, 329 (5994): 940 – 943.

[381] Zhao Z, Wang G, Chen J, et al. Assessment of climate change adaptation measures on the income of herders in a pastoral region [J]. Journal of Cleaner Production, 2019 (208): 728 – 735.

[382] Zheng X, Zhang J, Cao S. Net value of grassland ecosystem services in mainland China [J]. Land Use Policy, 2018 (79): 94 – 101.

[383] Zhe Y, Cili J, Mace R H, et al. Adaptive Strategies Adopted by Herders Against the Decollectivization of Rangeland in the Qinghai – Tibetan Plateau in China [J]. Mountain Research and Development, 2019, 39 (4): 11 – 20.

[384] Zhou L G, Feng – Lian D U. Research on priorities in climate change adaptation for grassland husbandry [J]. Pratacultural Science, 2014, 31 (5): 982 – 992.

[385] Zhou W, Yang H, Huang L, et al. Grassland degradation remote sensing monitoring and driving factors quantitative assessment in China from 1982 to 2010 [J]. Ecological Indicators, 2017 (83): 303 – 313.

后　记

"天苍苍，野茫茫，风吹草低见牛羊"的寥廓和深远，"天穹压落云欲擦肩"的豪迈和洒脱，"草原白马即是诗和远方"的浪漫和唯美，这是草原曾经带给人们的美好记忆。如今，受生计压力所迫，牧区陷入了"人口增长—牲畜扩增—草原退化—效益低下—增收乏力"的困境，过度放牧导致的草原退化使得人们对美好草原的想象更加遥远。如何实现"生态与生计兼顾，增绿和增收并进"这一永恒的主题再次引起了社会各界的关注。推动中国草牧业提质、节本、增效高质量发展，是有效解决草畜矛盾，促进草原资源和生态保护良性发展的重要途径。

面对草牧业可持续发展之重任，我们研究团队从2015年开始就对中国草牧业展开系统研究。为了全面且深入地了解中国草牧业可持续发展的政策演变和实现路径，真正做到"田野知农"而不是"纸上谈农"，2015~2020年间研究团队本着"在田间地头做研究，用脚步丈量学问"的原则，开展了一系列的田野调研，主要包括：（1）五个主要牧区省/区调研。我们对内蒙古、新疆、西藏、甘肃、青海五个典型牧区省份（自治区）开展了县、乡、村、户四个层级的实地调研，除了领略了内蒙古的草原、新疆的戈壁、西藏的雪山、甘肃的沙漠、青海的湖泊等山河大好风光，我们还克服了语言、海拔、路途等重重困难，深入了解了牧民的方方面面。（2）六个主要粮改饲试点省/区调研。我们对吉林、河南、河北、山西、甘肃和内蒙古六个粮改饲试点省/区开展了调研，通过一户一户的数据调查，切实感受了粮改饲政策给农户带来的变化。（3）五个半农半牧区省份的典型案例调研。除了大规模的入户调研之外，我们还在甘肃环县、山西朔州、黑龙江齐齐哈尔、四川洪雅、河南开封和驻马店一共选取了 27 个合作社开展了详细全面的案例调查。通过与合作社负责人、草牧业公司负责人、当地林草局工作人员等相关人员的访谈交流，我们更切实地感受到了"农区种草、种养双赢"带来的区域经济利好。这些田间调研收集了大量的、丰富的、翔实的一手数据和资料，为本书的出版奠定了坚实的基础。

本书是中国工程院咨询研究项目"面向 2035 的中国草地农业现代化发展战略研究"（编号：2018 - XZ - 25）、"草地农业发展潜力、模式与政策研究"（编号：2020 - XZ - 28）、"草地生态系统的经济价值评估与发展战略研究"（编号：2021 - HZ - 5）、国家自然科学基金国际（地区）合作与交流项目"INFEWS：US - China：保护性耕作中的食物——能源——水耦合关系研究：基于作物与经济模型的综合评估"（编号：42061124002）和国家自然科学基金青年项目"草原生态治理中政府规制与社区自治的协同效应研究"（编号：72003182）的阶段性成果。在此，向中国工程院和国家自然科学基金委的支持表示感谢。

本书凝聚了研究团队所有成员的心血和付出，在这里诚挚感谢在研究中给予精心指导的兰州大学南志标院士、北京大学黄季焜教授，也要特别感谢其他参与整个研究过程和写作的人员：杨三思副教授、刘明月副研究员、张崇尚助理研究员，以及研究生张瑞、张晨、余乐、张祎彤、翟越骁、褚佳、李婷。刘明月副研究员参与了草地管理政策影响的微观分析和气候变化背景下牧户生产行为研究，并参与了全书的逻辑框架梳理；杨三思副教授和余乐参与了牧户气候变化感知对其适应性行为的影响研究；张崇尚助理研究员参与了"粮改饲"政策实施的模式与效果分析；张瑞协助整理了中国草地管理制度演变的相关资料；张晨参与了牧户参与草场治理的偏好与支付意愿的分析；张祎彤参与了牧区可持续发展的模式分析；翟越骁、褚佳、李婷帮助整理了中国草牧业发展现状的相关数据和资料。

　　书中难免存在不足或不妥之处，恳请读者批评指正。

作者

2021 年 6 月 1 日